JN437883

교회를 세우는 **은사**

CHARISMATA:
God's Gifts for God's People

Biblical perspectives on current issues

by

John T. Koenig

SungKwang Publishing
Seoul, Korea
2007

성서적 관점에서 본 은사

교회를 세우는 은사

존·쾨니히 지음
고 종 혁 옮김

성광문화사

저자 서문

한국어판에 붙이는 서문

나의 저서 “Charismata: God’ s Gift for God’ s People” 이 친애하는 고종혁 목사님을 통하여 한국에 번역 소개됨을 영광으로 생각합니다. 어느덧 30여년이 흘렀지만 저는 아직도 이 책을 신학교의 교재로 사용하고 있으며 늘 가까이 하고 있습니다.

20세기 세계적으로 경이로운 부흥을 경험한 한국교회의 경험은 하나님의 축복이요 성령세례의 역사라고 생각합니다. 부족하지만 저의 이 책이 한국교회가 은사를 이해하고 적용하는 데 작은 도움이 되기를 기도드립니다.

2007년 3월 20일

General Theological Seminary
John T. Koenig

역자 서문

우리에게 주신 은혜대로 받은 은사가 각각 다르니 혹 예언이면 믿음의 분수대로, 혹 섬기는 일이면 섬기는 일로, 혹 가르치는 자면 가르치는 일로, 혹 위로하는 자면 위로하는 일로, 구제하는 자는 성실함으로, 다스리는 자는 부지런함으로, 긍휼을 베푸는 자는 즐거움으로 할 것이니라 (로마서 12장 6-8절)

은사는 하나님께서 성도들에게 주신 특별한 능력입니다. 은사는 다양하지만 통일성을 가지고 있으며, 교회의 유익을 위한 목적으로 주어진 것입니다. 따라서 은사에 대한 올바른 인식을 가지고 있어야 하며 이를 바르게 사용할 수 있어야 합니다.

저는 목회를 하면서 어떻게 하면 성도들이 그들 각자에게 향하신 하나님의 계획과 목적을 발견하고, 각자에게 주신 은사들을 발견하고 계발하여 하나님께 영광 돌리는 삶을 살도록 도울 수 있을까 고민하였습니다. 그러나 은사를 성경에 일치하도록 신학적으로 교리적으로 체계적으로 이해시키는 것이나 성도들에게 은사를 이해시키는 것은 대단히 어려운 일이었습니다.

이런 고민 가운데 복음신학대학원대학교의 안영권 교수님으로부터 John T. Koenig 교수의 "Charismata: God's Gifts for God's People"이란 책을 소개받게 되었습니다. Koenig 교수는 뛰어난 신약학자로 미국 뉴욕의 Union Theological Seminary에서 신약학 교수로 재직하셨고, 현재는 뉴욕의 The General Theological Seminary에서 교수로 재직 중입니다. 일생동안 신약신학과 관련된 연구를 하면서 많은 책을 저술하였으며, 향년 70세의 노학자이지만 금년 2월에 신간서적을 출판할 정도로 왕성한 학문적 활동을 하고 있습니다.

Koenig 교수의 대표적인 책 가운데 하나인 "카리스마타: 은사의 신학"은 은사를 심도 있게 다루며 은사에 대한 의문들을 풀어줌과 동시에 은사에 대한 성경적 이해는 물론이고 은사의 활용 및 유지에 이르기까지의 모든 과정을 구체적으로 다루고 있습니다. 이 책은 포괄적인 각도에서 은사를 논하면서 각자의 존재 전체를 하나님의 선물로 보고, 존재 전체를 다 바쳐서 하나님의 영광을 위해 살아야 한다는 메시지를 전하고 있습니다. 나아가 이 은사들이 구체적으로 무엇을 의미하며, 교회 안에서, 그리고 이 세상에서 어떠한 일을 하는 수단인가를 설명하고 있습니다. 이 책은 은사를 적용하고 이해하기 위한 신학서이자 실천서라고 할 수 있습니다.

이 책의 원제 제목은 "카리스마타: 하나님의 백성들을 위한 하나님의 선물"입니다. 그리고 이 책의 마지막 소제목은 "하나님의 명령과 약속"입니다. 우리의 삶의 자리가 어디이든지, 하나님은 우리에게 그분의 은사를 구하라고 하십니다. 하나님께서 우리에게 요구하는 단 한 가지는 하나님께서 이미 주신 것을 우리가 소망하는 것입니다.

이 책을 통하여 한국교회가 은사를 바르게 이해하고 경험하는 데 도움이 되기를 바랍니다. 또한 하나님께서 성령세례를 통한 부흥의 은혜를 내려 주시기를 간구합니다.

귀한 책을 소개해주시고 번역이 끝날 때까지 격려해주신 안영권 교수님, 복음신학대학원대학교 박사과정에서 이 책을 함께 나누었던 김요한 총장님(국제신학대학원대학교), 김진수 목사님(반석위에세운교회), 서용호 목사님(침례교, 육군군목), 이 책을 번역하는 동안도 아낌

없는 사랑을 베풀어주신 영천교회 장로님들을 비롯한 성도님들, 믿음의 복된 길을 함께 가는 사랑하는 가족들(정인행, 한나, 은애, 찬옥), 번역의 교정에 도움을 준 이진형 목사님, 출판이 이뤄지도록 도와주신 복음신학대학원대학교 임열수 총장님, 그리고 출판을 맡아주신 이승하 장로님께 감사드립니다.

편집자 서문

우리 시대의 특징은 분열된 마음이다. 내가 지금 말하는 것은 늘 존재하는 세대 간의 마음의 분열이나, 진보와 보수 간의 분열에 관한 것이 아니다. 심지어 영적 가치와 물질적 가치 간의 분열에 관한 것도 아니다. 내가 지금 관심을 가지려는 것은 오히려 개인 자신 안에 존재하는 근본적 긴장, 즉 소속감의 욕구와 고독에 관한 욕구 간의 갈등에 관한 것이다.

내가 아는 젊은 부부는 다섯 번째의 실험적인 공동체 생활을 정리해야겠다고 불평했다: "우리를 힘들게 하는 것은 늘 다른 사람들이에요." 공동체 생활의 미몽에서 깨어난 그들은 태평양이 내려다보이는 캘리포니아 해안가에서 지금 평화롭게 고독을 즐기고 있을 것이다.

현대의 신앙생활에 있어서도 마찬가지로 집단에 소속하려는 욕구와 개인적 체험을 추구하려는 충동이 한 쌍을 이루듯 명백히 존재한다. 미국에서 복음주의 그룹과 교회의 성장은 놀라울 정도이다. 그것은 과학적 소설과 새로운 시대를 향한 종말론적 희망이 결합된 책들이 경이로울 정도로 팔리는 것과 같은 맥락에서 이해될 수 있다. 복음주의 부흥운동의 매력에는 두 가지 측면이 있다. 그중 하나는, 하나님으로부터 특별한 통찰력과 힘을 부여받았기 때문에 하나님의 계획을 열심히 이행하는 데 동참하게 되었다고 생각하는 사람들에게 집단 정체성을 길러준다는 것이다. 동시에, 그들은 주변사람들의 거부반응과 비웃음을 받아들일 수 있다. 왜냐하면 그들은 하나님의 궁극적인 변호를 확신하기 때문이다. 또 다른 하나는, 개인적인 신앙 체험을 자유롭게 표현하도록 마음에 품게 한다는 것이다. 그리스도인들의 자유로운 표현은 교회의 전통에서 *은사의 선물들*(*Charismatic gifts*)라고 알려진 행동들의 다양한 모습들을 잘 드러내 준다. 과거 수세기 동안 개인적 체험에 관한 이런 공공연한 표현은 이단적 종파 혹은 과격파 집단이라 부르며 경멸하는 다른 그리스도인들에게 크게 제한받았다.

그러나 오늘날 이러한 경험들은 개신교 주요 교단은 물론 로마 가톨릭에서도 점점 더 증가하는 것을 볼 수 있다. 이러한 현상은, 부분적으로는 현대어로 번역된 성서를 통해서 성서를 재발견하고 자극을 받은 결과이다. 새로 번역된 성서는 계속해서 수백만부가 팔리고 있다.

신약성서, 특히 바울 서신을 읽으면서 새롭게 일신한 그리스도인들은 하나님의 성령이 초대교회 안에서 자유롭게 움직이는(free-moving) 능력이었다는 사실을 발견했다. 새롭게 세워진 기독교에 주시는 하나님의 은혜의 확실한 증거 중 하나는 특별한 은사라고 생각되었는데, 이 은사는 회심자의 삶을 새로운 운동에 참여케 하는 성령의 역사를 동반했다. 잘 알려져 있듯이, 은사는 방언(분명히 무아경의 언어), 치유의 능력, 그리고 교회를 안내하는 그리스도의 말씀의 선포를 포함했다. 그러나 신약시대로부터 오늘 우리 시대에 이르기까지, 교회 내에서 질서와 조직을 책임진 지도자들은 이러한 성령의 표현들을 의심스럽게 보아왔다. 몇몇 비평가는 이러한 "은사"를 억제할 수 없는 감정적 폭발로 여겼다; 은사 받은 자들을 교회의 평화와 질서를 위협하는 자들로 보고 억압하려고 하는 지도자들도 있었다. 불안은 여전히

남는다: 표면적으로 이렇게 자연스러운 현상들이 실제로 하나님의 역사인가?

이러한 성령의 나타남이 소위 오순절파 교회에만 해당되는 것으로 제한되는 한 대부분의 그리스도인들은 그 질문이 무시될 수 있다고 느꼈다. 그것은 이제 더 이상 가능하지 않다. 은사의 선물들이 많은 교회로 넓게 퍼지면서 사려 깊은 교인들은 그들과 교제할 수밖에 없다. 은사는 사도 시대에 그랬던 것처럼 오늘날도 교회 생활에 본질적인 것인가? 만약 그렇다면 왜 아직도 오늘날 많은 교회 안에서 그들이 의심을 받아야 하고 저항을 불러일으키는가? 성령의 자유로움이 우리의 예배와 친교에 있어서의 거룩한 습관적 패턴들을 엉망으로 만들어버릴 것 같아서 외면하는가? 하나님은 은사적인 표현들을 통해서 새롭고 적절한 메시지를 교회들에게 전하려고 하시는가?

존 쾨니히는 신약성서 학자로서 호의적인 시각을 가지고 은사운동을 연구한다. 그는 영적인 선물들의 기원과 오늘날 교회 생활에 있어서 은사 운동의 위치에 관한 면밀한 연구를 제공한다. 그렇게 함으로써, 그는 집단의 정체성을 위하여 그리고 개인의 체험적 표현을 위하여 이 중요한 기독교 현상에 집중하려는 우리의 현재 욕구에 대한 방법을 제시한다.

Contents

서론

은사: 은혜로운 도전

서 론

은사: 은혜로운 도전?

오늘날 교회 안에 하나님의 은사에 대한 혼란이 극심하다. 미국에서 그런 혼란은 주로 전통적인 교단(장로교, 감리교, 루터교회, 감독교회, 연합 그리스도의 교회, 침례교, 로마 가톨릭 등)에 속한 신자들이 "은사 운동"이라고 하는 다양한 운동들이 계속 성장하는 것에 대한 반응에서 야기된다. 이제는 그러한 집단에 속하지 않은 전통적인 기독교인 대부분이 자신의 교회에서 은사 운동과 관계된 사람들을 적어도 몇 명은 알고 있는 실정이다.

그러한 그리스도인들은 성령을 통해 하나님의 특별한 축복을 받았다고 항상 느낀다. 이러한 축복에는, 이해하지 못 하지만 깊은 의미를 담은 말로 기도하는 능력(방언glossolalia), 육체적, 감정적 치유, 개인에 대한 예언을 듣거나, 또는 다른 사람에게 예언을 전하는 소명이 포함된다. 대부분 이러한 신자들은 자신이 극적인 변화를 겪었거나, 또는 이전보다 더욱 "주님과 가까워지는" 믿음의 성장을 경험했다고 주장한다.

이렇게 변화된 그리스도인들을 알고 있는 사람은 그들의 기질이 여느 신자들처럼 아주 다양한 것을 발견한다. 어떤 사람은 아주 열정적이며, 또 다른 사람은 깊이 생각하는 유형이다. 또한 몇몇 사람은 친척이나 친구를 회심시키려고 몰아붙이거나 을러대는 것처럼 보이는 반면, 또 어떤 이는 특별히 참으며 사랑하는 것 같기도 하다. 방언을 하는 기독교인 20명을 면담한 후에 한 목회 심리학자는 그들이 다른 교인들보다 신경증적인 증세를 더 보인다고 할 수 없다는 결론을 내렸다.[1] 그러므로 방언을 단순히 병리 현상으로 처리해서는 안 된다. 마찬가지로 다양한 은사 운동을 현재 교회의 관료조직에 대한 일반 교인들의 불만이 불거진 것으로 이해하는 사회학적인 관점은 너무 단순한 것이다.[2] 또한 은사운동의 부흥이 60년대 후반 "하나님의 죽음" 신학의 실패나 예수 운동과 같이 미국 종교의 일시적인 유행을 나타낸다고 결론지을 만한 충분한 증거도 없다.[3]

---

1) John P. Kildahl, *The Psychology of Speaking in Tongues*(Harper & Row, Publishers, Inc., 1972), pp. 48-56.

2) 교회가 점점 제도화하는 것에 대한 반발이 몬타니스트Montanists라고 불리는 2세기 은사 운동 집단의 특징으로 보인다. 이러한 경향은 분명히 현대 은사운동에서도 중요한 역할을 한다. 그럼에도 전통적인 교단 안에서의 은사운동 집단의 공적인 정책은 은사운동에 공감을 하건, 하지 않건 간에 지역 교회 목회자와 교단 지도자들에게 복종해야 한다는 것을 일반적으로 강조한다.

3) 모든 증거들이 지난 20년 동안 은사 운동이 지속적으로 성장했음을 가리킨다. 아직 그 정점에 도달한 것으로 보이지는 않는다. 예를 들어, 1973년 미네아폴리스에서 열린 성령에 대한 루터교회 연차회의에 8,000명이 등록했는데, 1976년에는 참가자가 25,000명으로 늘어났다. Erling T. Jorstand, *Bold in the Spirit: Lutheran Charismatic Renewal in America Today,* (Augsburg Publishing House, 1974), p. 82, W. Thorkelson, "The Year in Lutheranism," *Lutheran Brotherhood Bond*, Vol. 53(Jan. 1977), p. 10을 보라. 지난 7월 캔사스 시에서 약 45,000명의 개신교인과 로마 가톨릭 교인들이 은사운동의 부흥에 대한 에큐메니칼 회의를 위해 모였다. Time, Aug. 8, 1977, p. 43을 보라. 타임지 편집자는 미국 전통 교회 안에서 은사운동에 참여하는 기독교인이 약 5백만 명이 된다고 추정한다.

우리가 은사운동 집단이나 개인을 명확하게 이해할 수 있는 방식으로 설명하지 못할 때, 실제 문제가 대두된다. 그럴 때 전통적인 기독교인들이 묻기 시작하기 때문이다. 이러한 신비한 은사가 우리에게 의미하는 것이 무엇인가? 이 사람들이 우리에게는 없지만, 있어야 하는 어떤 것을 갖고 있는가? 그러한 물음들이 우리 의식을 맴돌게 되면, 정서적 삶은 한층 더 복잡해지는 것 같다. 우리가 "변화된" 그리스도인과 친하게 만나는 한, 아마 우리는 두려움과 감탄, 적대감, 부러움, 사랑이 뒤섞인 느낌을 갖게 될 것이다. 우리는 이런 생각에 사로잡힌 자신을 발견할 것이다.

> 왜 이들 가운데 어떤 사람은 나를 이류 기독교인으로 여기는 것처럼 보일까? 어떻게 내 영성을 판단한단 말인가? 아니면 그들의 광신적인 눈으로 내 영성을 판단하는 게 내 자신이 아닐까? 그리고 어째서 내가 그런 사람들에게 끌리는 것일까? 가끔 지나치다 싶은 말로 표현되기는 하지만 그들의 보물이 참된 것일 수 있지 않을까? 한편으로 그들이 하나님과 친밀한 관계에 있다고 지나치게 주장하는 것은 사실이다. 하나님의 초월성을 존중하지 않는 것일까? 게다가 나는 자신을 은사주의자라고 부르지는 않지만 영적인 그리스도인들을 알고 있다. 나는 "변화된" 많은 사람들에게 볼 수 있는 겉모습보다는, 그러한 전통적인 경건한 신앙인을 내 삶의 본으로 삼을 때 더 편안하게 느낀다.
>
> 다른 문제도 있다. 나는 그 모든 것을 단지 받아들이라는 타협을 싫어한다. 그것은 분명 비기독교적이다. 나는 그들이 1세기 교회에 일어났던 은사운동을 설명하기 위해 인용하는 성경 전거는 물론이고, 은사운동 집단이 경험하는 은사들을 설명해야 한다. 하나님께서 기질적으로나 지적으로 내가 꺼려하는 그런 사람들에게 오늘날 그러한 은사들을 부어주실 수 있을까? 만약 그렇다면 성숙한 그리스도

인의 삶을 위해서 그러한 은사들이 얼마나 필요한 것일까? 나의 추구가 결국 내 개인적인 능력을 축적하는 이기적인 것으로 드러날 것을 뻔히 알면서도 그러한 은사를 구할 것인가? 아니면 다른 방식으로 영성이 자라도록 할 것인가?

다음의 연구는 우리 전통적인 그리스도인들이 신약 교회들의 은사 경험을 좀 더 자세히 살펴볼 필요가 있다는 확신에서 진행된 것이다. 이러한 방식으로만 하나님의 은사를 정직하게 직면하는 "공간"을 발견할 수 있다고 믿는다. 신학적인 표현으로 말하자면, 성경 안에 포함된 하나님의 말씀이 우리에게 설 수 있는 자리를 준다. 그 말씀이 갈등을 피할 보호막을 제공하거나, 결단을 내릴 필요성을 면제시키지는 않는다. 그러나 현재 우리의 불안과 희망을 말씀의 영원한 지혜와 조화시킴으로써 통찰의 모든 과정을 넓혀갈 것이다. 하나님의 은사를 성서에서 연구하는 것은 현대 기독교인의 은사 경험이 주는 압력에서 어느 정도 뒤로 물러나 고대 기독교인들의 경험을 공유할 수 있는 가능성을 열어준다. 그것은 지금 일어나는 현상에 우리가 감정적으로 반응함으로써, 현재의 것이지만 자주 왜곡되기도 하는 자료와는 다른 견해를 우리에게 준다. 성서 자료를 연구함으로써 일상의 삶에서 우리가 하기 어려운 분별을 할 수 있게 한다. 즉, 하나님께서 오늘날에도 은사를 통해서via the gifts 우리와 교통하고자 하시는지 묻게 만드는 불완전한 인간과 은사를 구별하게 한다.[4)]

---

4) 존 쉬츠John Schütz가 영적 은사에 대한 바울의 이해에 독특한 것을 파악하고자 하는 성서 해석자들은 "은사를 받은 인격 배후에, 또는 그것을 넘어 그 인격과 내재적으로 분리된 은사 자체로 나아갈 필요가 있다"라고 언급한 것은 타당하다. (John Schütz, *Paul and the Anatomy of Apostolic Authority,* p. 274, Cambridge: At the University Press, 1975).

여기에 하나의 전망을 덧붙이고자 한다. 신약 성서를 공부하고 가르치는 사람으로서 나는 공감을 가지고 고대 문헌을 연구하지 않아도, 최선의 역사 방법론은 그 진리가 우리 삶에서 보존될 것을 보장한다고 처음으로 인정하는 사람일 것이다. 과거 수 세기 동안 전통적인 기독교 신학은 현명하게도 참된 경험적인 이해가 오직 성령에서 오며, 성령은 우리가 성서 저자들과 더불어 대화할 때 역사한다고 주장했다. 키에르케고르가 일깨워주듯이, 우리는 "마음의 오해를 말씀의 이해로써 치유하기 위해, 말씀을 이해하기 위해"[5] 하나님을 불러야 한다. 우리가 먼저 말씀을 만나야 하고, 그래서 만약 믿음의 상상력이 우리가 하나님의 도우심으로 이해하고자 하는 바로 그 은사에 이미 사로잡혀 있다면, 성서 연구가 가장 좋은 출발점이 될 것이다. 자기가 성장해야 할 필요성을 절실하게 알고, 또한 하나님의 은사가 자신을 자라게 하리라 희망하면서도, 은사주의라는 기독교 공동체의 믿음과 행위에 회의적인 독자들을 위해 이 책을 썼다.

성서 자료를 직접 다루기 전에 몇 가지 정의와 설명을 하겠다. 이 책 제목의 첫 단어 "카리스마타charismata"는 잘 알려진 헬라어 명사 *카리스마charisma*의 복수형이다. 사도 바울은 특히 이 단어를 신자 개개인이 서로 섬기게 할 목적으로 서로를 구별하는 하나님의 은사를 말할 때 사용했다. 바울은 모든 그리스도인들이 적어도 이런 인격화된 은사 가운데 하나를 받았다고 보았다(고전 7:7). 오늘날 재능이나 재능 있는 사람을 가리킬 때 자주 쓰는 말인 '카리스마적charismatic' 이라는 단어는 성경에 나오지 않는다. 그러나 만약 우리가 신약 기자들이 은

---

5) 이 말은 키에르케고르가 약 1:17에 근거해 쓴 세 개의 강화 가운데 첫 번째 결론 부분이다. *Edifying Discourses*, Vol, Ⅰ, tr. by D. F and L. M. Swenson (Augsburg Publishing House, 1943), pp. ix and 55.

사에 대해 말한 것에서 그 의미를 끄집어낸다면, 좋은 믿음을 가리키는 말로 그 단어를 사용할 수 있다.

제목의 두 번째 부분인 "하나님 백성을 위한 하나님의 은사"는 감독교회의 "*공동기도서 초안The Draft Purposed Book of Common Prayer*"에 있는 성만찬 예식서에서 빌려왔다. 기도서에는 떡과 포도주를 축성한 후에 성찬예식을 거행하는 사람이 "하나님 백성을 위한 하나님의 은사입니다"라고 선포하면서 떡과 포도주를 성도들 앞에 놓는다.[6] 내 의도는 주의 만찬 이외의 다른 축복을 포함하는 보다 넓은 의미에서 "하나님의 은사"를 이해하도록 돕는 것이지만,[7] 동시에 성만찬 예배에 참여하는 사람들이 갖는 기대치를 가지고 그대로 유지하게 되기를 원한다. 하나님 백성은 구할 것을 가지고 하나님께 나오는 자들이며, 하나님께서 그들의 소원을 만족케 하시고, 깨끗케 하실 것을 언제나 확신하는 사람들이다.

연구를 진행하면서 현대의 신자 집단을 가리키는 용어로 "오순절주의자pentecostal"와 "신오순절주의자neo-pentecostal"라는 단어를 사용하게 될 것이다. 오순절주의자란 자신의 신학 노선과 교파의 기원을 1906년 로스 엔젤리스 아주사 거리 교회Azusa Street Church에서 일어났던 특별한 부흥에 두는 그리스도인들이다. 인종을 넘어선 이 사건을 이끌었던 사람은 흑인 목사 세이무어W. J. Seymour였다. 그는 찰스 퍼햄Charles F.

---

6) *The Draft Proposed Book of Common Prayer* (The Seabury Press, Inc., 1977), pp. 364, 399. 이 구절은 적어도 4세기 초에 그리스에서 성만찬 예식을 거행할 때 사용된 것으로 보이는 "성도들(tois hagios)을 위한 거룩한 것(ta hagia)"이라는 아주 초기의 문구를 받아들인 것이다. Lucien Deiss(ed.), *Early Sources of the Liturgy* (Alba House, 1967), pp. 151, 179을 보라.

7) 신약 성경 기자들이 성만찬 자체를 카리스마로 부르지 않았다는 사실을 유념해야 한다. 그러나 바울은 초기에 주의 만찬을 거행할 때 사용되었을 단어의 맥락 안에서 카리스마타를 염두에 두고 있다. 롬 12:1-8을 보라.

Parham목사와 함께 회심과 성화 다음에 오는 성령의 "세 번째 경험third experience"에 대한 성서의 증거를 연구했다. 아주사 거리에서 일어난 부흥의 특징은 방언이 터져 나온 것이었는데, 그 가운데 어떤 방언을 참석자들이 실제 외국어로 이해하기도 했다. 긍정적으로 본 사람들은 그때 일어난 일을 현대의 오순절로, 사도행전 1장 4절 이하에 하나님의 성령이 제자들에게 큰 능력으로 임할 것이라는 부활하신 그리스도의 예언이 두 번째로 성취되었다고 보았다. 세이무어 목사는 그 사건에 참여했던 사람들이 성령 "세례"를 경험한 것이라고 함으로써 누가와 그의 스승인 퍼햄 목사를 따랐다(행1:5, 2:1-4, 33, 10:44-47, 11:15-17). 퍼햄과 같이 그는 방언이 성령 세례를 받았다는 필요하고 충분한 증거라고 결론지었다. 치유와 예언과 같은 다른 은사도 그 해에 나타났다. 호기심으로 찾아왔던 많은 사람들이 복음주의자가 되어 떠났다. 현재 미국에서 가장 큰 오순절 교파인 하나님의 교회the Church of God in Christ와 하나님의 성회the assemblies of God는 둘 다 아주사 부흥에서 발전되었다.

"신오순절주의neo-Pentecostal"를 정의하기가 보다 어려운 것은 일반적으로 자신을 그렇게 지칭하는 사람들이 없기 때문이다. 신오순절주의란 성령 세례를 통해 방언의 은사(그리고 다른 은사)를 받았으나, 자신의 교회에 그대로 남기를 원한 전통 교파의 교인들을 지칭하기 위해 기자들이 만들어낸 용어라고 할 수 있다. 이런 신자들은 보통 자신을 "은사주의자charismatics", 또는 "성령 충만한 그리스도인Spirit-filled Christians"이라고 부르는 것을 더 좋아한다. 우리는 모든 그리스도인들이 자신을 은사주의자로 여겨야 한다는 주장을 하게 될 것이고, 게다가 "성령 충만"이라는 말은 혼동을 주기 때문에, 그 기원이 오순절 운동 밖에 있음에도 나는 "신오순절주의자"라는 용어를 사용하기로 했다. 1959년 캘리포니아 반 누이스Van Nuys의 성 마가 감독교회 목사 데니스 베넷

Dennis Bennett이 성령세례를 경험했는데, 회중들이 교구목사의 은사 중심의 지도력에 반대하면서 생긴 혼란을 신오순절운동이 첫 번째로 표면화된 것이라고 말하기는 하지만, 어떤 하나의 사건을 그 운동의 시작이라고 할 수는 없다.[8)] 지금 실제로 미국의 모든 주요 교단에는 신오순절주의 신자들이 있다. 가톨릭 신오순절주의자들Catholic neo-Pentecostals은 교회 당국이 일반적으로 그들의 활동에 우호적이기 때문에 교회 안에서 눈에 잘 띈다. 마리네스-브뤼셀의 대주교인 레옹 조셉 추기경Lon Joseph Cardinal도 그런 옹호자들 가운데 하나이다.[9)] 우리가 예상하는 것처럼, 신오순절주의 신자들은 할 수 있는 한 자신의 영적인 경험을 각자 교단의 전통적인 가르침 안에서 해석하려고 한다.

이제 서론 부분을 마치면서 성서주석가이자 신자인 내 자신의 입장을 밝히고자 한다. 성서주석가로서 나는 보통 역사비평이라고 부르는 방법론을 따른다. 그 의미는 내가 성서 본문을 대할 때, 무엇보다 성서 저자들이 대상 독자에게 전하려 했던 것이 무엇인지 배우고자 한다는 뜻이다. 나는 가능한 한 내가 속한 교단이나 어떤 다른 신학 전통이 그 본문의 의미에 대해 말한 것에 구애받지 않고 이 작업을 하려고 한다. 이런 방법으로 나는 언제 현대교회 교리가 성서 저자의 의도를 따르는지, 언제 벗어나게 되는지 밝히려고 한다. 비평적인 연구자로서 나는 구약에 내포된 전승들이 수 세기에 걸쳐 발전된 것이며, 보도된 사건을 반드시 역사적으로 정확하게 기록한 것은 아니라는 대다수 연구자들의 의견에 동의한다. 전승들은 그 전승의 최종 편집자가 그 사건에 대해 믿었던 것이 무엇인지 우리에게 말해준다.

---

8) Richard Quebedeaux, *The New Charismatic: The Origins, Development, and Significance of Neo-Pentecostalism* (doubleday & Company, Inc., 1975), pp. 54ff.
9) *Ibid*., pp. 63-68.

신약 자료에 대해서는 에베소서, 디모데 전후서, 디도서, 그리고 (아마도) 골로새서를 바울 자신이 아닌 바울 제자들이 편집했다는 입장을 취한다.[10] 이 서신들이 분명히 바울의 생각을 많이 되풀이하여 말하며, 바울의 진정한 서신의 단편에 기초하고 있지만, 대체로 60년대 초 바울의 죽음 이후의 교회 역사를 반영한다. 50년대에 쓰인 바울의 진정한 서신들은 그리스도인의 체험에 대해 가장 오래된 문헌적인 증거를 제공한다. 사복음서와 사도행전은 그 후 70년에서 100년 사이에 쓰였다. 그 문서들은 자연히 예수와 초대교회에 대한 초기 전승을 포함한다. 그러나 어디에서 이 옛 자료가 떨어져 나가고, 그에 대한 저자의 해석이 시작되는지 확정하는 것은 어렵다. 어떤 복음서 저자도 예수의 사역을 직접 목격하지 않았다. 교회 전통에서 누가라고 말하는 누가복음과 사도행전의 익명의 저자는 바울과 가끔 동행했던 것으로 보인다. 바울의 선교여행 보도 가운데 일인칭 복수로 말하는 사도행전의 "우리 구절we passages"(16:10-17, 20:5-15, 21:1-18, 27:1-28:16)은 바울의 전체 사역에서 짧은 기간일 뿐이다. 게다가 최근에 누가가 역사가라기보다는 설교자라는 사실이 분명해졌다.[11] 누가는 가끔 권면하기 위해 초대교회를 이상화하여 묘사한다. 내가 보기에 누가가 초대교회의 은사 현상을 말하는 많은 이야기들을 만들어냈다는 것을 의심할 이유는 없다. 바울서신도 교회 안에 넓게 퍼져 있던 은사에 대해 증거한다. 그럼에도 누가는 오순절 사건 후 약 50년이 지나 사도행전을 썼기 때문에, 누가가 말한 그대로 모든 것이 일어났다고 가정하는 것은 조심스럽다. 또한 영적 은사가 당시 교회의 일상적인 부분이었는지에

---

10) 이 문제에 대한 신중한 논의와 다른 역사 비평적인 문제에 대해서 W. G. Kümmel, *Introduction to the New Testament,* revised and enlarged edition, tr. by Howard Clark Kee (Abingdon Press, 1975)의 해당 항목을 보라.

11) *Ibid.*, pp. 156-185.

대해서도 의문의 여지가 있다. 그가 80년대 교회에 "좋았던 옛날"로 돌아가자고 요청하기 위해 두 권의 책을 썼을 수도 있다. 확실히 누가를 은사의 변호자라고 여겨야 하기는 하지만, 초대교회의 실제 관습들에 대해 보다 믿을 만한 안내를 하는 것은 바울 서신이다.

기독교 신앙 안에서 내가 걸어온 길에 대해 말하자면, 성령 세례와 같은 극적인 체험을 하지도 않았고 방언으로 기도하지 않지만, 내 삶에서 하나님의 인도는 가끔 가장 실제적인 것이었다는 것을 말하고 싶다. 역사비평의 관점에서도 신약성서 저자들이 자신의 삶 속에서 체험한 성령의 역사에 대한 수많은 회상reflection들이 복음을 개념화하는 절대적인 바탕이었다고 결론 내려야 한다. 우연인지, 아니면 하나님의 섭리인지 이전 교구민들과 현재 친구 가운데 오순절주의자, 또는 신오순절주의자라고 부를 수 있는 많은 사람들이 있다. 그러나 나는 그들의 공동체에 가입하지는 않았다. 그들의 신학과 실천의 몇 가지 요점에서 성서적이 아닌 점들을 발견했기 때문이다. 그럼에도 현대의 은사 운동을 날카롭게 비판하려는 사람들은 이 책에서 실망할 것이다. 나는 그것을 오히려 성서적으로 정직한 은사 신학을 위한 호소라고 본다. 솔직히 말하자면, 나는 신약 성서에 충만했던 그 깊은 감사와 기쁨이 때로 오순절 교인들과 신오순절 교인들에게서 실현되는 것을 보며, 그와 같은 것을 열망한다. 간단히 말해서 이 서론의 제목에서 제기된 물음에 대한 내 대답은 "그렇다"이다. 나는 옛날이나 지금이나 나 자신을 포함한 대부분의 전통적인 그리스도인들의 신앙의 삶(faith-lives)에 대한 은혜로운 도전으로 은사가 나타난다고 본다. 내가 읽는 것처럼, 은사를 나타내는 메시지는 다음과 같다. "하나님의 풍성하신 은혜로써 하나님의 뜻을 따라 당신은 현재 가능하다고 생각하는 그 이상이 될 수 있고, 그보다 더 할 수 있다."

1장

구약성서의 **일반은사**와 **특별은사**

1장

구약성서의 일반은사와 특별은사

하나님께서 당신의 백성에게 주시는 은사에 대한 진정한 성서적 관점은 고대 히브리인들로부터 시작해야 한다. 여기에는 두 가지 이유가 있다. 첫째, 신약성서 저자들은 그들을 둘러싼 헬라어 문화에서 자연스럽게 비히브리적인 영향을 받기는 했지만, 그들 속에 가장 깊이 뿌리박힌 유산은 구약성서에 포함되어 있는 이스라엘 문화였다. 구약성서의 헬라어역인 70인 역은 초대교회 신자들이 가장 자주 사용한 성서였다. 그들이 예수에게서 시작된 새 시대를 해석하고 표현하는 데 70인 역은 다른 어떤 자료보다 많은 도움을 주었다. 거의 모든 신약성서의 주요 단어들—자비, 심판, 죄, 은혜, 언약, 그리스도—은 이스라엘에 그 역사를 갖고 있다. 우리가 그 역사를 잘 알지 못하면 신약성서 저자들이 말하려는 내용을 올바로 이해할 수 없다. 구약이 신약에서 성취되었다고 말할 수 있지만, 그렇다고 구약을 없애도 된다는 의미는 아니다. 복음서 저자와 바울은 독자들이 70인 역을 잘 알고 있다고 가정했다. 그들은 이스라엘 성서의 맥락 밖에서 자신의 글을 이해하려는 그리스도인들을 상상할 수 없었다.

그것은 우리가 하나님의 은사에 대한 그림을 구약성서의 뚜렷한 색채로 그리기 시작하려는 두 번째 이유로 이끌어간다. 신약성서 저자들은 의도적으로 그리스도의 새로움을 바라보았기 때문에, 하나님께서 구약성서를 통해 그들에게 계시하셨던 모두를 반복하려고 하지 않았다. 신약 성서가 하나님의 *전체* 계획이라고 주장하지 않았다. 그 저자들은 신약이 독자들의 마음속에서 고대의 하나님 지혜인 구약으로 보완될 것이라고 가정했다. 그것이 초대교회 신자들이 자신의 찬양시를 썼음에도(엡 5:19 이하), 시편이 초대교회의 예배에 그렇게 쉽게 수용된 이유이다.[1] 그들에게 구약은 신약을 이해하는데 본질적인 것이었다. 우리도 하나님의 은사에 대한 신약의 사고가 그 자체로 풍부하기는 하지만, 구약의 소박한 가르침을 필요로 한다는 것을 발견할 것이다.

창조: 모든 인간에게 미치는 하나님의 은사

고대의 히브리인들은 모두 하나님 없이는 세상도 없고 생명도 있을 수 없다고 생각했다. 시편 104편은 그런 확신을 가장 아름답게 표현한다:

> 내 영혼아 여호와를 송축하라

---

1) 초대 교회 신자들 사이에서 특정 시편이 인기 있었던 또 다른 중요한 이유는 예수의 그리스도론적인 정체성을 해석하는 데 사용된 것이다. 특히 시 2:22, 69과 110편이 예수 안에서 성취되었다고 이해됐다.

여호와 나의 하나님이여 주는 심히 위대하시며 존귀와 권위로 옷
입으셨나이다
주께서 옷을 입음 같이 빛을 입으시며 하늘을 휘장 같이 치시며

....

그가 가축을 위한 풀과 사람을 위한 채소를 자라게 하시며
땅에서 먹을 것이 나게 하셔서
사람의 마음을 기쁘게 하는 포도주와 사람의 얼굴을 윤택하게 하는
기름과
사람의 마음을 힘 있게 하는 양식을 주셨도다

....

여호와께서 달로 절기를 정하심이여 해는 그 지는 때를 알도다
주께서 흑암을 지어 밤이 되게 하시니 삼림의 모든 짐승이 기어나
오나이다
젊은 사자들은 그들의 먹이를 좇아 부르짖으며 그들의 먹이를 하나
님께 구하다가

....

여호와여 주께서 하신 일이 어찌 그리 많은지요
주께서 지혜로 그들을 다 지으셨으니 주께서 지으신 것들이 땅에
가득하니이다
거기에는 크고 넓은 바다가 있고
그 속에는 생물 곧 크고 작은 동물들이 무수하니이다
그 곳에는 배들이 다니며 주께서 지으신 리워야단이 그 속에서 노
나이다
이것들은 다 주께서 때를 따라 먹을 것을 주시기를 바라나이다
주께서 주신즉 그들이 받으며 주께서 손을 펴신즉 그들이 좋은 것
으로 만족하다가
주께서 낯을 숨기신즉 그들이 떨고
주께서 그들의 호흡을 거두신즉 그들은 죽어 먼지로 돌아가나이다

주의 영을 보내어 그들을 창조하사 지면을 새롭게 하시나이다
(시 104:1-2, 14-15, 19-21, 24, 25-30)

시편 104편은 신학자들이 말하는 *계속되는 창조creatio continua*를 묘사한다. 고대 히브리인들은 하나님의 법칙과 계명을 우주에 질서를 부여하는 것으로 중요하게 여겼지만, 그러한 것들이 하나님의 계속적인 행위를 대체한다고는 보지 않았다. 하나님께서 끊임없이 보살피고, 길러주심으로 이 세상이 보존된다. 시편 104편에 얼마나 많은 동사들이 현재시제와 능동태로 쓰였는지 주목하게 된다. 하나님의 세계는 비인격적인 법칙 위에서 운행되지 않는다. 하나님 자신이 풀과 식물을 자라게 하시고, 어두움으로 이 땅을 덮으시며, 모든 생물을 먹이시고, 무엇보다 우리에게 생명의 호흡을 주셔야 한다. 여기에서 우리는 성서의 기록에서 거듭 나타나는 진리와 만나게 된다. 즉 하나님의 은사는 주시는 분과 분리될 수 없다는 것이다. 그것들은 하나님의 은사이다. 좀 더 잘 표현하자면 날마다 하나님께서 주시는 것이다. 하나님만이 우리 생명의 근원이시고, 그것은 우리가 소유하거나 만들어낼 수 있는 어떤 것이 아니다.

시편 104편에서 하나님의 계속되는 창조가 영의 행위로 나타나는 것이 중요하다. 이것은 창세기 1장 1절을 상기시키는데, 거기에서 성서 기자는 하늘과 땅을 창조하기 위해 태고의 수면 위를 운행하였던 것이 하나님의 영이라고 우리에게 말해준다. 또한 창세기 2장 7절은 "여호와 하나님이 땅의 흙으로 사람을 지으시고 생기를 그 코에 불어넣으시니 사람이 생령이 되니라"라고 말한다. 선지자 이사야가 포로로 잡혀있던 이스라엘을 하나님께서 그들의 본향에 다시 세우실 영광스러운 미래를 바라볼 때, 그는 성령에 의해 새롭게 된 창조의 비전을 보았다.

내 백성의 땅에 가시와 찔레가 나며
희락의 성읍, 기뻐하는 모든 집에 나리니
대저 궁전이 폐한 바 되며 인구 많던 성읍이 적막하며
오벨과 망대가 영원히 굴혈이 되며
들나귀가 즐기는 곳과 양 떼의 초장이 되려니와
마침내 위에서부터 영을 우리에게 부어 주시리니
광야가 아름다운 밭이 되며 아름다운 밭을 숲으로 여기게 되리라
(사 32:14, 15)

고대 히브리인들은 결코 영적인 것과 육적인 것을 분리하지 않았다. 우리에게 평범하고 일상적인 것(풀이 자라는 것!)이 그들에게는 "하나님의 위엄으로 충만한"[2] 거룩한 것이 된다. 이것은 히브리인들이 자연의 진행 과정을 하나님과 동일시하는 범신론자라는 의미가 아니다. 전혀 아니다! 그러나 구약성서 기자들은 하나님의 구원하시는 자비를 발견하고 거기에 순종으로 응답했기 때문에, 온 우주에 미치는 하나님의 능력을 파악하기 위해 그 비전을 확장한다. 온 세상을 그 손에 잡고 계신 분이 그들의 하나님이다. 온 하늘이 하나님의 임재로 빛난다. 구약성서 기자들은 우리 20세기 인간이 경험하는 물질적인(혹은 "과학적인") 것과 초자연적인 것의 분열로 인해 고민하지 않았다. 그들에게는 하나님의 유지하시고 새롭게 하는 영(시 139:7-12)과 분리된 자연의 과정이나, 창조의 특징이란 없다. 시편기자는 하나님께서 당신의 일상적인, 그러나 비상한 축복을 받는 존재로 인간을 뽑으신 것에 대한 놀라움을 표현한다.

---

2) 제라드 맨리 홉킨스Gerard Manley Hopkins의 시 "하나님의 광대하심God' s Grandeur", in *The Oxford Book of Chirstian Verse,* ed. by Lord David Cecil(Oxford: At the Clarendon Press, 1951), p. 495.

> 주의 손가락으로 만드신 주의 하늘과
> 주께서 베풀어 두신 달과 별들을 내가 보오니
> 사람이 무엇이기에 주께서 그를 생각하시며
> 인자가 무엇이기에 주께서 그를 돌보시나이까
> 그를 하나님보다 조금 못하게 하시고 영화와 존귀로 관을 씌우셨나이다
> 주의 손으로 만드신 것을 다스리게 하시고 만물을 그의 발 아래 두셨으니
> 곧 모든 소와 양과 들짐승이며
> 공중의 새와 바다의 물고기와 바닷길에 다니는 것이니이다
> 여호와 우리 주여 주의 이름이 온 땅에 어찌 그리 아름다운지요
> (시 8:3-8)

그러한 축복에 대해 인간은 단지 하나님을 찬양할 수 있을 뿐이다. “여호와 우리 주여, 주의 이름이 온 땅에 어찌 그리 아름다운지요”(시 8:9). 이는 오늘날 “영적” 은사를 추구하는 자들이 하나님의 창조에서 보고, 맛보며, 냄새 맡고 느낄 수 있는 현존 안에서 감사하는 경외의 기본 행위로 시작해야 한다는 말일 수 있다. 구약성서에 따르면, 우리가 물질을 하나님의 물질이라고 인정할 때 영적인 것이 된다.

이스라엘에게 주신 하나님의 특별은사

창조의 축복에 관한 한 히브리인들을 보편주의자로 구분해야 할 것 같다. 그들에게 창조은총은 “만인의” 것이다. 이 말은 싸구려라는 의미가 아니라, 모든 사람에게 유효하다는 뜻이다. 하나님의 영은 이스라엘 사람이든 아니든 모든 생명을 유지시키신다(욥 33:4, 34:14). 열

방에게 하나님은 살거리를 주신다(전 3:10). 모든 별들의 수효를 세시고, 그것들을 다 이름대로 부르신다(시 147:4). 그럼에도 이스라엘은 자신들이 받은 특권과 책임으로 다른 모든 민족과 구별되는 축복, 즉 특별한 은사를 더 받았음을 알게 되었다. 또한 하나님께 받은 이러한 특별한 은사는 이스라엘에게 하나님 백성의 지위를 부여하는 것이었다. 하나님의 은사는 정체성을 부여한다. 이것은 이 복잡한 세상에서 우리 자신이 누구인지 발견하려고 할 때, 기억할 만한 가치 있는 생각이다. 이스라엘이 받은 첫 번째 특별은사는 아브라함에게 주신 약속이었다. 이 약속은 히브리 역사 속에서 계속 수정되고 반복되어져 내려왔다. 하나님께서 아브람에게 하신 약속의 첫머리가 이것이다.

> 여호와께서 아브람에게 이르시되 너는 너의 고향과 친척과 아버지의 집을 떠나 내가 네게 보여 줄 땅으로 가라 내가 너로 큰 민족을 이루고 네게 복을 주어 네 이름을 창대하게 하리니 너는 복의 근원이 될지라 너를 축복하는 자에게는 내가 복을 내리고 너를 저주하는 자에게는 내가 저주하리니 땅의 모든 족속이 너로 말미암아 복을 얻을 것이라 하신지라 (창 12:1-3)

그러나 이러한 기원 설화에서 우리는 역설을 깨닫는다. 이스라엘을 세상과 구별하는 독특성을 부여한 바로 그 은사가 *세상을 위해* 주어진 것이기 때문이다. 여기에 구약 성서 전체에 여러 형태로 반복되며, 신약에서 그 절정에 이른 한 패턴이 나타난다. 하나님은 당신의 복을 오직 한 사람, 또는 작은 무리에게 '제한하여' 주신다는 것이다. 그러나 그렇게 하시는 목적은 많은 사람, 결국 모든 사람이 축복에 참여하도록 그 축복을 넓혀가는 것이다. 아브람은 한 개인이었다. 그러나 그를 통해 "땅의 모든 족속이 복을 얻을 것이다." 하나님의 축복이 보편적이 되기 전, 처음에는 제한되고 차별하는 것으로 보인다. 하나님께서 왜 아브람을 선택하셨는지 우리는 모른다. 아브람이 부르심을 받았을 때에 그가 하나님을 찾고 있었다든지, 또는 약속의 담지자가 될 만한 뛰어난 도덕적인 자격을 보여주었다는 암시가 본문에 없다. 창세기 12장 1절 이하는 하나님이 사람을 택하실 때, 인간의 공로와 관계없이 하나님 자신이 주권적으로 선택하신 바를 주실 자유가 있는 분임을 가리킨다(롬 9:8-18을 보라).

하나님께서 자신의 약속을 후세에 전하시는 것도 자의적으로 보인다. 예를 들어, 아브라함의 손자 에서와 야곱 이야기에서 동생 야곱은 속이는 자이고 고대 근동의 도덕에 반하여 자기 아버지에게서 장자권을 빼앗아낸 자인데, 하나님의 약속을 받은 자가 되었다(창 25-27장). 야곱은 야비하고 속이는 자였지만, 하나님의 선택이 태어날 때부터 그에게 있었기 때문에(창 25:23), 그는 번성했고, 이스라엘, 즉 히브리 12지파의 조상이 되었다(창 49장). 이스라엘 나라를 세우고, 그들에게 특별 은사를 부어준 것은 인간의 신실함 때문이 아니라, 하나님께서 당신의 약속을 성취하시는 이해를 뛰어넘는 행동이었다.

은사는 풍성하게 잇달아 일어난다. 야곱의 후손이 이집트에서 노예가 되었을 때, 하나님은 아브라함, 이삭, 야곱과 맺은 언약을 기억하신다(출 2:23이하). 그리고 이어지는 특별한 행위로 그들을 구원하기 위해 움직이신다. 이 가운데 가장 위대한 사건은 홍해 바다에서 파라오의 군대로부터 히브리인들을 구하신 기적적인 구원이었다. 이 비할 바 없는 은사는 하나님의 구속적 은총의 최고 원형으로서 지금까지 이스라엘의 기억에 살아있다. 이 기적에 이어 광야에서 방황할 때도 하나님은 당신의 백성에게 물과 만나를 준비하셨다. 마침내 시내산에서 그들과 언약을 맺으시고, 그들이 선민으로, 열방 가운데서 거룩하게 분리되어 살 수 있도록 돕기 위해 계명을 주신다. 이스라엘을 위해 제 7

일을 안식일로 거룩하게 하시고, 당신의 백성에게 은사로 주신다(출 16:29). 하나님은 아론의 후손들로 제사장을 삼으셔서 그 민족의 예배를 돕게 했다.

> 보라 내가 이스라엘 자손 중에서 너희의 형제 레위인을 택하여 내게 돌리고 너희에게 선물로 주어 회막의 일을 하게 하였나니 (민 18:6)

이스라엘을 위해 하나님은 오늘날까지도 우리를 새롭게 하시기 위한 특별한 축복을 내리신다.

> 여호와는 네게 복을 주시고 너를 지키시기를 원하며
> 여호와는 그의 얼굴을 네게 비추사 은혜 베푸시기를 원하며
> 여호와는 그 얼굴을 네게로 향하여 드사 평강 주시기를 원하노라
> 할지니라 하라 (민 6:24-26)

이 모든 선택의 은사들은 본질상 집합적이다. 그 은사들은 이스라엘 전체에게 속한 것이지, 개인에게 주어지는 것이 아니다. 그 은사들이 하나님의 택한 백성으로서 이스라엘의 정체성을 구성하며, 그것들이 잘못 사용될 수는 있지만, 절대 폐기될 수는 없다. 이런 이유로 바울은 유대인들을 하나님 은사의 담지자로 존중한다.

> 그들은 이스라엘 사람이라 그들에게는 양자됨과 영광과 언약들과 율법을 세우신 것과 예배와 약속들이 있고 조상들도 그들의 것이요 육신으로 하면 그리스도가 그들에게서 나셨으니 (롬 9:4절 이하)

로마서 11장에서 바울은 더 담대하게 이방인 독자들에게 유대인을

위해 쓴다.

> 복음으로 하면 그들이 너희로 말미암아 원수 된 자요 택하심으로 하면 조상들로 말미암아 사랑을 입은 자라 하나님의 은사와 부르심에는 후회하심이 없느니라 (롬 11:28이하)

바울이 마지막 절에서 "은사들"로 사용한 헬라어가 카리스마타 charismata이다. 이것은 바울이 실수한 문장이 아니다. 이 말씀은 우리가 "영적" 은사를 기독교 신자에게 국한시키려 할 때, 다시 한 번 생각하게 한다. 이스라엘 역시 오늘날까지 은사를 받은 민족으로 보아야 한다.

이스라엘의 광야 기간 후에 하나님은 아브라함에게 하신 약속의 마지막 두 번째 부분을 이루시기 시작한다. 하나님은 이스라엘을 거룩한 땅으로 인도하신다. 그러나 이 성취가 유토피아를 가져다주지는 않았다. 승리를 자축했던 짧은 기간이 지난 후, 하나님께 대한 이스라엘의 충성이 무너진다. 많은 사람들이 이방신들에게 제사 드리기 시작했다. 이스라엘은 일부 또는 전체가 거듭해서 이방세력의 지배를 받았다. 하나님은 그분의 백성을 자신에게 돌이키기 위해 강력한 선지자들과 사사들, 왕들을 보내셨지만, 그들의 응답은 기껏해야 모호한 것이었다. 아브라함의 후손은 더 이상 "땅의 모든 족속이 너로 말미암아 복을 얻을 것이라 하신"(창 12:3) 민족으로 보이지 않는다. 결국 그 땅의 거주자 대부분이 바빌론으로 포로가 되어 끌려갔다. 거기에서 길어지는 황폐한 시간 동안 이스라엘은 축복의 뒷면, 즉 이 세상 안에서의 소명과 사명, 임무를 깊이 생각하기 시작했다. 우리가 제2 이사야(사 40-66장)라고 부르는 포로기 이후 예언자는 "종의 노래"를 통해 웅변적으로 이런 커지는 책임감을 표현한다. 이 통렬한 구절에서 선민에게 하나님의 고난 받는 종의 역할이 부여된다. 여기에서 이스라엘은 특권의 은사가 아니라, 섬김의 은사를 생각한다(특히 사 42:1-7을 보라). 하나님 은사의 담지자인 이스라엘은 이제 열방의 구원을 위한 하나님의 은사가 되는 소명을 받는다. 이 고귀한 비전으로 아브라함에게 주신 약속의 마지막 부분이 성취를 향해 나아간다.

이스라엘은 자신이 받은 많은 은사에서 정체성과 임무를 발견한다. 그러나 늘 그렇듯이 근본적인 은사는 하나님 자신의 임재이다. "생명의 원천이 주께 있사오니"(시 36:9). 하나님은 약속을 주시고, 축복을 부어 주신다. 그러나 하나님의 가장 큰 은총은 당신의 백성과 동행하시는 것이다. 무엇보다도, 하나님은 이스라엘과 "함께" 걸으신다. 하나님은 족장들, 선지자들, 왕들에게 말씀하신다. 하나님은 자신의 백성이 광야를 행진할 때에 낮에는 구름기둥으로, 밤에는 불기둥으로 보호하신다. 하나님은 이스라엘의 대적들과 싸우신다. 하나님의 영광이 회막에, 나중에는 성전에 거하신다. 이스라엘이 자신의 역사를 돌아볼 때에 가장 큰 기쁨은 하나님의 선택으로 인해 흘러나온 수많은 축복에 있는 것이 아니라, 선택 그 자체이고, 이스라엘에 가까이 하시기를 원하는 하나님의 뜻에 있음을 깨닫는다.

> 여호와께서 시온을 택하시고 자기 거처를 삼고자 하여 이르시기를 이는 내가 영원히 쉴 곳이라 내가 여기 거주할 것은 이를 원하였음이로다 (시 132:13, 14)

주님은 자신의 백성 가운데 거하시려는 열정을 갖고 계신다. 이것이 가장 훌륭한 은사이다.

이스라엘에서 하나님의 은사를 받은 종들

이스라엘은 한 나라로서 하나님께 택함 받는 은사를 받았다. 그러나 이스라엘 안에는 하나님의 영을 특별히 부어주실 사람으로 선택된 사람들도 있다. 하나님의 영을 부어주시는 은사는 보통 이스라엘을 깨우치거나 해방시킬 목적으로 그러한 사람들을 일으켰다. 구약성서의 종을 묘사하기 위해 "은사 받은 자"라는 말을 사용하려 하는데, 그러한 단어(혹은 동의어)가 히브리어에는 없기 때문에 약간의 혼동이 일어날 수도 있다. 그러나 우리가 이 단어를 특별히 하나님의 영을 받아 그 공동체의 다른 구성원들과 구별된 사람을 묘사하는 단어로 이해한다면, –이것이 부분적으로 신약성서의 헬라어 *카리스마charisma*가 뜻하는 것이다.– 이 단어를 하나님의 영*ruach*이 함께 거하거나, 하나님의 영이 그 위에 임했던 고대 이스라엘 사람에게 적용할 수 있는 충분한 이유가 된다.

이스라엘 역사에서 은사 받은 자들 가운데 몇몇은 은사를 일시적으로만 받았거나, 오직 한 가지의 특별한 임무를 위해 받기도 했다. 그들은 영에 감동되어 행한 일들로 인해 기억되지만, 그 이상은 아니었다. 이스라엘의 칠십 장로도 그러한 사람들이었는데, 모세에게 임했던 영의 "일부"를 하나님께서 그들 위에 두셨기 때문에 광야의 성막 주위에서 예언을 했다. 이 예언은 짧은 기간 동안 지속되었다(민 11:16 이하, 24 이하). 기이하게도 "예외적인 것"은 항상 하나님의 영의 움직임을 나타낸다는 것이다. 두 장로 엘닷과 메닷은 성막으로 모세를 수행하도록 선발된 칠십 장로에 끼지 않았지만, 영을 받았고 예언하기 시작했다. 이러한 예외성이 모세의 부관 여호수아를 불안하게 했고, 모세에게 이 둘을 침묵하게 하라고 요청했다. 그러나 모세는 (예언적으로) 이렇게 대답했다.

> 모세가 그에게 이르되 네가 나를 두고 시기하느냐 여호와께서 그의 영을 그의 모든 백성에게 주사 다 선지자가 되게 하시기를 원하노라 (민 11:29)

영이 일시적으로만 임했던 경우로 보이는 사람은 잘 알려지지 않은 사사들인 옷니엘(삿 3:9-11)과 입다(삿 11:29-32)이다. 그들에게 단 한 번 주어진 "영적인" 임무는 이스라엘이 그 땅을 처음 정복한 후에 그들을 억압했던 자들에 맞선 전쟁으로 이끄는 것이었다. 출애굽기 31장 2절 이하에 의하면 하나님은 브살렐을 장인(匠人)으로 선택하여 성막과 증거궤를 만들도록 그에게 영을 충만케 했다. 이 은사가 그의 개인적인 삶에 어떤 영향을 끼쳤는지, 얼마나 지속되었는지는 우리는 모른다. 그러나 그것이 "기능적인" 은사였으며, 일시적이었음을 짐작할 수 있다. 후에 이스라엘 역사에서 다윗이 사울의 공격을 받으며 광야에서 지낼 때에 사울의 군대를 탈영한 아마새가 성령에 감동되어 다윗에게 충성을 맹세했다(대상 12:16-18). 그에 대해 성경은 다시 언급하지 않는다. 아사랴(대하 15:1 이하), 야하시엘(대하 20:13 이하.), 스가랴(대하 24:20 이하)도 성령에 의해 오직 한 번 예언했다. 그들은 자신의 임무를 이루자 곧 성서의 기록에서 사라진다. "바람이 임의로 불매 네가 그 소리는 들어도 어디서 와서 어디로 가는지 알지 못하나니 성령으로 난 사람도 다 그러하니라"(요 3:8).

반면 구약성서는 성령이 그들 안에 거하였거나, 그들 위에 머물렀던 은사 받은 이들에 대해 말한다. 항구적으로, 또는 정기적으로 그들의 삶에 임했던 성령에 대한 언급이 있다. 놀랍게도 아브라함, 이삭, 야곱은 특별한 하나님의 은사를 받았지만 구약성서 저자들은 그들을 은사 받은 자와 동일시하지 않는다. 하나님이 늘 그들과 함께 하셨지만, 영이 그들 안에 혹은 그들 위에 있었다고 말하지는 않는다. 야곱의 아들 요셉은 처음으로 은사 받은 히브리인이었다고 볼 수 있다. 그는 하나님의 도우심으로 파라오의 꿈을 정확하게 해석했다. 이 일을 좋게 여긴 파라오는 요셉에게서 비상한 신적인 영을 인지하고, 그를 총리로 세웠다 (창 41:38-40). 바빌론 왕 느브갓네살이 다니엘을 "그의 안에는 거룩한 신들의 영이 있는 자"(단 4:8 이하, 18, 5:11-16도 보라)로 비할 바 없는 해몽가이며 현자로 칭찬했던 것은 한 이스라엘 사람에게서 은사인 지혜를 볼 수 있는 비슷한 예이다.

구약성서 전체의 증거에 따르면, 이스라엘의 첫째가는 은사 받은 지도자는 모세였다. 하지만 실제로 모세와 영의 관계에 대한 언급은 거의 없다. 다만 모세에게 임했던 영이 칠십 장로에게도 임했다는 것(민 11:24 이하)과 모세 자신이 여호수아에게 안수함으로써 "지혜의 영"을 전했다는 것(신 34:9)을 알 뿐이다. 그럼에도 오경 저자들은 분명히 모세를 하나님의 가장 능력 있는 종으로 여겼다. 하나님은 그를 선택하셨고 특별한 방식으로 그와 함께 하셨다(출 3장을 보라). 고대의 히브리인 가운데 누구도 은사에 있어 그와 견줄 수 없었다. 모세에 관해 신명기서는 이렇게 말한다.

> 그 후에는 이스라엘에 모세와 같은 선지자가 일어나지 못하였나니 모세는 여호와께서 대면하여 아시던 자요 여호와께서 그를 애굽 땅에 보내사 바로와 그의 모든 신하와 그의 온 땅에 모든 이적과 기사와 모든 큰 권능과 위엄을 행하게 하시매 온 이스라엘의 목전에서 그것을 행한 자이더라 (신 34:10-12)

모세의 시종이자 후계자인 여호수아는 '장기간' 은사를 받은 자로 성경에 나온다. 전승에 따르면 그는 그의 주인의 자리를 이어받도록 부름받기 이전에도 은혜를 받았다. 모세의 말년에 하나님은 명령하신다.

> 여호와께서 모세에게 이르시되 눈의 아들 여호수아는 그 안에 영이 머무는 자니 너는 데려다가 그에게 안수하고 그를 제사장 엘르아살과 온 회중 앞에 세우고 그들의 목전에서 그에게 위탁하여 네 존귀를 그에게 돌려 이스라엘 자손의 온 회중을 그에게 복종하게 하라 (민 27:18-20)

모세가 죽은 후, 여호수아는 개인적으로 하나님의 약속을 받았다. "내가 모세와 함께 있었던 것 같이 너와 함께 있을 것임이니라"(수 1:5) 그러나 모세의 경우와 같이 언제, 어떻게 영이 그에게 들어갔는지 본문은 말하지 않는다.

기드온과 삼손은 이스라엘 사사시대의 걸출한 인물들이다. 모세와 여호수아와 같이 기드온은 주께서 함께 하신다는 약속을 받았다(삿 6:12). 하나님께서 미디안과 아말렉에 맞서 이스라엘을 이끌 장군으로 기드온을 세우기 위해 "주의 영이 그를 사로잡았을 때" 은사의 방식으로 당신의 임재를 확인시키신다(삿 6:33 이하). 하나님의 영이 삼손을 어릴적부터 움직이셨던 것 같다(삿 13:25). 기드온과 삼손은 다른 사사들이 경험해보지 못한 방식으로 하나님의 임재를 체험했다는 인상을 받는다. 그러나 성서 본문에서 성령이 그들 안에 거했다거나, 그들 위에 머물렀다고 말하지 않는 것이 중요하다. 오히려 그들을 감독하기 위해 성령이 주기적으로, 강력하게 임했다(삿 6:34 참조, 14:6,19, 15:14 이하, 16:28). 이런 점에서 그들은 요셉, 모세, 여호수아, 다니엘 같은 은사 받은 지도자들과 다르게 보인다. 성령이 그 지도자들에게 머물렀지만, 분명히 그들을 황홀경 속으로 "사로잡지는" 않았다.

사울과 다윗 역시 은사 받은 자라고 할 수 있다. 그들은 각각 선지자 사무엘(그의 통찰력과 하나님과 친밀한 관계에 있었음에도 성경은 그를 성령과 결부시키지 않는다!)에게 이스라엘 왕으로 기름부음 받았다. 기름부음 받은 직후 사울은 선지자 무리를 만났고, "하나님의 영이 사울에게 크게 임하므로 그가 그들 중에서 예언을"(삼상 10:10) 하였다. 아마 이것은 황홀경의 체험이었을 것이고, 사무엘의 예언처럼 그 체험을 통해 사울은 "변하여 새 사람이 되었다"(삼상 10:6). 하나님께서 자신에게 호의를 베푸신다는 사실을 알고(삼상 10:7), 사울은 사무엘의 도움으로 왕이 되었다. 그가 하나님을 기쁘시게 하는 한, 하나님의 영이 그와 함께 했다. 그러나 그가 하나님의 명을 이행하지 않았을 때(삼상 15장), 다윗이 그를 대신해 왕으로 선택되었다. 다윗이 그 직책을 위해 기름부음 받은 직후 "이 날 이후로 여호와의 영에게 크게 감동"(삼상 16:13)되었다. 그러나 사울에 관하여는 "여호와의 영이 사울에게서 떠나고 여호와께서 부리시는 악령이 그를 번뇌하게 한지라"(삼상 16:14)라고 궁중 역사가는 기록했다. 불순종은 하나님의 영을 떠나게 했다. 반면 하나님의 영은 다윗에게 놀랍도록 역사했다. 소년에 불과했지만, 그는 "수금을 탈 줄 알고 용기와 무용과 구변이 있는 준수한 자라 여호와께서 그와 함께"(삼상 16:18) 하시는 사람이 되었다. 후에 다윗이 밧세바와 죄를 범했을 때, 그는 하나님께서 사울에게 하셨던 것처럼 당신의 임재를 거두어 가실 것을 두려워했다. 이것은 시편 편집자가 51편에 붙인 제목의 해석이다. "다윗의 시, 인도자를 따라 부르는 노래, 다윗이 밧세바와 동침한 후 선지자 나단이 그에게 왔을 때." 10, 11절에 우리가 잘 아는 구절을 볼 수 있다:

하나님이여 내 속에 정한 마음을 창조하시고 내 안에 정직한 영을

> 새롭게 하소서 나를 주 앞에서 쫓아내지 마시며 주의 성령을 내게서 거두지 마소서 (시 51:10, 11)

여기에서 다윗은 자신의 영혼이 새롭게 되는 것이 오로지 하나님의 영의 계속적인 임재에 달려 있음을 인정한다. 그의 기도는 긍정적인 응답을 받았다. 다윗은 자신의 죄로 인해 고통을 겪었지만, 사무엘하와 열왕기상의 궁중역사에서 하나님의 영이 그를 떠났다는 암시는 없다.

이스라엘 선지자들은 자신의 글에 하나님의 영이 분명하게 영향을 끼쳤다고 자주 표명하지는 않았지만, 하나님의 영으로 인해 자신이 말한다고 했다(느 9:30, 슥 7:12). 제2 이사야(사 61:1)와 미가(미 3:8)는 하나님의 영이 인도하심을 언급한다. 에스겔(겔 2:2, 3:24)은 하나님의 영이 들어오거나, 그 영에 의해 들어 올려지는 체험을 자주 보도한다(겔 3:14, 8:3 등). 때때로 하나님의 영(*ruach*)이 그를 바빌론에서 예루살렘으로 데려갔다가 다시 데려다 놓기도 한다. 이와 별도로 구약성서의 문서 예언자들은 자신의 글에 하나님의 영을 직접 연관시키지 않는다. 반면 분명히 글을 기록하지 않은 엘리야와 엘리사는 은사 받은 예언자의 역할을 한 것이 분명하다. 하나님의 영이 엘리야를 이끌고 다니셨다고 기록되어 있다(왕상 18:12). 아마도 하나님의 영이 어느 정도 지속적으로 엘리야에게 머물렀으며, 그의 제자인 엘리사가 그에게서 이 비상한 자질을 알아보고 "당신의 성령이 하시는 역사가 갑절이나 내게 있게 하소서" 구하였다(왕하 2:9절 이하). 엘리사의 요청은 받아들여졌다(비록 그가 원했던 만큼 받았는지는 확실히 알 수 없지만!). 그의 은사는 여리고 선지자 학교에서 그가 엘리야의 적법한 계승자임을 인정받았을 때 증명되었다. 선지자의 제자들이 "엘리야의 성령이 하시는 역사가 엘리사 위에 머물렀다"라고 외치면서 땅에 엎드려 엘

리사에게 절하였다(왕하 2:15).[3)]

우리가 이스라엘에서 하나님의 은사를 받은 종의 모습을 온전히 그려 보려면, 구약의 저자들이 보았던 미래에 대한 환상을 보아야 한다. 도래할 회복의 때에, 하나님의 영을 받은 모든 종들 가운데 가장 뛰어난 종은 물론 메시아이다. 메시아와 하나님의 영을 분명하게 연결시키는 것은 구약성서에서 한 구절뿐이지만, 그것은 유대인과 그리스도인의 의식에 깊이 새겨진 구절이다.

> 이새의 줄기에서 한 싹이 나며 그 뿌리에서 한 가지가 나서 결실할 것이요 그의 위에 여호와의 영 곧 지혜와 총명의 영이요 모략과 재능의 영이요 지식과 여호와를 경외하는 영이 강림하시리니 그가 여호와를 경외함으로 즐거움을 삼을 것이며 그의 눈에 보이는 대로 심판하지 아니하며 그의 귀에 들리는 대로 판단하지 아니하며 (사 11:1-3)

만약 메시아에게 영속적으로 하나님의 영의 은사가 주어졌다면, 이스라엘 백성 역시 그 풍성함을 나눌 소망을 가질 수 있었다. 제2 이사야서에서 하나님은 이 약속을 말씀하신다.

> 내가 붙드는 나의 종, 내 마음에 기뻐하는 자 곧 내가 택한 사람을 보라 내가 나의 영을 그에게 주었은즉 그가 이방에 정의를 베풀리라 (사 42:1)

---

3) 여기에서 민 11:16 이하와 27:18 이하와 같이 성령이 한 사람에게서 다른 사람에게로 전이될 수 있는 실체로 이해되었다. 민수기의 구절에서와 같이 영의 전달과 그 수단에 대한 주도권은 오직 하나님께 있다(왕상 2:10-14을 보라). 영을 부여받은 개인이 자신의 은사를 계승자에게 전해주기로 "결정"할 수는 없다.

만약 이 구절에서 그 종을 이스라엘로 이해하는 것이 옳다면(사 49:3을 보라) 예언자는 하나님의 모든 백성이 은사를 받게 될 때를 내다보고 있다. 하나님의 영 안에서 그들은 세상에 의를 실현할 임무를 성취시킬 수 있는 능력을 발견하게 될 것이다. 이 비전은 하나님께서 당신의 종 야곱의 후손들에게 영을 부어주실 것을 약속하는 제2 이사야의 다른 구절과도 잘 맞는다(사 44:1-3). 그것은 또한 이스라엘 후기 역사를 기록한 다른 두 예언자가 말한 희망과도 일치한다. 바빌론에서 예언한 에스겔에 따르면, 하나님은 당신의 백성이 포로에서 돌아올 때 새 마음과 새 영으로 복 주실 것이다. 하나님은 당신 자신의 영을 그들 안에 두셔서 그들이 기꺼이 하나님 명령을 따라 걸을 수 있게 하신다(겔 11:19, 18:31, 37:14, 39:29 특히 36:26 이하). 바빌론 포로기 이후 예언서인 요엘서에서 하나님은 맹세하신다.

> 그 후에 내가 내 영을 만민에게 부어 주리니 너희 자녀들이 장래 일을 말할 것이며 너희 늙은이는 꿈을 꾸며 너희 젊은이는 이상을 볼 것이며 그 때에 내가 또 내 영을 남종과 여종에게 부어 줄 것이며 (욜 2:28, 29)

주님의 이 말씀은 하나님의 모든 백성들이 선지자가 될 것을 바랐던 모세의 소망과 공명하는 것으로 보인다(민 11:29). 신약 학자들은 사도행전 2장 16절 이하에서 베드로가 행한 오순절 설교의 중심을 형성하는 것이 요엘서의 이 구절임을 상기할 것이다. 특히 구약의 후기 문서에서 예언자들은 이제까지 몇몇 개인들에게만 임했던 영적 은사들이 이스라엘의 모든 백성 위에 부어지게 되는 때인 메시아 시대를 꿈꾸기 시작했다.

성령의 은사를 순종과 연결시킨 에스겔서의 구절은 이런 점에서 우리의 논의에서 주목되어야 한다. 왜냐하면 예수 당시의 유대교 정황에서 이해한다면, 그 구절들이 드러난 것보다 더 급진적임이 증명된다. 에스겔은 하나님의 말씀을 듣는다.

> 또 새 영을 너희 속에 두고 새 마음을 너희에게 주되 너희 육신에서 굳은 마음을 제거하고 부드러운 마음을 줄 것이며 또 내 영을 너희 속에 두어 너희로 내 율례를 행하게 하리니 너희가 내 규례를 지켜 행할지라 (겔 36:26, 27)

이 구절은 하나님의 은사의 목적이 성화임을 제시한다. 하나님 백성의 내적 삶이 변화되어 자연스럽게, 힘들여 애쓰지 않아도 하나님께 순종하게 될 것이다. 유대교에서 하나님의 최고 은사로 소중히 여기는 외적인 문서 율법이 필요 없게 될 것이다! 이사야서에서 앞을 내다보는 부분만이(사 11:1-3, 42:1, 61:1) 변화된 백성에 대한 에스겔의 환상과 비슷하다. 이것이 우리를 놀라게 하는 것은 신약성서 저자들이 성령의 주요 역할 가운데 하나가 성화임을 당연하게 여기기 때문이다(예를 들면, 고전 14:1 이하, 갈 5:16-25, 롬 8:1-11을 보라).

구약성서에서 하나님의 영은 늘 자신의 뜻을 이루시고, 그러므로 필연적으로 거룩하게 하신다고 주장할 수 있다. 궁극적으로 그러한 입장은 사실이다. 그러나 이스라엘에서 하나님의 은사를 받은 종들의 이야기를 신약의 기준으로 살펴보면, 그들 가운데 많은 사람이 신뢰할 만한 성품에 미치지 못함을 발견하게 된다. 기드온은 하나님의 영에 감동되어 강력한 전사가 되었지만, 많은 첩을 두었던 허영심이 많고 불완전한 사람이었다. 결국은 이스라엘 백성이 대적에게서 탈취한 예물을 한데 모아서 제사장의 예복을 만듦으로 인해서 이스라엘 백성들이 그것을 음란히 섬기는 결과까지 낳게 했다(삿 6:11에서 8:32까지). 입다는 하나님의 영을 받자마자 어리석게도 만약 자신이 암몬과의 전쟁에서 승리한다면 그가 돌아올 때에 집에서 그를 맞으러 나오는 첫 사람을 하나님께 번제로 드리겠다고 서원했다. 그 희생자는 바로 자기 딸이었다(삿 11:29-40). 힘센 장사인 삼손은 성장해서는 약해졌다. 주님의 영이 어려서부터 그를 움직였지만(삿 13:25), 일생을 미숙한 채 살았다. 그는 이방 여인과 결혼했고, 거짓말과 수수께끼로 사람들을 조롱했으며, 창녀를 찾아가기도 했고, 이스라엘과 블레셋 사이의 증오를 더욱 부추겼다(삿 14장에서 16장).

사울 역시 하나님의 영이 임하는 황홀한 체험(삼상 10장)을 통해 변하여 새사람이 되었지만, 분명한 하나님의 명령(삼상 15장)에 불순종하고 하나님의 총애를 잃어버렸다. 분명히 성령의 많은 은사를 누렸던 다윗은 간음과 살인을 저지르기까지 했다. 선지자 엘리사는 엘리야의 갑절의 능력을 받았지만, 아래 이야기에서 보듯이 온화한 사람은 아니었다.

> 엘리사가 거기서 벧엘로 올라가더니 그가 길에서 올라갈 때에 작은 아이들이 성읍에서 나와 그를 조롱하여 이르되 대머리여 올라가라 대머리여 올라가라 하는지라 엘리사가 뒤로 돌이켜 그들을 보고 여호와의 이름으로 저주하매 곧 수풀에서 암곰 둘이 나와서 아이들 중의 사십이 명을 찢었더라 (왕하 2:23 이하).

하나님의 영은 개인의 삶을 취하여 자신의 목적을 이루신다. 그러나 하나님의 영이 그 영을 받은 사람들의 삶을 반드시 거룩하게 하지는 않았으며, 또한 언제나 그들을 하나님과의 적극적인 교제로 이끈 것도 아니었다.

두 이야기가 이 점을 예증해준다. 민수기 22장에서 24장에 따르면 모압 왕 발락이 예언자 발람을 매수하여 이스라엘을 저주하게 한다. 그러나 이방인 발람이 계약대로 실행하려고 했을 때, 하나님께서 개입하여 택하신 백성을 저주하지 못 하도록 거듭 방해하신다. 결국 하나님의 영이 그에게 임하여, 발람은 이스라엘을 크게 축복하도록 영감을 받았다(민 24:2 이하). 그러나 모든 사건이 끝났을 때 발람은 집으로 돌아갔고 아마도 전보다 더 나아지거나 나빠지지 않았을 것이다. 분명히 그는 이방인으로 남았다. 하나님의 영이 일시적으로 그를 사로잡았지만, 그를 변화시키지는 않았다.

두 번째 이야기는 사울 왕에 관한 것이다. 하나님의 영이 불순종하는 사울을 떠났다(삼상 16:14). 이제는 하나님의 축복이 자신의 젊은 경쟁자에게 임한 것을 알고, 사울은 다윗을 미워하고 두려워했다. 다윗이 사무엘과 함께 라마에 숨어있는 것을 알고 사울은 그를 잡아 죽이도록 사자들을 보냈다. 그러나 그들이 도착해서 선지자 무리들이 사무엘 앞에서 예언하는 것을 보고 성령의 권능에 굴복했다. 그들 역시 황홀경 속에 예언하기 시작했고, 자신들의 임무를 수행할 수 없다는 것을 깨닫게 되었다. 두 번, 세 번 사자들을 보내도 똑같은 일이 벌어졌다(삼상 19:18-20). 결국 사울은 필사적으로 직접 다윗을 잡으려고 라마로 오게 되었다.

> 사울이 라마 나욧으로 가니라 하나님의 영이 그에게도 임하시니 그가 라마 나욧에 이르기까지 걸어가며 예언을 하였으며 그가 또 그의 옷을 벗고 사무엘 앞에서 예언을 하며 하루 밤낮을 벗은 몸으로 누웠더라 그러므로 속담에 이르기를 사울도 선지자 중에 있느냐 하니라 (삼상 19:23-24)

사울은 그대로였고 성화되지 않았다. 그의 여생은 끝까지 하나님과 다윗과 불화하였다. 이러한 희극적이며 비극적인 이야기들은 신약에서 거듭나게 하는 분이며(요 3:3 이하), "사랑과 희락과 화평과 오래 참음과 자비와 양선과 충성과 온유와 절제"(갈 5:22 이하)의 궁극적인 근원인 성령에 대한 신약의 이해와 부합되지 않는 구약의 하나님의 영에 대한 어떤 신비스러운 면을 드러낸다.

하나님의 영에 관한 구약의 관점에 내포된 다른 물음도 생각해볼 가치가 있다. 어떻게 하나님의 영이 임하는가, 그 강도를 어떻게 알 수 있는가 하는 것이다. 하나님의 영이 강력하게 임한 경우들은 잘 기록되어 있다. 사사와 선지자들, 사울의 경우 하나님의 영이 강력하게 임했고 그들을 사로잡아 하나님의 목적을 이루게 했다. 이렇게 하나님의 영이 임하는 경우를 표현하기 위해 사용된 히브리 단어는 '꿰뚫다' 또는 '쇄도하다' 라는 뜻을 지닌 찰라크(*tsalach*) (삿 14:6, 19, 15:14, 삼상 10:10)와 문자적으로 '~으로 싸다, 덮다' 라는 뜻의 라바쉬(*labash*) (삿 6:34, 대상 12:18, 대하 24:20)라는 단어가 사용되었다. 그러나 좀 더 미묘하고, 점진적으로 하나님의 영이 임하는 것은 사사기 13:24, 25절에 암시되어 있다. 여기에 하나님의 영이 어린 삼손을 '움직이기 시작' 했다고 표현되어 있다. 하나님의 영이 성막과 증거궤를 만든 장인 브살렐에게 어떻게 임했는가? 아마도 그 영은 환상을 통해 임했을 것이다. 그러나 그것이 그의 동료들과 의사소통하는 데 방해 되지는 않았다. 그리고 거의 평생을 하나님의 영과 교제하며 살았던 것으로 보이는 요셉, 모세, 다니엘 같은 은사 받은 사람들의 삶 속에 하나님의 영이 어떻게 처음 나타났는지 구약성서는 침묵한다. 우리가 알 수 있는 것은 하나님의 영이 이 사람들에게 아주 가까이 오래 머물러 있어서 이따금씩 강력하게 하나님의 영이 임할 필요가 없었다는 것이다. 여호수아는 모세의 안수로 "지혜의 영"을 받았다(신 34:9). 그러나 이것은 이미 하나님의 영이 여호수아 안에 머물렀던 그 다음에 일어났다(민 27:18-20). 여호수아의 삶에서 어떤 내적인 경험을 했는지 우리는 알지 못한다. 우리는 구약에서 하나님의 영이 다양한 방식으로 사람들을 찾아오신다고 결론 내릴 수밖에 없다. 하나님의 영이 임할 때 언제나 나타나는 유일한 특징은, 그리고 그것이 가장 중요한 것인데 어느 누구도 그 영이 임하도록 준비할 수 없다는 것이다. 엘리야의 갑절의 영감을 구한 엘리사를 제외하고, 구약의 어떤 사람도 하나님의 영의 임재를 구하거나 주장하지 않았다. 그리고 엘리사의 경우에도 영의 임함은 하나님의 주권적인 자유의 행위로서 가장 잘 이해된다.

조건적인 은사와 무조건적인 은사

분명하게 하나님의 영과 결부되든, 또는 아니든 은사를 두 범주로 살펴본다면, 그것이 고대 히브리인들에게 무엇을 의미했는지 보다 분명하게 이해할 수 있다. 하나님의 은사는 특별하게 규정된 목적, 즉 특정한 조건하에 임하든지, 아니면 어떠한 부대조건 없이, 사전 준비나 사용 규정 없이 자유롭게 주어졌다.

삼손의 힘과 반복하여 하나님 영이 찾아온 것은 첫째 범주에 속한다. 삼손에게 주어진 은사는 그의 어머니에게 천사를 통해 하신 약속의 결과로 임한 것이다:

> 여호와의 사자가 그 여인에게 나타나서 그에게 이르시되 보라 네가 본래 임신하지 못하므로 출산하지 못하였으나 이제 임신하여 아들을 낳으리니 그러므로 너는 삼가 포도주와 독주를 마시지 말며 어떤 부정한 것도 먹지 말지니라 보라 네가 임신하여 아들을 낳으리

> 니 그의 머리 위에 삭도를 대지 말라 이 아이는 태에서 나옴으로부터 하나님께 바쳐진 나실인이 됨이라 그가 블레셋 사람의 손에서 이스라엘을 구원하기 시작하리라 하시니(삿 13:3-5)

삼손에게 주어진 은사는 두 가지 면에서 조건적이다. 그 은사는 나실인으로 남아있을 때 지속되고, 이스라엘을 구원하기 위해 기능해야 한다. 아마도 하나님께서 그를 떠난 것은(삿 16:20) 삼손이(들릴라에게 자신의 약점을 노출시킴으로써) 나실인의 지위를 상실하고, 이스라엘을 해방시킬 자신의 사명을 소홀히 했기 때문이었을 것이다. 마지막 순간에 자신을 붙잡은 블레셋 사람들 위에 다곤의 신전을 무너뜨리기 위해 그의 힘이 돌아왔을 때, 그것은 그의 기도에 대한 응답이었다. 삼손은 이렇게 외쳤다.

> 삼손이 여호와께 부르짖어 이르되 주 여호와여 구하옵나니 나를 생각하옵소서 하나님이여 구하옵나니 이번만 나를 강하게 하사 나의 두 눈을 뺀 블레셋 사람에게 원수를 단번에 갚게 하옵소서 (삿 16:28)

삼손의 기도는 우리에게 끔찍한 변명으로 들리지만, 당시의 기준으로 보면 그것은 회개하는 것이었다. 삼손은 지금 자신의 사명을 기억하고, 그것을 이루기 원하고 있다. 삼손의 이야기는 불성실할 때 은사를 상실할 수도 있고, 하나님의 목적에 합당하게 구할 때 다시 얻을 수도 있음을 보여준다.

사울에게 주어진 왕권과 이어진 하나님의 영의 축복 또한 조건적인 것이었음이 명백하다. 사울이 아말렉을 진멸하라는 하나님의 명령을 따르지 않았을 때, 그는 자신의 은사가 철회되는 것을 보았다. 성경은 그것을 숨김없이 말한다.

> 여호와께서는 사울을 이스라엘 왕으로 삼으신 것을 후회하셨더라 (삼상 15:35)

> 여호와의 영이 사울에게서 떠나고 여호와께서 부리시는 악령이 그를 번뇌하게 한지라 (삼상 16:14)

삼손 같이 사울도 자신의 불순종을 뉘우쳤다(삼상 15:24 이하). 그 결과 사울은 사무엘과 함께 마지막으로 하나님께 나아가 제사 드리도록 허락 받았고, 그의 통치는 몇 년간 더 지속될 수 있었다. 비록 하나님의 총애가 그를 떠났지만, 왕으로 기름부음 받았기 때문에 얼마간 권력을 유지할 수 있었다. 하나님께서 선택하신 결과는 즉시 사라지는 것이 아니었다. 그럼에도 하나님 은총의 임재가 없는 사울은 비참하고 반항적인 사람이 되었으며, 그 마지막은 비극적이었다(삼상 31장). 그가 범죄한 후 하나님의 영은 오직 한 번 더 그에게 임했고, 그것도 축복이 아니라, 다윗을 향한 그의 악한 의도를 굴복시키며 저지하기 위한 것이었다.

그러므로 어떤 은사는 조건적임이 증명된다. 그 은사를 잘못 사용할 때 잃을 수도 있기 때문이다. 은사의 조건성은 힘들여서만 그 은사를 받을 수 있다는 사실에 있다. 야곱이 얍복강에서 알 수 없는 인물과 부딪쳐 밤새 씨름 했을 때, 야곱은 실제로 그에게 은사를 줄 것을 강요했다. "당신이 내게 축복하지 아니하면 가게 하지 아니하겠나이다"(창 32:26). 야곱은 이 기회를 붙잡았다. 씨름 상대에게 놀라운 것을 줄 능력이 있음을 감지했기 때문이다. 그 사람의 정체는 야곱에게 준 은사에서 드러난다. "그가 이르되 네 이름을 다시는 야곱이라 부를 것이 아니요 이스라엘이라 부를 것이니 이는 네가 하나님과 및 사람들과 겨루어 이겼음이니라"(창 32:28). 그러나 야곱의 "승리"는 대가를 치른 것이었다. 그는 그 씨름에서 영원히 다리를 절어야 했다(창 32:25, 31 이하). 하나님이 주시는 어떤 은사는 받는 자들에게 상처를 입히는 것이 있는 것 같다. 이 신비에 대해 5장에서 더 이야기하게 될 것이다. 창세기 32장에 기록된 이 씨름은 야곱이 시작한 것은 아니었다. 그것은 하나님의 명령에 의한 것이었다. 그러나 씨름하는 도중 야곱은 자신의 상대가 어떤 큰 복을 지니고 있음을 알게 되었고, 야곱은 그것을 얻기 위해 불독과 같이 싸웠다. 이 이야기는 때로 은사가 하나님과 더불어 고투한 결과로 온다는 것을 보여준다. 야곱이 천사를 그냥 가게 했다면, 그 복은 그를 피해 갔을 것이다.

사무엘의 어머니가 되었던 불임의 여성 한나는 보이는, 또는 어떤 형태를 지닌 신적인 상대와 직면하지는 않았다. 한나가 하나님과 더불어 싸울 수 있는 "기회"는 자신의 슬픔이었고, 아이가 없는 외로움이었다. 비록 엘리 제사장에게 술에 취했다는 부당한 비난을 받기는 했지만, 만약 주께서 자기에게 아이를 주신다면, 그 아이를 나실인으로 하나님을 섬기도록 바치겠다는 서원을 하며 실로Shiloh 성전에서 하나님께 끈질지게 기도했다. 이 이야기에서 한나는 많은 "원통함과 격분됨"(삼상 1:16)으로 하나님께 부르짖었다. 본문의 말씀대로 "그에게 임신하지 못하게"(삼상 1:5 이하) 하시는 하나님께 대한 분노의 표현으로 한나의 말을 이해할 수 있을 것이다. 한나는 그 마음 깊은 곳에서 하나님께 자신의 처지를 항변했고, 제사장 엘리에게 그녀를 축복하도록 마음을 움직였다. "평안히 가라 이스라엘의 하나님이 네가 기도하여 구한 것을 허락하시기를 원하노라(삼상 1:17)." 성서 본문은 한나의 기도와 엘리의 축복이 하나님의 마음을 움직였다고 특별히 말하지는 않는다. 그러나 그 직후에 한나가 임신해 사무엘을 낳게 되었기

때문에 본문이 주는 생각은 분명하다.[4)]

다윗의 아들 솔로몬 역시 조건적인 은사를 받았다. 하나님께서 이 젊은 왕에게 꿈에 나타나 "내가 네게 무엇을 줄꼬 너는 구하라" 말씀하실 때 솔로몬은 선택해야 했다. 은사를 받게 되지만, 그는 결단해야 하고, 위험을 감수해야 한다. 그가 어리석게, 또는 이기적으로 선택할 수도 있으며, 그의 미래는 그 균형에 달려 있다. 솔로몬은 지혜롭게 "누가 주의 이 많은 백성을 재판할 수 있사오리이까 듣는 마음을 종에게 주사 주의 백성을 재판하여 선악을 분별하게 하옵소서"(왕상 3:9)라고 구하였다. 하나님은 솔로몬의 간청을 기뻐하시고 큰 축복으로 응답하신다.

> 이에 하나님이 그에게 이르시되 네가 이것을 구하도다 자기를 위하여 장수하기를 구하지 아니하며 부도 구하지 아니하며 자기 원수의 생명을 멸하기도 구하지 아니하고 오직 송사를 듣고 분별하는 지혜를 구하였으니 내가 네 말대로 하여 네게 지혜롭고 총명한 마음을 주노니 네 앞에도 너와 같은 자가 없었거니와 네 뒤에도 너와 같은 자가 일어남이 없으리라 내가 또 네가 구하지 아니한 부귀와 영광도 네게 주노니 네 평생에 왕들 중에 너와 같은 자가 없을 것이라 네가 만일 네 아버지 다윗이 행함 같이 내 길로 행하며 내 법도와 명령을 지키면 내가 또 네 날을 길게 하리라 (왕상 3:11-14)

솔로몬의 지혜로운 선택은 그보다 더한 은사를 받게 했다. 솔로몬이 자신을 위해 구하지 않고, 하나님의 백성을 위해 은사를 구했기 때

---

4) 한나가 하나님께 끈질기게 구하는 것은 눅 18:1-18의 끈질긴 과부의 비유를 상기시킨다. 두 이야기가 주는 교훈은 "항상 기도하고 낙심하지 말아야"(눅 18:1) 한다는 것이다.

문에 그는 측량할 수 없는 복을 받았다. 하나님께서 은사를 주시는 과정을 주도하시지만, 적어도 부분적으로는 솔로몬이 받은 은사는 그가 어떤 선택을 했는가에 달려 있었다.

위의 이야기에서 하나님의 은사는 조건과 함께 임했다. 은사를 받고 유지하는 일이 어느 정도 인간의 행위에 달려있다. 은사는 구하는 것이다. 기회의 순간에 은사를 붙잡기도 하고, 잘못된 행동으로 인해 잃기도 한다. 우리는 은사를 올바로 받고 더 자라게 하는 법칙이 있다는 결론을 내릴 수 있다.

우리는 특히 신명기 역사서에서 이런 가설을 확인할 수 있다. 이스라엘이 약속의 땅에 들어간 직후 드라마 같은 "율례"의 낭송을 하게 된다. 하나님의 축복을 상징하는 이스라엘 여섯 지파가 그리심 산에 서고, 다른 여섯 지파는 에발 산에 서는데 하나님의 저주를 상징한다. 레위인들이 크게 외치는 축복과 저주는 조건적이다. 이스라엘이 하나님의 명령을 순종하면 땅이 풍부한 소출을 내고 가축은 번식할 것이다. 그러나 불순종한다면 하나님은 혼란과 좌절과 파멸을 보내실 것이다(신 28장). 신명기적 관점에서 비슷한 축복과 저주가 왕들(삼상 12:13-15)과 성전(왕상 9:1-9), 모든 제도에 내린다. 많은 선지자들이 만일 이스라엘이 하나님의 명령에 순종한다면 복을 더하실 것이고, 죄를 짓는다면 은사를 제하고 어려운 시절을 보내게 할 것이라는 확신을 거듭 말한다.

그러나 이런 명확한 상벌 체계가 구약 모든 곳에 통용되는 것은 아니다. 예를 들어 욥기는 우리에게 상반되는 의견을 제시한다. 욥기에서는 의인이 왜 고난 받아야 하는지를 묻기 때문이다. 여기에서 우리는 이스라엘의 조상과 영웅들을 향한 하나님의 총애가 결코 떠나지 않는다는 구약에 자주 등장하는 주장에 대해서도 생각해 보아야 한다. 이러한 관점은 아브라함, 야곱, 그리고 다윗의 생애에서 아주 분명하게 드러난다. 아브라함에게 하나님은 약속을 하셨는데, 그것은 아브라함이 그 약속을 간절하게, 또는 마지못해 받아들이는가에 관계없이 성취될 것이다. 아브라함은 열방의 조상이 될 것이다. 이 땅의 모든 민족이 아브라함 안에서 복을 받을 것이다. 심지어 아브라함이 이 약속을 의심하고, 자기 힘으로 성취하려고 했을 때에도 하나님은 그를 버리지 않으셨다. 마찬가지로 하나님께서 한번 약속의 담지자로 야곱을 선택하신 것은 그가 형 에서나, 외삼촌 라반을 속인 것도 문제 되지 않는다. 하나님의 복이 여전히 그에게 있고, 그는 번창한다. 야곱의 경우에도 하나님의 선택은 무조건적인 복을 의미한다. 다윗은 밧세바와의 관계로 인한 죄 때문에 많은 고통을 받는다. 그러나 사울과 달리, 즉 야곱과 같이 하나님께 최종적으로 버림받지 않는다. 사실 그는 오늘까지 이어지는 메시야 대망을 계속 형성해온 하나님의 보증을 받는다. 나단 선지자를 통해 하나님은 다윗의 후손들에게 영속적인 왕위를 약속하신다.

> 내가 네 앞에서 물러나게 한 사울에게서 내 은총을 빼앗은 것처럼 그에게서 빼앗지는 아니하리라 네 집과 네 나라가 내 앞에서 영원히 보전되고 네 왕위가 영원히 견고하리라 하셨다. (삼하 7:15 이하)

어째서 이스라엘의 후기 예언자들이나 예수 당시의 유대인들이 메시아를 다윗의 아들로 상상하게 되었는지 쉽게 알 수 있다(사 11:1 이하, 렘 33:1 이하, 미 5:2, 슥 12장). 오직 다윗의 자손만이 이 약속을 성취할 수 있었다.

하나님께서 약속의 담지자들인 아브라함, 야곱, 다윗을 은혜로 대하셨기 때문에, 적지 않은 구약의 저자들이 이스라엘 전체 민족을 향하신 하나님의 "확고부동한 사랑"의 무조건적인 본성을 찬양했다. 이들은 물론 하나님께서 백성들이 시내산에서 맺은 조건적인 언약에 불성실할 때 벌하심을 안다. 그들은 하나님께서 심지어 약속의 땅을 떠나 유배 가운데 괴로워하도록 허용하실 것을 안다. 다윗 왕가는 사라지는 것처럼 보인다. 예루살렘은 함락되고, 성전이 파괴되며, 주님의 영광이 이스라엘을 떠난다. 그러나 그 약속은 여전히 존속한다. 토라는 그 이야기들과 계명과 함께 하나님의 자비를 증언하면서 이스라엘과 계속 함께 한다. 그러므로 포로기 이후 예언자들은 이런 모든 현상에도 불구하고 하나님의 "확고부동한 사랑"이 영원히 지속된다고 결론짓는다(시 136편, 시 103:8-10, 미 7:19 이하). 모든 것이 절망적으로 보일 때에도 하나님은 조상들에게 하신 약속을 지키시며, 열방으로 그들을 뻗어가게 하신다.

예레미야와 에스겔 선지자는 이 위대한 비전을 가장 강력하게 말한다. 예레미야는 하나님이 이스라엘과 "새 언약"을 수립하실 미래의 평화로운 시기에 대해 말한다. 하나님은 이 백성들이 하나님의 축복을 받기 위해 배우고 그 가르침을 순종해야 하는 조건이 있는 외적인 계명들을 그들 위에 두지 않으실 것이다. 그 날에 하나님은 말씀하신다.

> 그러나 그 날 후에 내가 이스라엘 집과 맺을 언약은 이러하니 곧 내가 나의 법을 그들의 속에 두며 그들의 마음에 기록하여 나는 그들의 하나님이 되고 그들은 내 백성이 될 것이라 여호와의 말씀이니라 그들이 다시는 각기 이웃과 형제를 가리켜 이르기를 너는 여호와를 알라 하지 아니하리니 이는 작은 자로부터 큰 자까지 다 나를 알기 때문이라 내가 그들의 악행을 사하고 다시는 그 죄를 기억하지 아니하리라 여호와의 말씀이니라 (렘 31:33 이하)

순종 자체는 축복이 될 것이다. 하나님 가르침 안에 행하는 것이 자기 마음을 아는 것 만큼 자연스럽게 될 것이기 때문이다. 예레미야는 새 언약을 시내산 언약과 구별하는 반면에, 다윗에게 하신 약속과는 완전히 일치하는 것으로 본다(렘 33:14-22). 에스겔은 약간 다른 표현을 사용한다. 그러나 그는 예레미야가 보았던 것과 똑같은 미래를 가리키는 것 같다. 에스겔은 이스라엘에게 말씀하시는 하나님의 음성을 듣는다.

> 또 새 영을 너희 속에 두고 새 마음을 너희에게 주되 너희 육신에서 굳은 마음을 제거하고 부드러운 마음을 줄 것이며 또 내 영을 너희 속에 두어 너희로 내 율례를 행하게 하리니 너희가 내 규례를 지켜 행할지라 (겔 36:26 이하)

우리는 지금 익숙한 말들을 듣고 있다. 우리는 이전에 하나님의 모든 백성에게 영을 부어주실 것에 대한 이스라엘의 희망과 관련된 구절을 검토했다. 그러한 희망이 하나님의 무조건적인 확고부동한 사랑과 일치한다는 것은 우연이 아니다. 에스겔은 성령과 하나님의 값없이 주시는 은총을 통해 주어지는 축복으로 열리게 될 새 시대를 마음에 그리고 있다. 게다가 예레미야서처럼 이 최종적인 은사는 하나님이 다윗과 맺은 언약의 성취와 일치된다(겔 37:24 이하).

구약의 후기 예언자들이 이스라엘의 이상적인 미래를 마음속에 그릴 때, 그들은 과거의 이미지로, 그러나 과거의 흠이 없는 모습을 그렸다. 일찍이 하나님의 위대한 시대가 깨어졌지만, 다윗의 후계자는 온전한 공의로 다스릴 것이다. 이전에 짐스러웠던 순종이 자유의지와 동일한 것이 될 것이다. 전에는 단지 몇 사람에게만 임했던 하나님의 영이 하나님의 모든 백성들 위에 머물 것이다. 더 이상 반역이나 불성실함으로 인해 언약이 깨어지지 않을 것이다. 언약은 영원히 지속될 것이다. 이 모든 복이 하나님의 무조건적인 은사이다. 결코 다시 철회되지 않을 것이다.

구약의 조건적인 은사와 무조건적 은사 사이의 긴장에 관해서는 많은 신비가 남아있다. 아마도 우리는 어째서 어떤 은사가 일시적이거나 혹은 그 범위가 제한되어 있고, 반면에 다른 은사는 지속되는지, 어째서 어떤 은사는 상급과 같은 기능을 하고, 반면에 다른 은사는 순전히 은혜로 보이는지, 왜 어떤 은사는 받는 자가 구해야 하고 다른 은사는 그냥 임하는지, 왜 어떤 사람은 그럴 만한 가치가 없어 보임에도 다른 사람보다 더 복을 받는지, 왜 어떤 사람은 비교적 작은 죄에도 은사를 잃어버리고, 반면에 다른 사람은 무거운 죄에도 불구하고 은사를 유지하는지 알 수 없다. 구약성서는 이런 질문에 대해 명쾌한 해답을 제시하지 않는다. 구약성서 저자들은 이스라엘이 받은 은사가 이렇게 풍성하고, 그러나 동시에 다양하며 역설적임을 증거하는 데 더 많은 관심이 있다. 그리고 무엇보다 그들은 그 자신의 방식으로 모든 은사를 부어주실 자유가 있는 자비로우신, 그러나 무서운 수여자 앞에 우리를 세우기 원한다. "나는 은혜 베풀 자에게 은혜를 베풀고 긍휼히 여길 자에게 긍휼을 베푸느니라"(출 33:19). 그 분은 주님이시며, 그 분에게 생명의 원천이 있다.

결 론

구약성서에서 하나님의 일반은사와 특별은사를 이해하기 위해 우리는 다소 시대착오적으로 "은사 받은 자"로 분류되는 사람들의 범주를 정해보았다. 이들은 하나님 영의 은사가 특별한 명예와 사명을 위해 이스라엘의 다른 사람들과 구별하신 자들이었다. 그러한 은사 받은 자들 가운데 이스라엘의 위대한 영웅인 요셉, 모세, 여호수아, 엘리야, 엘리사, 다윗 그리고 다니엘이 있다. 이들에게는 하나님의 영, 또는 영적인 은사가 다소간 지속적으로 거했다. 하나님의 영이 특별한 행위를 위해 일시적으로만 능력을 주었던 덜 알려진 사람들도 있다. 모세 시대의 70장로들, 사사 옷니엘과 입다, 군인 아마새, 그리고 아사랴, 야하시엘, 스가랴가 그런 사람들이다. 또한 이스라엘의 은사 받은 어떤 자들은 그들의 도덕성이나 하나님께 대한 성실성으로 기릴 만한 것이 없는 사람들도 있다. 기드온, 삼손, 입다, 발람 그리고 사울이 그런 사람들이다. 이들에게 부여된 은사가 특별한 권능을 부여함으로써 공동체에서 그들을 구별하였지만, 성령이 그들을 성화시키지는 않았다. 반면에 이스라엘의 가장 본이 되는 인물인 아브라함, 이삭, 야곱 그리고 사무엘 같은 사람들은 하나님과 가장 친밀한 관계 속에 살았고, 하나님으로부터 특별한 축복을 받았음에도, 전승에 의하면 그들은 하나님의 영과 직접적으로 연관되지 않았다. 간단히 말해서 이스라엘의 은사 받은 모든 사람들이 하나님께 전심으로 헌신한 것은 아니었고, 하나님의 특별한 총애를 받은 모든 사람이 성령 충만한 사람이라 할 수 없다. 이 사실은 구약성서에서 은사가 의미하는 것이 무엇인지 이해하기 위해 하나님 영의 특별한 복을 받은 개인들에게 우리의 시선을 맞추는 것이 얼마나 정당한지의 물음을 제기한다.

두 개의 다른 자료들이 이 그림을 더 복잡하게 만든다. 첫째, 구약성서 저자들은 때때로 물질적 세계의 "계속적인 창조"를 하나님 영의 역사라고 보았다(시 104:27 이하; 사 32:14 이하). 이 영적인 은사를 "일반적common"이라고 부를 수 있다. 왜냐하면 이 은사는 특별하게 선택된 사람에게만이 아니라, 온 세상에 임하는 것이기 때문이다. 창세기에 따르면, 하나님의 영은 특별히 이스라엘만이 아니라 만물과 관계한다(창 1:2). 둘째, 바울이 이스라엘의 선택과 함께 카리스마타로서 은사를 열거한 것은(롬 11:29)[5] 우리의 은사 개념을 구약 성서에서 명백하게 하나님 영과 연결시키지 않는 현상까지도 포함시키도록 확장할 것을 요구한다. 요약하면, 전통에서 하나님 영의 모든 은사를 영의 은사로서 구별하지 않으며, 모든 카리스마를 영의 은사라고 부르지 않는다. "신적인 은사divine gift"라는 용어가 "영적인 은사spiritual gift"보다는 이스라엘이 경험한 하나님의 복을 묘사하는 데 더 유용한 것 같다. 게다가 로마서 11장 29절이 전형적인 구절이라면, 전자가 신약의 카리스마를 정의하는 데 더 정확한 것임이 증명될 것이다. 우리는 이 가설을 4장에서 검증할 것이다. 먼저 은사에 대한 신약 성서의 가르침을 개관할 필요가 있다.

---

5) 로마서 9:4는 이 은사들을 "양자됨과 영광과 언약들과 율법을 세우신 것과 예배와 약속들"로 설명한다.

2장

신약교회의 은사

2장

신약교회의 은사

"우리 주 예수 그리스도의 은혜를 너희가 알거니와 부요하신 이로서 너희를 위하여 가난하게 되심은 그의 가난함으로 말미암아 너희를 부요하게 하려 하심이라"(고후 8:9). 바울의 주옥같은 이 역설은 이 장의 주제를 간결하게 말해준다. 본질적으로 예수의 사역에서 일어난 사건들을 통해 하나님의 특별한 은사를 받았다고 느꼈던 사람들이, 그리고 그런 사람들을 위해 신약성서를 썼다. 저자와 독자 모두가 아주 풍성한 때에 자신들이 살고 있다고 확신했다. 더욱이 신약의 신자들은 일반적으로 자기들이 누리는 풍성한 삶이 더욱 넘치게 되리라고 기대했다. 예수 그리스도께서 변화된 이 땅을 다스리기 위해 다시 오실 때에 그들의 축복은 상상할 수 없이 확장될 것이다.[1] 이 장의 목적은 단

---

1) 요한복음의 저자는 이러한 규칙에 예외가 될 것이다. 그는 예수의 재림이 임박한, 또는 가까운 미래에 일어날 것이라고 기대하지 않았던 것으로 보인다. 예수께서 다시

순히 이 논제를 입증하는 것이 아니라, 교회에 은사를 깨닫게 했던 광범위한 체험과 그 체험에 대한 언어적 해석을 탐구하는 보다 더 중요한 과제를 다루는 것이다. 연구를 진행해가면서 초대교회 신자들의 삶이 얼마나 우리 삶의 방식을 승인해주는지, 아니면 거부하는지 우리 자신에게 묻게 하는 유익을 줄 것이다. 그들이 은사를 받았다고 생각했던 것에 비추어 우리는 어느 정도 은사를 받았는가?

풍성한 삶의 느낌들

신약성서가 달콤함과 밝음으로 가득 차 있다고 말하는 것은 아주 잘못된 것이다. 불행하게도 오늘날 신약성서를 그렇게 해석하는 그리스도인들이 있고, 그럼으로써 자신이나 다른 사람들에게 언제나 행복해야 한다는 불가능한 짐을 지운다. 나는 이전에 어떤 젊은 여성이 자신의 삶과 주변 세상에서 예수의 기적적인 승리만을 본다고 주장했기 때문에 신경쇠약에 빠진 것을 무력하게 지켜본 적이 있다. 그녀는 자신이 깊은 고독으로 고통스러워 한다는 것을 인정할 수 없었다. 끝내 자신의 잠재의식에 사로잡혀 자기소외의 사실을 받아들이는 것을 배울 때까지 그녀는 병원에 입원해야 했다. 신약성서는 결코 신자들이 항상 행복감의 상태에서 산다고 주장하지 않는다. 신약성서 저자들은 고난과 분노, 절망에 대한 많은 것을 알고 있으며, 그에 대해 솔직하다. 5장에서 우리는 삶의 어두운 구석들이 초대교회에서 은사에 대한 깨달음과 함께 어떻게 조화를 이루는지 살펴볼 것이다.

오신다면, 그것은 신자들을 이 세상에서 "아버지의 집" 으로 데려가기 위한 것이다(요 14:1-3).

그러나 지금은 신약성서 대부분이 인간을 향한 하나님의 목적에 대한 깊은 희망에서 쓰였다는 사실에 주목하고자 한다. 요한복음서의 예수는 "내가 온 것은 양으로 생명을 얻게 하고 더 풍성히 얻게 하려는 것이라"(요 10:10)고 말한다. 찬양의 향기가 신약성서의 거의 모든 곳에서 풍긴다. 통계적으로 가장 자주 표현되고 북돋아 주는 두 가지 감정은 기쁨과 감사이다. 이러한 감정적인 충만함은 분명히 신약성서에 기록된 많은 "찬송들"에서 분명하게 드러난다. 고대 성례전을 사용하는 많은 교회들은 누가복음의 전반부에 있는 찬미가들에 익숙할 것이다. 마리아의 송가("마리아가 이르되 내 영혼이 주를 찬양하며 내 마음이 하나님 내 구주를 기뻐하였음은..." 눅 1:46-55), 사가랴가 성령의 감동으로 말했다고 누가가 기록한 축복송("찬송하리로다 주 이스라엘의 하나님이여 그 백성을 돌보사 속량하시며 ..." 눅 1:68-79), 시므온이 아기 예수를 안고 기도한 시므온의 노래("주재여 이제는 말씀하신 대로 종을 평안히 놓아 주시는도다 내 눈이 주의 구원을 보았사오니 ..." 눅 2:29-35), 누가가 자신의 복음서 안에 이 찬양시들을 둔 이유는 지금과 같이 이미 쓰이고 있던 찬양시들을 보았거나, 아니면 그것이 예배의 모범이 되기를 원했기 때문일 것이다.[2)]

거의 모든 그리스도인들이 알고 있는 또 하나의 찬송은 요한복음의 웅장한 서론이다. "태초에 말씀이 계시니라 이 말씀이 하나님과 함께 계셨으니 이 말씀은 곧 하나님이시니라 ..."(요 1:1). 성육신에 관한 이 극적인 송시는 유명한 14절에서 절정에 이른다. "말씀이 육신이 되어 우리 가운데 거하시매 우리가 그의 영광을 보니 아버지의 독생자의 영광이요 은혜와 진리가 충만하더라." 빌립보서 2:5 이하의 찬송시는 아

---

2) 초대교회가 이 구절들을 그룹이나 개인적으로 실제로 노래했는지는 확실하지 않다. 그러나 엡 5: 19 은 초대교회의 예배에 "시와 찬미와 신령한 노래들"이 포함되었음을 보여준다.

마 덜 친숙할 것이다. (너희 안에 이 마음을 품으라 곧 그리스도 예수의 마음이니 그는 근본 하나님의 본체시나 하나님과 동등됨을 취할 것으로 여기지 아니하시고 오히려 자기를 비워 종의 형체를 가지사 사람들과 같이 되셨고....) 골로새서 1:15 이하("그는 보이지 아니하는 하나님의 형상이시요 모든 피조물보다 먼저 나신 이시니...": 고전 8:6도 보라), 그리고 디모데전서 3:16 ("크도다 경건의 비밀이여, 그렇지 않다 하는 이 없도다 그는 육신으로 나타난 바 되시고 영으로 의롭다 하심을 받으시고 천사들에게 보이시고 만국에서 전파되시고 세상에서 믿은 바 되시고 영광 가운데서 올려지셨느니라")이 있다. 요한계시록에도 하늘의 성도들과 천사들이 부른 송시들이 많이 있다(예를 들면, 계 4:11, 5:9 이하, 11:17 이하, 15:3 이하, 19:1 이하). 로마서의 한 부분에서 바울이 무의식적으로 터져 나오는, 거의 황홀경에 빠져 하나님을 찬양하는 것을 볼 수 있다:

> 깊도다 하나님의 지혜와 지식의 풍성함이여, 그의 판단은 헤아리지 못할 것이며 그의 길은 찾지 못할 것이로다 누가 주의 마음을 알았느냐 누가 그의 모사가 되었느냐 누가 주께 먼저 드려서 갚으심을 받겠느냐 이는 만물이 주에게서 나오고 주로 말미암고 주에게로 돌아감이라 그에게 영광이 세세에 있을지어다 아멘 (롬 11:33-36)

초대교회에서 불렀으나 신약성서에 들어가지 못한 찬송들이 분명히 많이 있을 것이다. 에베소서는 초대교회 예배가 아주 독창적인 음악의 시간이었음을 암시한다. 그 서신의 저자는 신자들이 서로 화답했다고 한다.

> 시와 찬송과 신령한 노래들로 서로 화답하며 너희의 마음으로 주께 노래하며 찬송하며 범사에 우리 주 예수 그리스도의 이름으로 항상 아버지 하나님께 감사하며 (엡 5:19 이하)

그 개념에서도 오늘날 대부분 그리스도인들이 드리는 예배와 얼마나 다른가! 습관적으로 우리는 앞 사람의 뒷머리에다 책을 보면서 찬송을 부른다. 우리가 부르는 "찬양"이 장례식의 조가보다도 느낌을 주지 못할 때가 종종 있다. 신약성서의 찬송들은 그렇지 않았다. 위에 인용한 구절에서 가장 자주 부딪치는 감정적인 특색은 기쁨과 감사이다.

초대교회 신자들의 지배적인 정서가 감사였다는 문헌적인 증거는 바울 서신 도입부의 소위 감사 형식에도 볼 수 있다. 바울은 고린도 교인들에게 이렇게 쓴다.

> 그리스도 예수 안에서 너희에게 주신 하나님의 은혜로 말미암아 내가 너희를 위하여 항상 하나님께 감사하노니 이는 너희가 그 안에서 모든 일 곧 모든 언변과 모든 지식에 풍족하므로 그리스도의 증거가 너희 중에 견고하게 되어 너희가 모든 은사에 부족함이 없이 우리 주 예수 그리스도의 나타나심을 기다림이라 (고전 1:4-7)

여기에서 바울은 특별히 하나님께서 고린도 교인들에게 아낌없이 주신 풍성한 은사를 감사한다. 비슷한 양식이 롬 1:8 이하, 빌 1:3 이하, 살전 1:2 이하, 살후 1:3, 몬 4, 골 1:3이하, 엡 1:15 이하에도 나타난다. 이 많은 구절에서 바울(또는 바울의 제자)은 편지를 받는 신자들에게 나타난 믿음과 사랑에 대해, 즉 그들이 받은 은사를 활용함에 대해 하나님께 감사한다. 이러한 감사 형식은 1세기의 세속문학에서 비교적으로 보편적으로 나타나는 것이었다. 바울이 그 문학구조를 만들어낸 것은 아니다. 그럼에도 폴 슈베르트Paul Schubert는 그의 중요한 저서인 바울의 감사 *형식과 기능Form and Function of the Pauline Thanksgivings*에서 "바울은 비교될 수 있는 다른 어떤 자료보다도 다양한 기능과 강조점을 지닌 이 용어들(감사)을 더 자주 사용한다"라고 결론짓는다.[3] 바울에게 감사는 그리스도인의 존재 중심에서 고동치는 것이었다. 그렇지 않다면 어떻게 풍성하게 축복받은 사람이 될 수 있겠는가?

기독교 신앙을 함께 나눈다는 단어가 기뻐하고 감사하는 느낌을 반영한다. 헬라어 *유앙겔리조마이euangelizomai*는 문자적으로 "복음을 선포하다", 특히 복음을 전혀 들어보지 못한 사람들에게 복음을 선포하다는 뜻이다. 복음의 요체는 물론 예수의 사역과 죽음, 부활 안에서 세상을 구원하시기 위한 하나님의 행동이다. 우리의 관심을 끄는 것은 메시지 내용보다는, 복음을 말하는 것이 초기 그리스도인들에게는 은사를 받았다는 느낌을 표현한다는 사실이다. "좋은 소식이다!" 그들은 듣는 사람에게 이렇게 외쳤다. "우리는 하나님께 상상할 수 없는 복을 받았다. 어떻게 그런 복을 받았는지 와 보라. 당신에게도 역시 이런 복이 임할 수 있다. 우리가 전하는 소식을 믿어라. 그러면 당신들도 우리 기쁨과 찬양에 참여할 수 있다"(행 2장의 의역, 롬 15:7-13을 보라). 기독교 메시지를 선포하는데 긴급성과 자발성, 그리고 강제성도 있었으며, 그것이 1세기 다른 대부분 종교 운동들이 하는 선전과 처음부터 구별되는 점이었다. 그리스도인들은 그들 자신이 하나님께서 주신 은사들을 넘치게 받았기 때문에, 그 행복을 나누어야 한다고 느꼈던 것 같다. 그래서 예루살렘 초대 교회가 지방 관헌들에게 예수의 이름으로 선포하지 말도록 위협받았을 때, 베드로는 이렇게 대답했다. "우리는 보고 들은 것을 말하지 아니할 수 없다"(행 4:20). 마찬가지로 바울은 복음을 전해야 할 "필연성"이 자신에게 주어졌다고 썼다(고전 9:16). 그것은 초기 그리스도인들이 복음을 전하지 않으면 마치 무거운 죄를

3) Paul Schubert, *Form and Function of the Pauline Thanksgivings*(Berlin: T pelmann, 1939), p. 184.

짓는 것처럼 느꼈다는 것을 말해준다. 그것은 다른 사람들에게서 기쁨을 빼앗는 것이다.

복음 선포는 또한 감사를 표현할 기회가 되었다. 무엇보다 그것은 복음의 확산을 목격했던 사람들에게 감사의 마음을 일으켰다. 바울은 고린도 교인들에게 복음을 전하는 자신의 사역이 "너희를 위함이니 많은 사람의 감사로 말미암아 은혜가 더하여 넘쳐서 하나님께 영광을 돌리게 하려 함이라"(고후 4:15)라고 말한다. 하나님의 은사가 나눠지는 곳에 설교자와 새신자들에게 충만함을 느끼는 감정이 넘쳐났으며, 믿고 전할 때 역시 그랬다. 신약 성서는 기적적인 사건들이 선포와 함께 일어났다고 보도한다(행 3:1-7, 4:29 이하, 8:4-7, 고전 2:1-5, 고후 12:11 이하, 갈 3:1-5).

신약성서 저자들이 자신과 독자들이 경험한 은사를 표현할 때, 기쁨과 감사가 전면에 나오기는 하지만, 다른 긍정적인 감정들도 나타난다. 소망이 자주 언급된다(행 28:20, 롬 5:2-5, 8:20-25, 15:13, 갈 5:5, 히 6:11, 18, 7:19, 벧전 1:3, 21, 3:1, 요일 3:3). 신자들이 상속받을 위대한 미래를 개념화 할 수 있는 것이 믿음과 함께 희망이기 때문이다. 평안의 느낌도 복음의 은사와 관계된다. 이것은 스토아 철학자들이 말하는 전혀 감정이 없는 상태인 무감각이 아니라, 안녕과 온전함을 느끼게 하는 구약성서의 *샬롬shalom*이다. 신약성서는 *샬롬*을 "평화", 또는 "평안"으로 번역했다. 요한복음에서 예수님은 말씀하신다. "평안을 너희에게 끼치노니 곧 나의 평안을 너희에게 주노라 내가 너희에게 주는 것은 세상이 주는 것과 같지 아니하니라 너희는 마음에 근심하지도 말고 두려워하지도 말라(요 14:27). 바울은 이 평화를 성령의 열매(갈 5:22), 혹은 "모든 지각에 뛰어난 하나님의 평강"(빌 4:7)이라고 부른다.

세 번째로 신약성서의 신자들이 느꼈던 은사를 드러내는 느낌을 믿음의 확신이라고 부를 수 있다. 그것은 신자들이 직면한 커다란 장애물을 극복하도록 도우시기 위해 하나님께서 가까이 계신다는 확신이다. 바울은 이것을 로마서 8장 끝에서 승리의 단어들로 아름답게 표현한다.

> 내가 확신하노니 사망이나 생명이나 천사들이나 권세자들이나 현재 일이나 장래 일이나 능력이나 높음이나 깊음이나 다른 어떤 피조물이라도 우리를 우리 주 그리스도 예수 안에 있는 하나님의 사랑에서 끊을 수 없으리라 (롬 8:38-39)

여기에서 우리는 신자들을 부르신 하나님께서 그들 안에서 시작하신 일에 끝까지 신실하실 것을 확신시키는 신앙의 성찰적인 측면을 본다(빌 1:6, 2:13, 살전 5:23-24). 그러나 믿음에는 복음을 선포하거나, 형제자매 신자들을 목회적으로 돌보는 담대한 느낌 안에서 나타나는 외향적인 특성도 있다. 사도행전에서 예루살렘 교인들은 하나님의 말씀을 "담대하게" 전할 수 있게 해달라고 기도했으며, 그런 능력을 받았다(행 14:13, 29, 31, 28:31). 바울은 자신의 사역을 담대한 것으로 표현하고(고후 3:12, 7:4), 그것을 빌레몬에게 도망간 종 오네시모를 "형제"로 맞아들이도록 강권함으로써 보여준다(몬 8-16). 풍성한 삶을 경험하는 감정의 폭은 한계가 없는 것 같다. 그러나 지금 우리는 신약성서에 어떤 종류의 감정이 가장 자주 등장하는지 언급하는 것으로 족해야 한다.

은사를 표현하는 언어

이러한 감정을 표현하기 위해 아주 자주 사용된 단어와 구절들을 좀 더 자세히 살펴봄으로써 그러한 감정을 일으키게 하는 삶의 정황들을 배울 수 있다. 우리는 신약성서에서 은사에 관한 말이 너무 많아 당황하게 된다. "기쁨*chara*", "환희*chairo*", "감사(*eucharistia*, 또는 *euacharisteo*)" 외에도, "은사"로 번역할 수 있는 단어들이 7개 이상 있다(*도마doma, 도시스dosis, 도레아dorea, 도레마dorema, 도론doron, 카리스charis, 카리스마charisma*). 이 단어들은 각각 하나님께서 은총으로 인간에게 부어주신 어떤 것을 가리킨다. 그에 덧붙여 "축복", "풍성", "부요", "분배", 그리고 "측량"이라는 헬라어 단어들도 하나님이 주신 은사들을 묘사하는 데 자주 사용되었다.

주는 행동을 나타내는 동사들에도 유사한 현상을 만난다. 기본 동사 *디도미didomi*는 인간에게 축복을 주는 주체인 하나님, 예수, 성령과 관련해서 100번 넘게 나타난다. 다른 헬라어 동사 5개와 *디도미didomi* 동사의 세 가지 변형 또한 하나님 은사를 전달하는 단어로 사용된다. "은사"와 "주심"을 뜻하는 단어들이 이렇게 늘어나게 된 것은 신약성서 저자들 자신과 독자들이 특별한 복을 받았다고 느꼈다는 우리의 첫 인상을 확신하게 한다.[4)]

이 단어들의 뉘앙스를 전부 검토하는 것은 별 유익이 없을 것이다. 우리는 어떠한 초대 교회의 경험이 이 단어들을 사용하도록 했는지에 더 관심이 있다. 그럼에도 우리는 카char라는 어근을 중심으로 한 어군에 특별한 관심을 기울여야 한다. 은혜charis를 뜻하는 심오한 명사와 은사charisma를 표현하는 신약의 독특한 단어가 이 어근에서 파생되었기 때문이다. "기쁨chara"과 "감사eucharistia"를 뜻하는 명사들 역

4) 은사를 표현하는 단어의 이 "폭발"을 더 자세히 관찰하기 위해서 Young's Analytical Concordance와 같은 사전을 참고할 수 있다.

시 같은 어근에서 나왔다는 사실이 의미심장하다. 이미 신약 성서에서 표현된 지배적인 감정들로, 우리에게 친숙한 이 단어들을 가지고 우리가 경험하는 질문을 하게 될 것이다. 어떤 상황이 신약성서의 그리스도인들을 기뻐하도록 만들었나? 정확하게 무엇 때문에 그들은 감사했는가?

초기 신자들은 자신이 믿었다는 단순한 사실에서 큰 기쁨을 발견했다. 자신의 아무런 공로가 없었는데 그들은 밭에 숨겨진 보화를 우연히 발견하고 "기뻐하여 돌아가서 자기의 소유를 다 팔아 그 밭을 산" (마 13:44) 사람처럼 하나님 나라를 발견하도록 허락되었다. 바울과 실라가 빌립보 감옥의 두려워하는 간수에게 구원을 선포했을 때 그는 믿음으로 반응했고, 전에 죄수였던 바울과 실라에게 한밤중의 잔치를 베풀었다. "그와 온 집안이 하나님을 믿으므로 크게 기뻐하니라" (행 16:34, 또한 벧전 1:8을 보라). 하나님의 천사들은 죄인 하나가 회개하는 것을 기뻐한다고 했다(눅 15:10). 아마 복음서 저자는 이러한 반응이 교회에도 적용되어야 한다는 뜻으로 말한 것 같다. 서로 용서하는 것도 양 한 마리를 잃은 목자, 드라크마 한 닢을 잃은 부인, 탕자를 잃은 아버지, 그러나 잃어버렸던 것을 되찾고 크게 기뻐하는 모습과 같을 것이다(눅 15:3-24). 예수님과, 특히 부활하신 예수님과 나누는 교제는 그를 따르는 자들에게 큰 기쁨이 되었다. 예수님은 요한복음 16장 22절에서 이러한 재회의 기쁨을 예언한다. "지금은 너희가 근심하나 내가 다시 너희를 보리니 너희 마음이 기쁠 것이요 너희 기쁨을 빼앗을 자가 없으리라." 요한복음에 따르면 "이 날 곧 안식 후 첫날 저녁 때에 제자들이 유대인들을 두려워하여 모인 곳의 문들을 닫았더니 예수께서 오사 가운데 서서 이르시되 너희에게 평강이 있을지어다 이 말씀을 하시고 손과 옆구리를 보이시니 제자들이 주를 보고 기뻐하더라" (요 20:19-20, 또한 눅 24:41을 보라)는 말씀에서 예수의 예언이 부활하신 날 저녁에 처음 성취되었다. 기쁨이 충만한 초대교회의 공동식사(행 2:46)는 부활하신 그리스도와 나누는 교제가 계속되는 것으로 이해되었던 것 같다. 귀신을 쫓아내는 제자들의 사역으로 시작했던(눅 10:17) 예수 이름의 능력에 기쁨으로 참여하는 것 역시 초대 예루살렘 교회 신자들에게 치유 기적의 형태로 다시 나타났다(행 3:6-8, 4:29-30, 5:15-16).

그리스도와 나누는 교제를 둘러싼 기쁨에 걸맞은 것이 형제 자매 신자들의 친밀한 관계를 특징짓는 기쁨이다. 바울은 빌립보 교인을 "나의 기쁨이요 면류관"(빌 4:1)이라고 부른다. 고린도교인에게는 "내가 스데바나와 브드나도와 아가이고가 온 것을 기뻐하노니 그들이 너희의 부족한 것을 채웠음이라 그들이 나와 너희 마음을 시원하게 하였으니"(고전 16:17)라고 썼다. 요한 이서의 저자가 그의 독자들을 대면하여 보기를 갈망한 것은 "너희 기쁨을 충만하게"(요이 12) 하기 위한 것이다. 바울에게는 교회에서 유대인과 이방인이 함께 이스라엘의 하나님을 찬양할 수 있다는 사실이 기뻐하는 이유였다(롬 15:7-12). 신약성서의 저자들 또한 독자들의 변화된 행동으로 인해 크게 기뻐한다. 바울은 데살로니가 교인들이 보여준 믿음과 사랑으로 인해 만족한다(살전 2:18 이하, 3:6-9, 또한 롬 16:19을 보라). 요한 삼서에서 장로는 그의 수신인인 가이오에게 이렇게 말한다.

> 형제들이 와서 네게 있는 진리를 증언하되 네가 진리 안에서 행한다 하니 내가 심히 기뻐하노라 내가 내 자녀들이 진리 안에서 행한다 함을 듣는 것보다 더 기쁜 일이 없도다 (요삼 3-4)

신약성서의 신자들은 그들이 겪는 시련 속에서도 기쁨을 찾을 수 있다(히 10:34). 베드로전서 4장 13절에서는 독자들에게 기뻐할 것을 권면한다. "오히려 너희가 그리스도의 고난에 참여하는 것으로 즐거워하라 이는 그의 영광을 나타내실 때에 너희로 즐거워하고 기뻐하게 하려 함이라." 거의 피학증 같이 들릴 수도 있는 이 권고는 5장에서 더 자세하게 다룰 것이다.

기쁨과 감사를 뜻하는 헬라어 단어들이 같은 어근(char)에서 나왔기 때문에, 신약에서 가끔 기쁨과 감사의 경우가 정확하게 일치하는 것이 놀라운 일은 아니다. 그래서 신자들이 "주 안에서" 기뻐하는 것처럼, 그들은 "그리스도를 통해" 주님의 평화, 그 풍성한 지혜의 말씀, 그들이 행동할 수 있는 능력 주심을 인하여 하나님께 감사로 반응한다(골 3:15-17). 마찬가지로 성도들 사이에 나누는 풍성한 교제는 기쁨은 물론 감사의 이유이다(빌 1:3 이하). 바울은 빌립보교인들에게 다음과 같이 말한다.

> 내가 너희를 생각할 때마다 나의 하나님께 감사하며 간구할 때마다 너희 무리를 위하여 기쁨으로 항상 간구함은 너희가 첫날부터 이제까지 복음을 위한 일에 참여하고 있기 때문이라 (빌 1:3 이하)

바울이 로마의 간수가 지키는 가운데 그를 맞이하기 위해 로마에서 온 몇몇 신자들을 로마 감옥에서 만났을 때, 그들을 새 힘을 주는 은사로 경험했다고 누가는 보도한다. "바울이 그들을 보고 하나님께 감사하고 담대한 마음을 얻으니라"(행 28:15). 기쁨의 경우와 같이 다른 그리스도인의 행동이 감사할 이유가 된다. 바울은 자주 그의 독자들의 믿음과 사랑에 대한 감사를 표현한다(롬 1:8, 살전 1:2, 살후 1:3, 몬 4). 그러나 어떤 경우에는 데살로니가 교인들이 복음에 열정적으로 반응하는 것으로 인해 하나님께 감사한다(살전 2:13). 그리고 한 번은 고린도교인들에게 그들의 너그러운 연보가 하나님께 대한 감사를 낳게 할 것이라는 약속을 하였다.

> 너희가 모든 일에 넉넉하여 너그럽게 연보를 함은 그들이 우리로 말미암아 하나님께 감사하게 하는 것이라 이 봉사의 직무가 성도들의 부족한 것을 보충할 뿐 아니라 사람들이 하나님께 드리는 많은 감사로 말미암아 넘쳤느니라 (고후 9:11 이하)

마지막으로 복음의 확장이 그리스도인들에게 기쁨을 가져오는 것처럼(행 11:23, 15:3, 빌 1:18), "하나님께 영광을 돌리는" 감사를 더하게 한다(고후 4:15).

신약성서의 신자들은 구약성서의 이스라엘 백성처럼 음식에 대해 하나님께 감사했고(행 27:35), 창조의 모든 것을 감사했다. "하나님께서 지으신 모든 것이 선하매 감사함으로 받으면 버릴 것이 없나니 하나님의 말씀과 기도로 거룩하여짐이라"(딤전 4:4). 창조의 영광에 대해 하나님께 바치는 길고, 아름다우며 세밀한 찬양인 시편 104편과 같은 것이 신약에는 없다는 사실을 주목해야 한다. 그러나 신약이 그러한 감사에 반대하지는 않을 것이다. 사실 그와 같은 시편들이 아마 초기 기독교 예배에 스며들어 있었을 것이다(골 3:16, 엡 5:19를 보라). 앞 장에서 제시했듯이 신약 은사에 대한 "자료"를 완비하기 위해서는 구약을 사용해야 한다. 신약에 끼친 구약의 지속적인 영향을 인정하는 것은 너무나 많은 경솔한 그리스도인들이 그런 것처럼, 신자들이 주로 피안의 은사에서 자기 기쁨을 찾아야 한다는 결론으로 비약하는 것을 막아준다. 사실 카*char* 어근의 단어들에 대한 연구는 정반대 방향으로 우리를 인도한다.

종종 기쁨과 감사와 연관하여 가장 자주 언급되는 은사들은 이 세상에서 향유할 수 있는 수평적이고, 인간관계적인 은사들이다.

은혜와 은사

그러나 우리에게 "자연적"이라는 말이 대부분 사람들에게 당연한 일로 늘 일어나는 것을 뜻한다면, 이 은사들이 "자연적"으로 임한다고 말해서는 안 된다는 사실을 덧붙여야 한다. 신약 성경의 증거들은 그리스도인들이 어디에서나 은사를 깨닫고, 다른 사람들은 기껏해야 즐거워하는 정도의 사람이나 상황을 은사로 생각할 수 있었다는 것을 보여준다. 만약 그들이 동시대 사람들보다 더 하나님을 기뻐하고 감사할 수 있었다면, 그것은 하나님께서 자신의 삶 속에서 은혜로 행하신 것에 대한 비상한 의식이 그들에게 있었기 때문이다. 일상적으로 보이는 많은 것들을 하나님, 예수 그리스도의 아버지께서 부어주시는 축복으로 인식하고 그렇게 불렀기 때문에 그들의 눈에 특별한 것이 되었다. 신약에서 그럴 만한 자격이 없는 인간들을 향한 하나님의 관대하심을 표현하기 위해 가장 자주 사용하는 단어는 *카리스charis*, 즉 은혜이다. 은혜에 대한 의식은 당시 철학과 과학의 기준을 따라 "자연적"이든, 아니면 "초자연적"이든 신자들이 받아들인 것을 하나님께 받은 은사로 변화시킨다. 신약에서 은혜는 무엇보다 하나님 편에서 호의를 베풀려는 경향으로 이해된다. 그것은 하나님께서 사랑으로 인간에게 손을 내미시는 것인데, 예수의 사역을 둘러싼 말씀과 사건에서 아주 분명하게 드러난다(요 1:14-16, 행 20:32, 롬 3:24, 5:1 이하, 고전 15:10, 고후 8:9, 엡 2:8 이하, 히 2:9, 벧전 5:10). 믿음을 통해 사람들은 하나님의 선하심을 "받는다"(롬 1:5, 엡 2:8). 은혜가 우리와 함께 거함으로 그리스도께서 우리 안에 사시고(롬 8:9 이하), 우리는 그 안에 사는 것이다(고전 12:12 이하). 그래서 충만함을 느끼며, 모든 것을 은사가 될 수 있는 것으로 본다. "자기 아들을 아끼지 아니하시고 우리 모든 사람을 위하여 내주신 이가 어찌 그 아들과 함께 모든 것을 우리에게 주시지 아니하겠느냐?"(롬 8:32) 하나님께서 그 자신의 일부인 예수를 주셨다면, 신자들 또한 은혜의 매개자가 되도록 그보다 덜 중요한 모든 것을 그들에게 허락하실 것이라는 논리이다.

은혜는 감정이 아니다. 은혜 받는 믿음 또한 단순히 감정으로 표현할 수 없다. 믿음에는 분명히 지적인 면이 있다. 사람은 자신이 무엇을 믿든, 그에 대한 어떤 것을 알아야 한다. 그러나 은혜가 올 때, 반드시 감정, 특히 기쁨과 감사의 감정을 일으킨다. 바울은 은혜와 감사를 순환하는 한 주기의 두 부분으로 보았다. 은혜charis는 하나님께로부터 와서 사람들을 사로잡고 감사eucharistia를 거쳐 하나님께 돌아간다. 그러므로 사도는 (복음 전파를 통하여) "이는 모든 것이 너희를 위함이니 많은 사람의 감사로 말미암아 은혜가 더하여 넘쳐서 하나님께 영광을 돌리게 하려 함이라"(고후 4:15)라고 쓴다. 몇 장 뒤에 바울은 예루살렘의 가난한 신자들을 위한 연보(바울은 이 연보를 종종 은혜라 부른다!)를 마지못해 하려는 고린도교인들에게 끝까지 잘 하라고 강권한다. 바울은 고린도 교인들이 가난한 성도들을 재정적으로 구제하는 것 이상의 일을 할 것이라고 권고하고 있다. 예루살렘 교인들이 하나님께서 고린도교인들에게 이 의무를 감당할 수 있도록 하신 그 은혜charis를 하나님께 찬양할 때, 그들 또한 하나님께 감사eucharistia할 것이다(고후 9:11-14). 그리고 고린도 교인들 가운데 누가 하나님께서 그들에게 주신 정당한 은혜를 부인하겠는가? 바울은 자기주장을 마무리하면서 특유의 이중적 의미를 가진 감사로 결론짓는다. "말할 수 없는 그의 은사dorea로 말미암아 하나님께 감사charis하노라"(고후 9:15). 은혜의 전 과정을 애써 설명한 후에, 바울은 손을 들고, 그것은 표현할 수 없는 것이라고 고백할 수밖에 없었다. 결국 그가 말할 수 있는 것은 하나님께서는 은혜를 주심으로 그의 "은혜"를 받으신다는 것이다. 신자들 서로가 나누는 수평적인 것과 맞물려 하나님께로부터 오는 *은혜charis*와 하나님께 대한 *감사eucharistia*의 수직적인 흐름이 언제나 있다.

그래서 은혜는 기쁨과 감사(다른 것들도)의 감정적인 반응을 일으킨다. 그러나 기쁨과 감사도 순전히 감정적인 반응만은 아니다. 그것은 또한 의지의 요소를 포함한다. 이것은 바울과 다른 신약 저자들이 기뻐하고 감사할 것을 *명령*할 수 있다는 사실에서 보여준다.

> 주 안에서 항상 기뻐하라 내가 다시 말하노니 기뻐하라 (빌 4:4)

> 즐거워하는 자들과 함께 즐거워하고 우는 자들과 함께 울라 (롬 12:15)

> 내 형제들아 너희가 여러 가지 시험을 당하거든 온전히 기쁘게 여기라 이는 너희 믿음의 시련이 인내를 만들어 내는 줄 너희가 앎이라 (약 1:2-3)

> 그리스도의 평강이 너희 마음을 주장하게 하라 너희는 평강을 위하여 한 몸으로 부르심을 받았나니 너희는 또한 감사하는 자가 되라 (골 3:15)

> 항상 기뻐하라 쉬지 말고 기도하라 범사에 감사하라 이것이 그리스도 예수 안에서 너희를 향하신 하나님의 뜻이니라 (살전 5:16 이하)

> 하나님께서 지으신 모든 것이 선하매 감사함으로 받으면 버릴 것이 없나니 하나님의 말씀과 기도로 거룩하여짐이라 (딤전 4:4-5)

은혜를 받은 자들에게도 감사하고 기뻐하는 것은 전혀 "자연적"이 아니다. 신자를 포함해 모든 사람이 은사를 깨닫고 받는 데 더디다. 우리는 우리를 둘러싼 은사들을 잊어버린다. 그러므로 은사가 도처에 있다는 것을 상기할 필요가 있다. 그것이 기뻐하라는 명령의 분명한 이유이다. 그러나 위 성경 구절들은 기억을 되살리기보다는 기뻐하고 감사하라는 요구가 더 많다는 인상을 우리에게 준다. 예를 들어, 로마서 12장 15절에서 기쁨은 다른 사람을 위해 행한 사랑의 행위로 보인다. 데살로니가전서 5장 16절 이하에 보면 기뻐하고 감사해야 할 이유는 그것이 하나님 뜻을 이루기 때문이다. 디모데전서 4장 4절 이하에서 감사는 감정이라기보다는 하나님 창조에 대해 행한 성화의 사역으로 보인다.[5] 감사 행위가 "하나님 말씀과 기도"라고까지 한다. 아마도 저자는 감사 기도에 사용된 성경 단어들을 염두에 둔 것 같다. 어쨌든 그는 감사가 그저 인간적인 반응일 수만은 없다는 것을 말하려고 한다. 그것은 애초에 하나님의 교훈, 하나님 말씀이었다. 감사는 넘치게 하나님께 영광을 돌리게 한다(고후 4:15). 그것은 그에게 되돌아오는 은혜, 그가 보기에 받아 사용했던 것보다는 더 풍성한 은사이다(고후 9:15). 이사야서에 그 사상을 잘 표현한 구절이 있다. "내 입에서 나가는 말도 이와 같이 헛되이 내게로 되돌아오지 아니하고 나의 기뻐하는 뜻을 이루며 내가 보낸 일에 형통함이니라"(사 55:11).

신약의 감사를 보답의 감정 그 이상의 어떤 것으로 이해할 수 있다는 생각은 모호한 두 구절의 뜻을 밝혀준다. 고린도교회에서 행한 예배에 관해 바울은 이렇게 말한다.

> 그렇지 아니하면 네가 영으로 축복할 때에 알지 못하는 처지에 있는 자가 네가 무슨 말을 하는지 알지 못하고 네 감사에 어찌 아멘

---

5) 사람과 물질적 대상에 축복을 하는 관습은 1세기 유대교에 일반적인 것이었다. 그리스도인들도 분명히 그러한 축복berakouth을 말하는 유대의 형제자매들을 따랐을 것이다.

> 하리요 너는 감사를 잘하였으나 그러나 다른 사람은 덕 세움을 받지 못하리라 (고전 14:16-17)

바울의 이 말은 그가 예배에서 감사를 개인과 하나님 사이의 사적인 감정적 사건이 아니라, 이웃을 세우는 수단으로 생각했다는 사실을 보여 준다. "알지 못하는 처지에 있는 자"는 초신자나 방문자, 또는 통역의 은사를 받지 않은 사람일 수 있다. 알아들을 수 있는 언어로 말한 감사는 또한 이웃들이 하나님의 은사를 인정하도록 도와주며, 하나님께 대한 감사를 더욱 넘치게 할 것이다. 신자들의 모임에서 예배자가 방언으로 감사함으로써 자신을 세우는 것은 충분하지 않다. 여기에서 감사는 전체 교회의 은사에 대한 감각을 고조시키는 이해할 수 있는 의지적인 행위가 되어야 한다. 한 신자가 자신이 느끼는 감사를 말로 표현하려는 이성적인 노력을 통해 모두가 풍성하게 된다.

두 번째 구절은 바울이 죄수로 로마에 가던 중, 그레데에서 멜리데까지 항해에 대한 누가의 보도이다. 바울이 탄 배가 광풍을 만났을 때, 배에 탄 모든 사람이 살아날 희망을 버렸다. 음식이 있었지만 아무도 먹으려 하지 않았다. 바로 그 때 바울이 앞으로 나아와 천사가 자기에게 나타나 이렇게 말했다고 주장한다. "바울아 두려워하지 말라 네가 가이사 앞에 서야 하겠고 또 하나님께서 너와 함께 항해하는 자를 다 네게 주셨다 하였으니"(행 27:24). 여기에서 우리는 신약성서에 전형적인 은혜의 반어법을 보게 된다. 천사의 말에 따르면 바울을 체포한 자들이 그들의 안전을 위해 죄수의 손에 넘겨졌다. 사도 바울은 자신이 천사의 메시지를 믿으며, 그들이 반드시 구원받을 것이기 때문에 안심하라고 역설한다. 비로소 다음 날 그들은 바울의 말을 진지하게 받아들이기 시작했다.

다음 날 새벽에 놀라운 사건이 일어나지만 바울은 음식을 먹고 힘을 내라고 권고하고, "너희 중 머리카락 하나도 잃을 자가 없으리라"(행 27: 34) 약속하기 때문이다. 그리고,

> 떡을 가져다가 모든 사람 앞에서 하나님께 축사(eucharistesen)하고 떼어 먹기를 시작하매 그들도 다 안심하고 받아먹으니(행 27:35-36)

폭풍 가운데서 두려워하는 이교도 무리에게 바울은 "성만찬eucharist"을 베풀었다. 누가가 이 식사를 주의 만찬으로 이해되기를 의도했는지 확실하지는 않지만, 그의 독자들에게는 이런 생각이 분명히 들었을 것이다. 어쨌든 예수님이 다락방에서 제자들과 나눈 마지막 만찬과 같이 이 감사 식사는 상황을 변화시킨다. 배 멀미로 힘을 잃었던 자들이 다시 소생되었다. 바울이 믿음으로 행한 성만찬 행위는 그들이 불신자였음에도 모든 무리를 축복하는 것이었다. 이것이 하나님의 은사에 내재하는 능력이다.

노만 록웰Norman Rockwell의 유명한 그림은 분주한 구내식당에서 식사기도를 하는 할머니를 그리고 있다. 할머니 곁에는 아마 손자인 것 같은 소년이 앉아있다. 몇 명의 공장 노동자와 사무원들이 그 할머니의 경건한 태도에 반쯤은 기분이 상하고, 반쯤은 무엇인가 깨닫는 표정으로 바라본다. 그들의 얼굴에 불쾌함도 있지만, 어떤 경외감도 보인다. 그 할머니가 드러내놓고 하나님께 드린 감사는 작지만, 강력한 방식으로 그들의 삶을 돌려놓았다.

초기 기독교인들이 많은 사람과 사건, 물질을 은사로 이해하도록 한 것이 은혜였다고 우리는 말해 왔다. 그러나 어떤 독자에게 은혜는 추상적인 관념이나 한 줄기 연기 같이 잘 잡히지 않는 것으로 보일 수 있다. 사실 은혜의 광대함을 언어로 설명한다는 것이 불가능하다. 신

약의 신자들에게도 은혜는 어떤 영묘한 것이었다. 그들은 은혜를 확실하고 구체적으로 체험하였다. 은혜가 그들에게 새 삶을 주었기 때문이다. 이것은 본질적으로 특정한 상황 속에서 베푸신 하나님의 호의의 한 단면을 묘사하기 위해 사용된 *카리스Charis*라는 단어에서 드러난다. 우리는 이미 이 단어가 "하나님께 감사"라는 구절에서와 같이 "감사"를 의미할 수 있음을 보았다(롬 6:17, 7:25, 고전 15:57, 고후 8:16, 9:15). 구약 성경 70인 역은 가끔 *카리스*를 육체적으로나 정서적으로 다른 사람을 끌어당기게 하는 하나님의 호의라는 뜻으로 사용한다. 이런 뉘앙스를 사도행전 2장 47절에서 보게 된다. 누가가 예루살렘 초대교회 신자들이 "모든 사람에게 칭송"을 받았다고 썼을 때, 그것은 예루살렘의 유대인들이 그들을 선하며 마음에 드는 사람으로 보았다는 뜻이다. 바울은 여러 번 *카리스*를 예루살렘의 신자들을 위해 모금한 헌금과 연관시킨다. 한 번은 돈 자체를 *카리스*라고 하기도 했다(고전 16:3). "감사 제물"이 좋은 번역일 것이다. 다른 곳에서 이 단어는 헌금 과정이나(고후 8:1, 9:8, 14), 돕기 위한 연보의 동기를 가리킨다. 여기에서 *카리스*는 특별한 경우이지만 여러 형태로 나타난다. 그것은 물질적인 대상인 동시에 과정이며 능력이다. 그것은 주어진 장소가 있지만, 하나의 정의에 갇혀있을 수 없다. 그것을 보내신 하나님이 자유하신 것 같이, *카리스*도 자유롭다. 바울도 *카리스*를 그가 이방인 가운데서 행하는 사도적 사역의 은사나 사명, 또는 자신의 소명을 성취하기 위한 능력을 언급하기 위해 사용한다(롬 1:5, 15:1-2, 고전 5:8-11, 갈 2:9). 이 구절들에서도 *카리스*는 구체적이면서도 신비하게 넓은 어떤 것에 관계한다. 바울은 *카리스*를 그에게 들어맞게 맞춰진 은사로 말한다. 그러나 그의 인격과 분리되고 그의 의지가 통제하는 것을 은사라고 할 수 없다. 왜냐하면 어떤 의미에서 그것은 또한 그의 사도적 정체성 전체를 구성하기 때문이다. "그러나 내가 나 된 것은 하나님의 은혜로 된 것이니"(고전 15:10). 마지막으로 모든 신약 교회에서 그들 자신을 드러내주는 것으로 생각했던 특별한 은사와 *카리스*를 연결시키는 구절이 적어도 네 개가 있다.

> 우리에게 주신 은혜대로 받은 은사가 각각 다르니 혹 예언이면 믿음의 분수대로, 혹 섬기는 일이면 섬기는 일로, 혹 가르치는 자면 가르치는 일로 (롬 12:6-7)

> 그리스도 예수 안에서 너희에게 주신 하나님의 은혜로 말미암아 내가 너희를 위하여 항상 하나님께 감사하노니 이는 너희가 그 안에서 모든 일 곧 모든 언변과 모든 지식에 풍족하므로 그리스도의 증거가 너희 중에 견고하게 되어 너희가 모든 은사에 부족함이 없이 우리 주 예수 그리스도의 나타나심을 기다림이라 (고전 1:4-7)

> 우리 각 사람에게 그리스도의 선물의 분량대로 은혜를 주셨나니 그러므로 이르기를 그가 위로 올라가실 때에 사로잡혔던 자들을 사로잡으시고 사람들에게 선물을 주셨다 하였도다 그가 어떤 사람은 사도로, 어떤 사람은 선지자로, 어떤 사람은 복음 전하는 자로, 어떤 사람은 목사와 교사로 삼으셨으니 이는 성도를 온전하게 하여 봉사의 일을 하게하며 그리스도의 몸을 세우려 하심이라 (엡 4:7-8, 11-12)

> 각각 은사를 받은 대로 하나님의 여러 가지 은혜를 맡은 선한 청지기 같이 서로 봉사하라 (벧전 4:10)

우리는 이 구절들을, 특히 *카리스마charisma*라는 단어를 4장에서 더 다룰 것이다. 여기에서는 단지 우리가 지금까지 살펴본 *카리스*를 포함한 다른 구절들처럼 위 구절들이 구체적이고 분화된 방식으로 은혜 자체를 나타내려는 경향을 보여준다는 것을 언급하고자 한다. 은혜는 개인과 상황에 따라 구체화되고, 그것을 통해 하나님은 자신의 목적으로 이루실 수 있다. 이런 의미에서 모든 은혜의 은사는 독특하며, 개인과 상황에 정확하게 들어맞는 것이다.

은사: 확대된 범주

이제 초대교회 그리스도인들이 은사라고 불렀지만, 당시나 지금이나 보통 사람들은 은사로 깨닫지 못하는 몇 가지 현상을 검토하고자 한다. 이 연구를 통해 신약 신자들은 자신들이 특별한 은혜를 받았다고 느꼈으며, 다른 사람들이 보지 못하는 곳에서 하나님의 은혜로우신 손을 보았음을 이해하게 될 것이다. 우리는 이미 바울이 죄수로 항해했던 이야기를 했다. 하나님께서 배에 탄 모든 사람들을 바울에게 맡기셨다는 천사의 메시지는 유대 독자들에게 이상하지 않다. 왜냐하면 구약에 비슷한 구절이 있기 때문이다(삿 7:2, 수 8:1, 삼상 17:46). 그러나 구약에서는 하나님께서 다른 사람에게 넘겨주신 자들을 받는 자가 처벌하거나 멸망시킨다. 사도행전에서는 정반대이다. 바울을 호송하는 자를 포함해서 배의 선원과 승객들이 바울에게 맡겨져서, 그들도 바울의 축복을 나눌 수 있었다. 맡겨진 자들은 자신의 생명을 선물로 받았다.

마가복음 13장 11절은 신자들이 공회나 이방 관리들 앞에서 재판받을 장면을 묘사한다. 예수는 그들은 그 날에 하나님의 도우심을 받을 것이라고 약속한다:

> 사람들이 너희를 끌어다가 넘겨 줄 때에 무슨 말을 할까 미리 염려하지 말고 무엇이든지 그 때에 너희에게 주시는 그 말을 하라 말하는 이는 너희가 아니요 성령이시니라 (막 13:11)

여기에서 허락된 은사는 신실한 고백이다. 유대인들은 성령의 역사를 통해 하나님의 대변자가 된 모세와 예언자들과 같은 구약성서의 인물을 연상할 것이다. 그러나 모든 신자들이 자기 자신에 대해 진술하도록 소환되었을 때 이 특권을 누리게 된다는 주장은 아주 독특한 것이다. 그러한 변론은 예전이나 지금도 보통 은사라고 부르지 않는다.

이번에는 모든 신자들에게 주어지지 않는 또 다른 특별한 은사를 마태복음 19장 10절 이하에서 말한다. 결혼 서약의 영속성에 관한 예수의 엄격한 가르침에 제자들이 당황한다. "만일 사람이 아내에게 이같이 할진대 장가들지 않는 것이 좋겠나이다"라고 말하는 제자들에게 예수는 이렇게 대답한다.

> 예수께서 이르시되 사람마다 이 말을 받지 못하고 오직 타고난 자라야 할지니라 어머니의 태로부터 된 고자도 있고 사람이 만든 고자도 있고 천국을 위하여 스스로 된 고자도 있도다 이 말을 받을 만한 자는 받을지어다 (마 19:11-12)

마태의 보도에 따르면 예수는 결혼하지 않고 사는 것은 특별한 "은사"가 필요하다고 가르친다. 처음 두 경우에서 우리는 "필연성"을 말하려 할 수 있다. 바울이 자신의 독신을 *카리스마*라고 했을 때 이런 예수의 가르침을 반영한다(고전 7:7).

놀랍게도 신약은 때로 그리스도인들이 행한 선한 일을 은사의 범주에 놓는다. 에베소서 2장 10절은 하나님께서 영원 전부터 신자들이 선한 일을 행하도록 예비하셨다고 말씀한다. 또한 "하나님이 능히 모든 은혜를 너희에게 넘치게 하시나니 이는 너희로 모든 일에 항상 모든 것이 넉넉하여 모든 착한 일을 넘치게 하게 하려 하심이라"(고후 9:8). 물론 하나님의 너그러우심이 신자들에게 책임을 면해주지는 않는다. 그들이 미리 정해진 일을 거부할 수도 있다. 그러나 성경은 우리가 행한 최선의 성과도 궁극적으로 하나님께서 시작하신 것처럼 생각하도록 우리를 격려한다. "그러나 내가 나 된 것은 하나님의 은혜로 된 것이니 내게 주신 그의 은혜가 헛되지 아니하여 내가 모든 사도보다 더 많이 수고하였으나 내가 한 것이 아니요 오직 나와 함께 하신 하나님의 은혜"(고전 15:10)라고 바울은 말한다.

신약성서의 몇 구절은 고난을 은사와 같은 것으로 증언한다. 우리는 후에 이 본문들을 좀 더 자세히 살펴볼 것이기 때문에, 지금은 그 구절들을 소개하는 것이 유용할 것이다.

> 아버지께서 주신 잔을 내가 마시지 아니하겠느냐 (요 18:11)

> 우리가 환난 중에도 즐거워하나니 이는 환난은 인내를, 인내는 연단을, 연단은 소망을 이루는 줄 앎이로다 (롬 5:3-4)

> 찬송하리로다 그는 우리 주 예수 그리스도의 하나님이시요 자비의 아버지시요 모든 위로의 하나님이시며 우리의 모든 환난 중에서 우리를 위로하사 우리로 하여금 하나님께 받는 위로로써 모든 환난 중에 있는 자들을 능히 위로하게 하시는 이시로다 그리스도의 고난이 우리에게 넘친 것 같이 우리가 받는 위로도 그리스도로 말미암아 넘치는도다 (고후 1:3-5)

> 그리스도를 위하여 너희에게 은혜를 주신 것은 다만 그를 믿을 뿐

> 아니라 또한 그를 위하여 고난도 받게 하려 하심이라 (빌 1:29)

> 오히려 너희가 그리스도의 고난에 참여하는 것으로 즐거워하라 이는 그의 영광을 나타내실 때에 너희로 즐거워하고 기뻐하게 하려 함이라 (벧전 4:13)

아마 이 범주에 잘 들어맞을 흥미로운 구절은 고린도후서 12:7이다. 거기에서 바울은 삼층천으로 환상 가운데 여행한 후에 "너무 자만하지 않게 하시려고 내 육체에 가시 곧 사탄의 사자를 주셨으니 이는 나를 쳐서 너무 자만하지 않게 하려 하심이라"라고 말한다. 비록 바울이 그 가시를 사탄의 사자라고 불렀지만, 유대인인 바울은 자연히 사탄을 하나님의 동의가 있어야 활동할 수 있는 존재로 인식했을 것이다(욥 6:6 이하를 보라). 그러므로 그가 가시를 "주신 것"이라고 했을 때, 그는 이 육체적인 고통조차도 어떤 의미에서 하나님이 주신 것으로 이해했다. 그를 교만해지지 않게 하는 것은 사탄의 목적이 아닌 하나님의 목적이다.

얼마나 초기 그리스도인들이 은사의 정의를 확장시켰는지 그 마지막 예를 로마서 15장 29절에서 찾아보겠다. 여기에서 바울은 그의 이방인 교회에서 모은 연보를 예루살렘의 유대인 신자들에게 전한 후에 "내가 너희에게 나아갈 때에 그리스도의 충만한 복을 가지고" 갈 것이라고 한다. 아마 이 충만함은 바울이 은사를 가지고 갔을 때, 그가 목격하리라 기대했던 예루살렘 그리스도인들의 하나님께 대한 감사와 같은 것으로 볼 수 있다(고후 9:12 이하, 롬 15:25-32). 우리는 그러한 사건을 "그리스도의 충만한 복"으로 부를 생각을 하지 못한다. 그러한 말이 과장되게 보이기도 한다. 그러나 자신의 전체 사역을 유대인과 이방인 신자들이 하나가 되게 하는 것이라고 믿는 바울은 예수의 재림

이전에 그를 향하신 하나님의 은총이 바로 이 역사적 순간에 정점에 이르렀다고 확신했다(롬 11:13 이하, 25 이하, 15:19 이하). 바울이 기대한 큰 축복은 우리가 보통 신비하거나 내세적이라고 부르는 것이 아니었다. 그것은 우리가 맡은 일을 잘 마쳤을 때에 주인의 칭찬에서 느끼는 만족과 비슷하다. “잘 하였도다 착하고 충성된 종아 .... 네 주인의 즐거움에 참여할지어다”(마 25:21).

천박한 성찬에 대한 경고

이제까지 우리는 신약 신자들의 편에서 자신들이 특별한 축복을 받았다는 의식을 강조해 왔다. 이것은 바꾸어 말하면 신약 저자들이 가장 자주 표현한 감정, 즉 기쁨과 감사에서 나온 충만함에 대한 느낌을 낳는다. 그것은 신약을 예수 그리스도 안에서의 하나님의 새로운 축복에 대한 계속된 찬양으로 보는 본문의 의도와 일치한다.

그러나 지금 우리는 신약 증언들을 보다 정확하게 그리기 위해 그러한 진술들을 제한해야 한다. 은사? 충만? 성찬의식? 그렇다. 그러나 이 세 가지가 “이 세상의” 위험과 고통을 계속 보지 못하게 하는 “하늘의” 삶을 사는 것으로 변질되거나, 또한 은사, 충만, 성찬의식이 일반 예절을 무시해도 되는 변명거리가 되거나, 또는 이웃의 복지를 희생시키고 자신의 영적 은사를 발전시키는 것이 되지 않아야 한다. 그런데 고린도교회는 이런 종류의 천박한 성찬의식에 빠졌던 것으로 보인다. 고린도전서에서 바울은 강력하게 그 상황에 대응했다.

사도는 고린도 교인들에게 감사함으로 시작한다. 그들이 “어떠한 영적 은사에도 부족하지 않기” 때문이다(*카리스마Charisma,* 고전 1:7). 그러나 그 진정한 은사들에도 불구하고, 그들을 영적인 사람들(*프뉴

마티코이pneumatikoi, 고전 3:1 이하)이라고 말하지 않는다. 대신에 바울은 그들을 "그리스도 안에서 어린아이"라고 부른다. 교인의 분파에서 뚜렷하게 드러나는 질투와 분쟁은 고린도 교인들이 하나님께서 이웃들을 세우는 데 사용하라고 의도하셨던 대로 자신의 영적 은사를 사용하지 않았다는 것을 분명히 보여준다. 그들의 행동에 관한한 고린도교인들은 불신자들과 차이가 없다(고전 3:3, 6:1-8). 그들은 자신의 책임감을 은사에 대한 느낌으로 대치했다.

그들 문제의 핵심은 일종의 중독이었다. 그들은 그리스도 안에서의 새로운 삶을 천박하게 즐겼는데, 그것은 마치 물질세계의 냉혹한 현실에서 도피하려고 먹는 약이나 술 같이 되었다. 바울은 고린도 교인의 싸구려 영성을 가장 신랄하게 비판했다.

> 너희가 이미 배 부르며 이미 풍성하며 우리 없이도 왕이 되었도다 우리가 너희와 함께 왕 노릇 하기 위하여 참으로 너희가 왕이 되기를 원하노라 내가 생각하건대 하나님이 사도인 우리를 죽이기로 작정된 자 같이 끄트머리에 두셨으매 우리는 세계 곧 천사와 사람에게 구경거리가 되었노라 우리는 그리스도 때문에 어리석으나 너희는 그리스도 안에서 지혜롭고 우리는 약하나 너희는 강하고 너희는 존귀하나 우리는 비천하여 바로 이 시각까지 우리가 주리고 목마르며 헐벗고 매맞으며 정처가 없고(고전 4:8-11)

바울은 사도들이 고린도 교인들이 알지 못하는 (또는 잊었던) 어떤 것을 알고 있다고 주장한다. 즉, 그리스도와 함께 하는 삶의 진정한 의식은 어리석음, 약함, 비천함, 죽음 한 가운데서 일어난다. 그것이 절대로 그들을 소멸시키지 않는다. 고린도 교인들은 삶의 어두운 부분을 인정하려고 하지 않는다. 그들의 기쁨과 감사는 경솔할 뿐이다. 그들이 거행하는 의식은 회중 가운데 근친상간을 묵과하고(고전 5:1 이하),

믿는 자들이 세상의 법정에 서로 고발하고(고전 6:1이하), 그리스도인의 경건을 이방 종교 관습과 결합하고-신전의 창녀와 성교를 포함해-주의 만찬에서 취하고(고전 11:20 이하) 결국 다른 신자와 방문자들을 교화시키려는 배려가 없이 각자의 영적인 은사를 행하는 혼란스러운 예배가 되었다(고전 14:20-39).

바울은 고린도 전서에서 독자들에게 이스라엘의 예를 생각해보라고 경고한다. 비록 하나님이 택하신 첫 세대는 하나님의 특별한 음식(만나)과 물(바위에서 나온 물)로 복을 받았지만, 그들 대부분은 비도덕적인 행동으로 인해 하나님에게서 떨어져 나가 멸망했다(고전 10:12). 충만하게 은사를 받은 고린도 교인들에게 바울은 권면한다. "그런즉 선 줄로 생각하는 자는 넘어질까 조심하라"(고전 10:12).

부활하신 그리스도와 교제하는 영광에 참여하는 예배자들에게 사도는 주의 만찬을 진지하게 가르친다.

> 너희가 이 떡을 먹으며 이 잔을 마실 때마다 주의 죽으심을 그가 오실 때까지 전하는 것이니라 그러므로 누구든지 주의 떡이나 잔을 합당하지 않게 먹고 마시는 자는 주의 몸과 피에 대하여 죄를 짓는 것이니라 사람이 자기를 살피고 그 후에야 이 떡을 먹고 이 잔을 마실지니 주의 몸을 분별하지 못하고 먹고 마시는 자는 자기의 죄를 먹고 마시는 것이니라 그러므로 너희 중에 약한 자와 병든 자가 많고 잠자는 자도 적지 아니하니 (고전 11:26-30)

보이는 것과 달리 바울이 이 의식을 억압하려는 것이 아니다. 그는 신약의 다른 저자들만큼이나 기쁨과 감사를 좋아한다. 만약 바울이 오늘날 미국의 보통 개신교도나 로마 가톨릭 신자에게 편지를 썼다면, 그리스도 안에서의 하나님 은사들을 보다 가시적으로 누리라는 격려를 했을 것이다. 그러나 고린도 전서에서 바울의 의도는 그들로 하여금 진정한 성찬의 깊이를 알게 해서 도피하려는 그의 교인들을 다시 붙잡아 놓는 것이다. 참된 은사는 겸손에서(롬 12:3), 하나님께서 날마다 새롭게 하실 필요를 느낌에서(마 6:11, 고후 4:16), 극복해야할 악이 아직도 얼마나 많은지 깨달음에서(고전 15:22, 롬 7:13-25), 그리고 현실 속에서 이웃을 사랑하는 사역에서(고전 12:31-14:19) 나타난다. 참된 의식은 고린도 교인들이 했던 것처럼(고전 11:30, 15:12 이하) 고난이나 죽음을 부인하지 않고, 그것을 포함한다(고전 15:31, 고후 12:9-10). 5장에서 이 주제를 더 다루게 될 것이다. 여기에서는 신약교회의 핵심 경험인 은사가 만화경처럼 광범하다는 것을 증명하는 것으로 충분하다. 우리는 경외감이 없이는 은사를 연구할 수 없다.

3장

성령:
가까이 계시는 하나님

3장

성령: 가까이 계시는 하나님

신약의 교회는 거듭해서 하나님께서 주시는 현저한 은사들로 풍성함을 경험했다. 이러한 계속되는 경험 때문에 초대교회 신자들은 자신들이 역사적으로 아주 특별한 시대에 살고 있다고 생각했다. 이전에는 하나님께서 이렇게 풍성한 은사를 이 땅에 부어주신 적이 없었다고 상상했다. 게다가 이러한 풍성한 은사는 연기되었던 이스라엘의 심판의 종말이 가까웠다는 것을 의미하는 것이 틀림없었다.

예수 자신은 오랫동안 기다리던 하나님 나라가 자신의 사역에서 동터오고 있다고 선포했다(마 12:28, 눅 11:20). 사도행전에서 베드로는 오순절 성령 강림을 구약에 계시된 이스라엘에 대한 하나님 약속이 성취된 것이라고 해석했다("하나님이 말씀하시기를 말세에 내가 내 영을 모든 육체에 부어 주리니", 행 2:17, 욜 2:28 인용). 바울은 예수의 사역을 둘러싼 사건들을 "때가"(갈 4:4) 찬 것이라고 말했다. 그가 볼 때, 부활 이후의 세계 상황은 "새 창조"(고후 5:17, 갈 6:15)의 하나였다. 사실 그는 자신이 살았던 시대를 바로 그리스도의 통치가 이루어지는 시대라고 보았다(고전 15:24).

요한복음에서는 더 담대하게 신자들이 죽음 이전에도 영생을 누릴 수 있는 영원한 현재로서 자신의 도래를 선포했던 예수를 그린다(요 5:24). 예수는 이미 사역하는 동안에도 “이 세상”의 심판과 사탄의 몰락이 일어나고 있다고 말한다(요 12:31-32). 신약의 모든 저자들은 물론 그리스도 안에 계신 하나님을 이 유일한 구원의 때의 궁극적 원인으로 보았다. 그러나 그들이 가장 자주 그 임재의 표징이라고 했던 것은 성령이었다.

새로운 풍성함의 중보자인 하나님의 영

예수께서 세례 받으실 때에 성령이 비둘기 같이 임한 것은 메시아적인 기름부음을 나타낸다(마 3:13-17, 막 1:9-11, 눅 3:21-22). 마찬가지로 그의 해방 사역을 일으키는 능력을 공급한 분도 성령이었다.

> 주의 성령이 내게 임하셨으니 이는 가난한 자에게 복음을 전하게 하시려고 내게 기름을 부으시고 나를 보내사 포로 된 자에게 자유를, 눈 먼 자에게 다시 보게 함을 전파하며 눌린 자를 자유롭게 하고 주의 은혜의 해를 전파하게 하려 하심이라 (눅 4:18-19)

누가는 “이 글이 오늘 너희 귀에 응하였느니라”고 말한다(눅 4:21). 마태에 의하면, 예수는 귀신을 쫓아내는 것에서 시작된 하나님 나라가 “하나님의 성령”을 힘입어 귀신을 쫓아내었다고 말할 때 더욱 강화되었다고 주장한다(마 12:28, 눅 11:20). 1세기 유대인들은 일반적으로 구약의 마지막 예언자를 끝으로 성령이 이스라엘을 떠났고, 메시아 시대가 시작할 때 다시 나타난다고 생각했기 때문에, 예수의 이 말씀을 듣는 자들이 충격을 받았음을 짐작할 수 있다. 요엘서의 예언과 짝을 이루는 이러한 유대교의 가르침은 누가가 오순절에 일어난 일을 "마지막 날"의 시작으로 해석하게 만들었다(행 2:16-17). 그러나 오순절은 시작일 뿐이다.[1] 초기 그리스도인들은 그들이 예수의 메시지를 선포하는 곳마다 성령이 다시 임한다고 기대했다. 바울은 고린도교인들에게 이렇게 말한다.

> 내가 너희 중에서 예수 그리스도와 그가 십자가에 못 박히신 것 외에는 아무 것도 알지 아니하기로 작정하였음이라.... 내 말과 내 전도함이 설득력 있는 지혜의 말로 하지 아니하고 다만 성령의 나타나심과 능력으로 하여 (고전 2:2-4)

이 구절에서 "능력*dynamis*"으로 번역된 단어는 "기적"을 뜻하는 헬라어 단어 가운데 하나이다. 여기에서 이 단어는 아마 바울의 설교를 듣고 회개에 이른 것과 "사도의 표가 된 것은 내가 너희 가운데서 모든 참음과 표적과 기사와 능력을 행한 것" (고후 12:12, 갈 3:1-5)이라고 말한 것을 언급한다. 믿음의 은사를 부어주신 분이 성령이다(고전

---

1) 많은 학자들이 오순절 사건에 대한 누가의 보도는 그 자신의 해석으로 중첩되어 있어서 실제로 어떤 일이 일어났는지 우리는 더 이상 알 수 없다고 주장한다. 누가의 이야기는 확실히 이상화되었고, 베드로가 했던 연설 대부분은 누가 자신의 신학적 관심사를 반영한다. 그러나 누가가 말하는 집단적이고 놀랄 만한 성령의 강림이 일어났던 것이 분명하다. 그렇지 않다면, 어떻게 부활 이후 얼마 되지 않아 당황하며 흩어졌던 제자들이 맞서 싸우는 교회가 되었는지, 그 선포를 믿고 세례를 받은 자들 자신이 성령의 은사를 나타낸다고 확신하게 되었는지 설명할 수 없다. 제임스 던 James D. G. Dunn의 *예수와 성령Jesus and the Spirit*(The Westminster Press, 1975, pp. 136-152)에서 오순절에 대한 논의를 보라.

12:3). 신자들이 능력을 행하게 하시는 분도 성령이다(*뒤나메이스* *dynameis* 고전 12:10). 요한복음에 따르면, 예수는 하나님의 성령이 죄와 의, 심판에 대하여 세상을 책망하실 것과 또한 교회를 모든 진리 가운데로 인도하실 것이라고 예언했다(요 18:8-13). 히브리서에는 성령이 신자들에게 내세의 능력dynameis을 중재하는 분이다(히 6:5). 초기 그리스도인들이 성령을 그리스도의 통치에 대한 주요한 외적 증거로 보았다고 결론짓는 것은 결코 과장이 아니다. 성령 사역을 통해 세상은 그 주인을 알게 되었다.

성령에는 또한 신자 *안에서* 행하는 증거 사역이 있다. 요한복음에서 예수는 그의 부활 이전에 "그는 너희와 함께 거하심이요 또 너희 속에 계시겠음이라"(요 14:17)고 단언한다. 신약의 다른 어떤 저자보다도 이러한 성령의 내적 사역을 강조한 사람은 바울이다.

> 너희가 아들이므로 하나님이 그 아들의 영을 우리 마음 가운데 보내사 아빠 아버지라 부르게 하셨느니라 (갈 4:6)

> 소망이 우리를 부끄럽게 하지 아니함은 우리에게 주신 성령으로 말미암아 하나님의 사랑이 우리 마음에 부은 바 됨이니 (롬 5:5)

> 만일 너희 속에 하나님의 영이 거하시면 너희가 육신에 있지 아니하고 영에 있나니 누구든지 그리스도의 영이 없으면 그리스도의 사람이 아니라 (롬 8:9)

> 우리가 아빠 아버지라고 부르짖느니라 성령이 친히 우리의 영과 더불어 우리가 하나님의 자녀인 것을 증언하시나니 (롬 8:15-16)

성령의 내적인 음성은 우리가 하나님 아버지의 선하신 은총의 은사를 받았다는 "증거"이다. 다른 구절에서 바울은 성령을 미래에 하늘의 축복을 상속하게 될 서약 선물, 또는 할부금의 첫 지불액이라는 뜻의 *아라본arrabon*—"약혼반지"라고 번역할 수 있다— 이라고 부른다(고후 1:22, 5:5, 또한 엡 1:13-14). 성령은 "첫 열매", 즉 신자의 몸을 구원하고, 전체 물질세계를 에덴의 완전함으로 돌려놓으시는 하나님 역사의 첫 번째 꽃을 만들어낸다. 세상은 낙원으로 영광스럽게 복귀할 것을 갈망하며, 신자는 그들 안에 거하시는 성령을 통해 이미 그것이 나타나기 시작했음을 느낄 수 있다(롬 8:18-23). 이렇게 성령은 외적인 방법과 내적인 방법을 통해 신약의 신자들에게 그리스도 안에 있는 하나님의 새로운 축복을 중재하는 분으로 자신을 계시하신다. 성령을 통해 새 창조의 은사가 인간의 의식 속으로 들어온다.

소유하는 것이 아니라, 받는 은사인 성령

성령 자체가 은사인가? 또는 아마도 유일한 은사인가? 많은 신약성서 구절들이 이 말을 인정하는 것으로 보인다. 누가복음은 예수의 이 말씀을 기록하고 있다.

> 너희 중에 아버지 된 자로서 누가 아들이 생선을 달라 하는데 생선 대신에 뱀을 주며, 떡을 달라 하면 돌을 주며 알을 달라 하는데 전갈을 주겠느냐 너희가 악할지라도 좋은 것domata을 자식에게 줄 줄 알거든 하물며 너희 하늘 아버지께서 구하는 자에게 성령을 주시지 않겠느냐 하시니라 (눅 11:11-13, 마 7:11에서는 "성령" 대신에 "좋은 것"이라고 했다)

오순절에 베드로는 성령 충만한 제자들 주위에 모인 호기심에 찬

군중들에게 이렇게 촉구했다.

> 베드로가 이르되 너희가 회개하여 각각 예수 그리스도의 이름으로 세례를 받고 죄 사함을 받으라 그리하면 성령의 선물을 받으리니 (행 2:38)

후에 베드로는 할례 받지 않은 이방인 고넬료와 함께 식사한 것을 공격하는 보수적인 유대인 신자들에게 자신을 변호했다. 베드로는 고넬료와 그 가족이 성령을 받았기 때문에 그가 행한 일이 완전히 옳았다고 주장했다.

> 내가 말을 시작할 때에 성령이 그들에게 임하시기를 처음 우리에게 하신 것과 같이 하는지라 .... 그런즉 하나님이 우리가 주 예수 그리스도를 믿을 때에 주신 것과 같은 선물을 그들에게도 주셨으니 내가 누구이기에 하나님을 능히 막겠느냐 (행 11:15, 17)

바울과 요한은 성령과 연관하여 은사라는 명사를 쓰지 않지만, 성령을 은사로 받는다고 분명히 생각했다.[2] 바울은 하나님이 "우리에게 인치시고 보증으로 우리 마음에 성령을 주셨느니라"(*아라본arrabon*고후 1:22, 고후 5:5)고 말한다. 로마서 5장 5절에서 "우리에게 주신 성령으로 말미암아 하나님의 사랑이 우리 마음에 부은 바 됨이니"라는 표현도 쓴다. 요한복음에서 예수는 "내가 아버지께 구하겠으니 그가 또 다른 보혜사를 너희에게 주사 영원토록 너희와 함께 있게 하리니"

---

2) 딤후 1:6에서 바울은 디모데에게 "내가 나의 안수함으로 네 속에 있는 하나님의 은사를 다시 불일듯하게" 하려고 한다. 여기에서 성령에 대한 언급은 아마도 의도적이다(See v. 7).

(요 14:16)라고 말씀한다. 부활의 그 저녁에 문들을 닫아걸고 있던 제자들에게 나타난 예수는 그들에게 숨을 내쉬며 "성령을 받으라"(요 20:22)는 말씀으로 이 약속을 이루신다. 마지막으로 히브리서는 "하늘의 은사*dorea*를 맛보고 성령에 참여한 바 된"(히 6:4) 자들을 말한다. 만약 이 문장이 셈어의 대구법을 보여주는 것이라면–아마 그렇게 보이는데–하늘의 은사는 다름 아닌 하나님의 성령이다. 그렇다면 그것은 성령을 새 피조물의 주요한 은사로 이해하는 좋은 선례이다. 성령은 회개와 믿음을 가능케 하는 첫 번째 축복이다. 성령의 활동을 통해 다른 모든 은사가 흘러나온다. "이 모든 일은 같은 한 성령이 행하사 그의 뜻대로 각 사람에게 나누어 주시는 것이니라"(고전 12:11).

성령은 신자 개인 안에 내주하시지만, 신자가 자기 마음대로 처분할 수 있는 것은 절대 아니다. 누구도, 심지어 교회 공동체도 성령을 소유하거나 담아둘 수 없다. 성령이 교회를 소유하신다는 표현이 더 정확하다. 성령은 교회를 진리로 인도하신다(요 16:13). 그리고 성령은 신자들의 내적인 삶을 위로하고 양육할 뿐만 아니라, 바람이 원하는 대로 부는 것처럼 세상을 향한 교회의 선교에 문을 열거나 닫기도 하시면서 교회를 인도하신다.(행 10:44 이하, 16:6 이하).

성령은 언제나 어떤 신자 개인이나 집단이 이해할 수 있는 그 이상이다. 제자들은 오순절에 성령 충만했다(행 2:4). 그러나 그들이 이 충만함을 소유한 것은 아니다. 사도행전은 그 직후 교회가 큰 위험에 직면했을 때, 제자들이 하나님의 말씀을 아주 담대하게 말할 수 있도록 성령께서 다시 그들을 채워주셔야 했다고 보도한다(행 4:23-31). 에베소서는 어떤 신자도 영적인 충만함을 안정적이거나 영속적인 상태로 주장할 수 없다고 말한다. 정확히 말하자면, 세례 받을 때에 이미 성령을 받은 사람은 그런 상태를 계속 유지하도록 노력해야 한다.

> 오직 성령으로 충만함을 받으라 시와 찬송과 신령한 노래들로 서로 화답하며 너희의 마음으로 주께 노래하며 찬송하며 (엡 5:18-19)

성령은 늘 안팎으로 운행하신다. 어떤 신자도 성령이 더 이상 들어갈 수 없을 만큼 그 안에 충만할 수는 없다. 성령은 늘 타자로 남아있다. 더 자주 만나야 하고, 더 가까운 관계를 맺으며, 더 깊이 묵상하고, 더 받아야 한다. 신자들이 성령을 받는다고 말할 수 있지만, 성령은 전적으로 자유로우시며, 오직 그리스도 안에 있는 하나님의 뜻에만 복종하신다. 성령을 은사라고 부를 수 있지만, 성령을 받은 자를 둘러싸고 내주하시는 은사이다. 그러므로 성령을 "소유한다"는 말을 아주 제한된 방식으로 이해해야 한다.

성령과 사람의 영

그렇다면 우리가 성령을 비인격적인 힘, 바람(요 3:7-8), 또는 물(요 7:38-39, 롬 5:5)처럼 신자를 차지하여, 성령의 본체로 채우고, 그럼으로써 옛 자아를 완전히 교체하시는 분으로 생각해야 하는가? 성령 충만한 신자들에 대한 사도행전의 많은 구절들(행 2:4, 4:8, 31, 6:3, 5, 7:55, 9:17, 11:24)은 그런 방향으로 우리 생각을 이끌어가는 것 같다. 갈라디아서 2장 20절의 바울의 신비체험에 대한 고백도 그렇게 보인다. "내가 그리스도와 함께 십자가에 못 박혔나니 그런즉 이제는 내가 사는 것이 아니요 오직 내 안에 그리스도께서 사시는 것이라." 덧붙여 방언기도가 비이성적인 경험이라는 바울의 관점도 고려해야 한다. "내가 만일 방언으로 기도하면 나의 영이 기도하거니와 나의 마음은 열매를 맺지 못하리라"(고전 14:14). 바울의 이 말은 방언 은사를 행할 때,

성령에 완전히 사로잡힌다는 것을 의미하는 것 같다. 이것은 결국 구약성서에서 삼손, 사울 그리고 여러 사람에게 일어났던 것처럼 문자 그대로 성령에 사로잡힌 것으로 보인다.

그러나 사실 위에 인용한 신약 본문은 소유를 주장하지 않는다. 우리는 이미 사도행전과 에베소서에서 성령 충만을 거듭해서, 그리고 부분적으로 인간의 행동(성령 충만을 계속 유지하는 것, 엡 5:18)을 통해 경험해야 하는 일시적인 상태로 생각한다는 것을 언급했다. 바울이 자기가 사는 것이 아니라 자기 안에 그리스도가 사는 것이라고 말할 때, 그는 그 말의 의미를 즉시 이렇게 설명한다. "이제 내가 육체 가운데 사는 것은 .... 하나님의 아들을 믿는 믿음 안에서 사는 것이라"(갈 2:20). 여기에서 믿음으로 그리스도께 응답함으로 사는 것은 바울이다. 이것은 결국 그가 자아를 유지하고 있다는 것이다. 살아가고 믿는 것은 인간의 행위이고, 이것은 그 안에 있는 그리스도의 생명과 구별할 수 있다. 이 말은 마치 바울 자신이 헬라 신비주의에 너무 깊이 빠졌다고 느꼈으며, 갈라디아 교인들에게 그가 신성과 전적인 합일을 말하는 것이 아니라고 역설하는 것 같다. 방언 기도에 대해 바울은 고린도 교인들에게 그들의 비이성적인 경험을 합리적인 이성으로 보완하기 위해 통역의 은사를 구하라고 권고한다(고전 14:13 이하). "그러면 어떻게 할까 내가 영으로 기도하고 또 마음으로 기도하며 내가 영으로 찬송하고 또 마음으로 찬송하리라"(고전 14:15). 바울은 비이성적인 영적 체험의 가치를 인정하면서도(고전 14:4을 보라), 공적인 예배에서 황홀경에 빠지는 것을 반대한다.[3] 바울은 신자가 자기 안에 있는 성령

3) 내가 이야기를 나누어 본 오순절 교인이나 비오순절 교인들도 방언으로 기도하는 동안에 황홀경에 사로잡힌다는 개념을 거부한다. 그들은 자신들이 의지가 있으며, 자기 주위의 현실과 접촉을 유지하는 것을 느낀다. 분명히 비이성적인 경험이 그들 자신의 정신 상태를 비틀어 놓는다는 의미의 황홀경은 아니다.

의 행위와 관련하여 아무 힘도 없다는 개념을 거부한다. 그는 성령에 이끌린 예언자도 교회의 질서가 위협받는다고 보인다면, 그들의 메시지를 연기하거나 중단하라고 권면한다(고전 14:29-33). 반면에, 자신의 영적 은사를 잃어버릴 지경에 처한 신자에게는 "성령을 소멸하지 말며 예언을 멸시하지 말고(살전 5:19-20)라고 썼다. 이러한 권면은 성령의 은사를 따라 행하는 데 어떤 형태의 인간의 노력을 전제한다.

하나님의 성령이 신자의 내적인 삶 전체를 구성하는 것이 아니라고 결론짓는 것이 가장 좋을 것 같다. 자아와 더불어 –또는 대적하여– 일하는 것이 은사이다. 사도 바울이 쓴 두 구절은 성령과 자아가 근접해 있으며, 동시에 양자를 주의 깊게 구별했음을 예증해준다.

> 우리가 아빠 아버지라고 부르짖느니라 성령이 친히 우리의 영과 더불어 우리가 하나님의 자녀인 것을 증언하시나니 (롬 8:15-16)

이 구절에서 바울은 신자가 영을 가지고 있거나 영이라고 말한다.[4] 다른 구절에서 바울은 인간의 이러한 구성 요소를 "속사람"(롬 7:22, 고후 4:16)이라고 말한다. 그것은 존재의 핵심이며 성령과 교통할 수 있는 인간 안에 있는 자아이다. 로마서 8장 15절 이하를 보면, 성령은 하나님의 자녀임을 확신시키는 데서 신자의 영과 결합한다. 그러므로 "아빠! 아버지!" 라는 부르짖음은 두 개의 내적 증거에서 나온 것이다. 물론 몇 퍼센트가 인간의 영이고, 하나님의 영인지 묻는 것은 무익하다.

---

4) 아놀드 콤Arnold Come은 한 개인을 진정으로 인간으로 만드는 것은 그 자신의 영이라고 주장한다. 콤은 인간의 영을 "하나님 형상의 거룩한 선물"이라고 말한다. 살과 피의 덩어리를 온전하며 불가침의 인격으로 규정하는 것이 바로 이것이다. Arnold Come, *Human Spirit and Holy Spirit*(The Westminster Press, 1959), pp. 70-79을 보라.

두 번째 관련 구절은 갈라디아서 5장 16절, 17절이다.

> 내가 이르노니 너희는 성령을 따라 행하라 그리하면 육체의 욕심을 이루지 아니하리라 육체의 소욕은 성령을 거스르고 성령은 육체를 거스르나니 이 둘이 서로 대적함으로 너희가 원하는 것을 하지 못하게 하려 함이니라 (갈 5:16-17)

여기에서 신자는 육체의 욕심을 채우려는 유혹으로 고통을 겪는 존재이다. 죄의 능력이 여전히 신자 안에 있다.[5] 그러나 신자의 자아 자체가 육체나 성령과 같지 않다. 그것은 오히려 육체에, 또는 성령에 기울도록 응답하는 내적인 능력이다. 여기에서는 로마서 8장 15절 이하와 같이 자아를 신자로 간주해야 한다. 갈라디아서에서 바울은 신앙하는 자아의 연약함을 강조하려고 한다. 신자가 육체의 유혹에 굴복할 때에도 ("마음에는 원이로되 육신이 약하도다" 막 14:38), "너희가 원하는 것을 하지 못하게 하려"(갈 5:17b)고 성령은 육체의 욕심에 기울어질 때마다 가로 막아야 한다. 바울은 신앙하는 자아의 욕구가 양면적이라는 것을 알고 있었다. 그래서 신자는 성령의 진정한 음성을 듣는 법을 배워야 한다. 이것은 집중하고 노력해야 할 일이다.

신자의 이상적인 상태가 인간의 영과 성령의 협력이라고 결론짓는 것이 옳을까? 바울이 빌립보서에서 "두렵고 떨림으로 너희 구원을 이루라 너희 안에서 행하시는 이는 하나님이시니 자기의 기쁘신 뜻을 위하여 너희에게 소원을 두고 행하게 하시나니"(빌 2:12-13)라고 말할

---

5) 바울은 때로 "육체"를 신체 피부나 근육을 가리키는 중립적인 용어로 사용한다. 그러나 이 맥락과 로마서 8장에서 "육체"는 우리 인성에 달라붙어 있는 하나님을 대적하는 모든 것을 가리키는 경멸의 용어이다. "육체"의 심적인 상태에 대하여 갈 5:19 이하를 보라.

때에 이것을 제안하는 것 같다. 그러나 "협력"은 적합한 단어가 아닌 것 같다. 성령과 인간의 영이 동등한 협력자가 될 수 없기 때문이다. 다른 구절에서 바울은 성령을 따라 행하는 것, 또는 성령의 인도를 받는 것을 말한다(갈 5:16, 18, 25, 롬 8:4, 14). 여기에서 그 이미지는 제자들이 예수의 뒤를 따르는 것과 비슷하게 성령의 인도하심에 반응하는 것이다. 만약 성령 안에서의 삶이 "나를 따르라"는 부름에 응답하는 것을 뜻한다면, 지나친 평등주의로 보이는 "협력"이라는 말을 거절해야 한다. 게다가 신자가 행한 최선을 성령과 인간의 영이 50대 50으로 계약한 결과로 이해하는 것은 잘못일 것이다. 바울은 사랑, 희락, 화평, 오래 참음, 자비, 양선, 충성, 온유, 절제와 같은 바람직한 덕목을 "주님과 함께 우리가 노력한 열매"가 아니라 "성령의 열매"라고 분류했다. 신자들이 응답할 때, 성령은 그들이 노력한 것보다 더 풍성하게 하시며 꽃피게 하실 것이다. 성령을 하나님께서 신자에게 맨 먼저 주시는 은사라고 보는 것이 옳다. 성령께서 (부르심으로) 시작해서, 그들 안에서 하나님 뜻의 역사를 (그 열매로써) 완성하시기 때문이다. 그러나 성령은 절대로 자동적이나 강제적으로 행하시지 않는다. 성령은 모든 참된 은사가 그 은사를 받은 자에 의해 부드럽게 행해지는 것처럼, 그 목적을 이루신다. 독일의 신오순절주의자 아놀드 비트링거 Arnold Bittlinger가 이것을 잘 설명했다.

> 성령은 "말씀하시고" "도우신다." 성령은 결코 개인을 침해하거나 공격하고 멸하지 않는다. 오히려 실제적인 은사와 인간의 가능성을 온전히 개발하도록 한다. 성령은 오직 그리스도인이 성령을 위해 내어드리는 만큼 그 안에서 일하신다.[6)]

---

6) Arnold Bittlinger, *Gifts and Graces: A Commentary on I Corinthians 12-14*(Wm, B. Eerdmans Publishing Company, 1967), pp. 15-16.

신약성서가 성령의 부어주심을 서술하는 방식은 −자극하고 촉구하시며 부르시고 열망하시고− 거의 셀 수 없을 정도다. 그러나 성령에 대한 우리 자신의 경험을 반추하면서 그 가운데 보다 두드러진 것을 자세하게 살펴보는 것이 도움이 될 것이다.[7] 무엇보다 성령은 생기를 주시는 분으로 불린다. 그래서 요한복음에서 예수는 하나님의 성령을 신자의 가슴에서 솟아나는 "생수의 강"으로 묘사한다. 성령은 땅의 어떤 오아시스보다도 인간을 더 소성케 한다. 예수는 야곱의 우물에서 사마리아 여인에게 말씀하신다.

> 예수께서 대답하여 이르시되 이 물을 마시는 자마다 다시 목마르려니와 내가 주는 물을 마시는 자는 영원히 목마르지 아니하리니 내

---

7) 현대를 살아가는 우리 그리스도인들은 성경에 나와 있는 성령의 말씀에 빗대어, 우리 자신의 영적인 이야기를 자세히 말 할 수 있는 용기를 흔히 얻곤 한다. 그러나 우리는 이 두 가지(성령의 말씀과 우리 자신의 이야기)가 정확히 일치할 것이라는 강박관념을 가져서는 안 된다. 신자들이 그들을 사로잡은 성경구절에 대해 반응을 보이는 것은 일반적이고 적절한 것이다. "맞아요. 내가 경험한 것도 그랬어요. 하지만, 내가 희망한 것들, 그리고 내가 두려워한 것들이 반영된 보다 구체적인 경험이었죠. 따라서 성경의 저자의 경험과는 달랐죠."라고 말하는 것처럼 말이다. 해군 군목 윌리엄 올슨은 그가 경험한 영적각성이 전반적으로 참된 것이라고 판단했다. 왜냐하면, 그의 영적각성은 기대하지 못했던 구체성을 띠고서 오랫동안 느껴왔던 갈망을 충족시켰기 때문이다. "1968년 어느 늦은 밤, 제가 감독주교 학자가 쓴 책(방언에 관한)을 읽고 있을 때였습니다. 하나님께서는 제가 이전에 전혀 경험하지 못한 방식으로 모습을 드러내셨습니다. 제 귀에 분명한 목소리가 들리지는 않았지만, 갑자기 제 마음이 뚫리는 듯 했습니다. 갑자기 떠오르는 성경구절이 있었습니다. '그리고 하나님께서는, 그들이 성경을 이해할 수 있도록 그들의 마음을 열어주었다.(누가복음 24장 45절)' 비로소 저는 제가 경험한 것이 하나님으로부터 온 것이라는 것을 알게 되었습니다. 제게는 의심의 여지가 없는 신호였습니다. 왜냐하면 제가 그 이전에는 성경구절을 생각해냈던 적이 없었기 때문입니다. 특히 결정적인 순간에 적절한 구절들이 떠오르지 않았습니다. 만일 하나님께서 제가 성경을 인용하게끔 하신 것이라면, 맞습니다. 분명히 무엇인가가 제게 일어나고 있었어요. 하나님께서는 제게 말씀하셨습니다. '빌, 지금이 바로 그 때이다. 다른 기회는 없다.' 전 말했습니다. '예.' 이처럼 단순했다. 불빛이 번쩍한 것도 아니고, 벨이 울린 것도 아니다."
(Willam G. Olson, *The Charismatic Church*, p. 25; Bethany Fellowship, Inc., 1974)

> 가 주는 물은 그 속에서 영생하도록 솟아나는 샘물이 되리라 (요 4:13-14)

바울은 "죄와 사망의 법"에 맞서 싸우는 "생명의 성령의 법"을 말한다(롬 8:2). 성령은 죽음에 맞설 뿐만 아니라, 실제로 죽음의 영역의 한가운데, 즉 인간 몸 안에서 죽음에 대해 승리한다.

> 또 그리스도께서 너희 안에 계시면 몸은 죄로 말미암아 죽은 것이나 영은 의로 말미암아 살아 있는 것이니라 예수를 죽은 자 가운데서 살리신 이의 영이 너희 안에 거하시면 그리스도 예수를 죽은 자 가운데서 살리신 이가 너희 안에 거하시는 그의 영으로 말미암아 너희 죽을 몸도 살리시리라 그러므로 형제들아 우리가 빚진 자로되 육신에게 져서 육신대로 살 것이 아니니라 너희가 육신대로 살면 반드시 죽을 것이로되 영으로써 몸의 행실을 죽이면 살리니 (롬 8:10-13)

성령의 임재는 결국 죽음이 인간의 영을 이길 수 없음을 뜻한다. 지금도 성령은 모든 죽음의 권세와 맞선 싸움에서 신자들에게 자신을 무기로 제공하신다. 생명의 창조주께서 생명을 연장하고 향상하는 수단도 되신다. 전투의 한가운데서 힘을 다 소진하고 방어할 수도 없이 누워있던 신자들이 시원한 물과 무기를 받는다. 그것이 바로 성령이다. 성령은 죄와 사망의 나라에서 신자들을 거듭 해방시키심으로 그들에게 활기를 불어넣으신다(롬 8:2). 성령은 그들에게 하나님의 자녀이며, 그리스도와 함께 하나님 영광의 상속자인 정체성을 확인시킴으로 그 일을 행하신다(롬 8:15-17). 신자들도 당분간 피조물과 함께 다른 세력 아래에 고난을 겪어야 하지만, 성령 안에서의 그들의 삶은 이 물질적 세상을 지배하는 부패와 죽음을 넘어간다(롬 8:18-23).

군인과 같이 성령은 죄와 육체와 죽음을 공격한다. 용맹한 전사인 성령은 적에게 한 치도 양보하지 않는다(갈 5:16-17). 그러나 성령은 결코 신자들을 강요하거나 억압하지 않는다. 성령은 어떠한 죄도 묵과하지 않지만, 죄 때문에 그 몸이 죽은 신자의 약함을 참으신다. 성령은 하나님께 대한 신자들의 응답의 가장 기본적인 것으로 그들을 도우신다. 그들은 지금 있는 그대로 은사를 받았지만, 자신이 되어야할 바를 위해 어떻게 기도해야 하는지도 알지 못한다. 성령은 신자들이 아뢰기 원하고, 그렇게 해야 하지만, 자신의 인간적인 한계 때문에 할 수 없는 것을 "말할 수 없는 탄식으로" 하나님께 전하신다(롬 8:26-27). 성령은 신자들을 일상의 삶에서 천국으로 끌어올리는 것이 아니라, 구속을 기다리는 피조물의 갈망 속에서 그들의 역할에 민감하게 하시며, 현 상태에 대해 불만족과, 동시에 다가오는 것을 소망으로 참아내는 인내를 그들에게 형성하신다(롬 8:22-25). 성령은 참으로 우리와 함께 느끼신다. 죄로 인해 연약해진 그들의 고통을 아시며, 곁에 계신다. 그러나 또한 신자들이 지금 받을 수 있다고 생각하는 은사와 사역이 무엇이든지 그것을 넘어 조용하게 그들을 인도하신다. 성령은 신자들로 하여금 오랫동안 가만히 있게 하지 않는다. 하나님은 성령의 사역을 통해 신자의 "속사람"을 능력으로 강건하게 하신다(엡 3:16). 그러나 그러한 능력은 맹목적인 힘의 형태로 나타나지 않는다. 성령의 인도하심이 부드럽게 임하는 것처럼, 성령의 인도를 받는 사람들이 보여주는 "강한" 행동도 그렇다. 바울은 갈라디아 교인들에게 이렇게 썼다.

> 만일 우리가 성령으로 살면 또한 성령으로 행할지니 헛된 영광을 구하여 서로 노엽게 하거나 서로 투기하지 말지니라 형제들아 사람이 만일 무슨 범죄한 일이 드러나거든 신령한 너희는 온유한 심령으로 그러한 자를 바로잡고 너 자신을 살펴보아 너도 시험을 받을

까 두려워하라 너희가 짐을 서로 지라 그리하여 그리스도의 법을 성취하라 (갈 5:25-6:2).

겸손은 성령을 따라 사는 삶의 특징이다. 그들은 자신이 얼마나 연약하며 그들 안에서 참으시는 성령의 은혜에 얼마나 많이 의존하는지를 알기 때문이다.

우리는 신자의 영에 대한 성령의 사역을 고린도전서 12장 11절의 말씀으로 요약할 수 있다. "이 모든 일은(은사) 같은 한 성령이 행하사 그의 뜻대로 각 사람에게 나누어 주시는 것이니라." 여기에서 말한 은사는 고린도전서 12장에서 14장에 서술한 것이다. 4장에서 이것을 자세히 다룰 것이다. 그러나 이 구절도 넓게 해석하기에는 무리가 있다. 방언, 치유, 예언의 은사가 보이지 않을 때에도, 신약 성서는 하나님의 계획안에서 각 사람의 필요에 맞춘 은사로서 그 인격 안에서 성령 자체를 활성화하는 것이 성령의 의도라고 가르친다. 때로 성령은 신자가 믿음 안에서 잘 살기 위해 필요한 위로나 권면의 말씀 같은 익숙한 은사의 형태를 취한다. 그보다 더 자주 성령의 권고는 신자가 이전에 경험하지 못한 방식으로 임한다. 어떤 새로운 사람이나 위기를 통해, 또는 이전에 전혀 보지 못했던 실재의 색채로 임하신다. 전혀 생각지도 않았거나, 혹은 생각은 했지만 어리석은 일로 제쳐놓았을 행동을 하도록 부르심으로 임하신다.[8] 이러한 새로움은 편안하기보다는 불편하다. 그러나 그것이 바로 은혜롭게 한다. 성령은 언제나 신자의 영에게 새롭게 자신을 부어주고자 하시는 생동하고, 가슴 뛰게 하며 변화시키는 은사이기 때문이다. "너희 안에서 행하시는 이는 하나님이시니 자기의 기쁘신 뜻을 위하여 너희에게 소원을 두고 행하게 하시나니"(빌 2:13).

---

8) See Chapter 5, pp. 128f.

성령의 공동체적 의미

위 성경 구절에 "너희"는 복수이다. 바울이나 다른 신약의 저자들은 성령이 신자 개인 안에서 활동한다고 단언하지만, 또한 성령의 활동이 신앙 공동체를 위해 주어졌다는 것을 분명히 한다. 그리스도인들이 성령의 삶에서 누리는 내면의 사적인 만족보다 교회를 강건하게 하고, 확장하는 성령의 "공동체적" 역사에 참여하는 기쁨이 더 중요하다. "각 사람에게 성령을 나타내심은 유익하게 하려 하심이라"고(고전 12:7) 바울은 고린도 전서에서 상기시킨다. 많은 사람들이 자신의 잠재성을 개인적인 확장을 목적으로만 실현하려고 하는 오늘날 바로 이 점을 강조해야 한다.[9)]

이제 개인에게 주어진 은사를 어떻게 교회와 세계를 섬김으로 실현할 수 있는지 말하려고 한다. 신약의 그리스도인들은 성령을 우선 교회의 사명을 위해 부어주신 축복으로 이해했다는 것을 보여주고자 한다. 요한복음에서 예수는 하나님께서 약속하신 성령을 "다른 보혜사" (요 14:16-17, 헬라어 *파라클레토스parakletos*, 여기에서 영어 단어 변호자, 중재자라는 뜻의 "Paraklete"가 생겼다)라고 부르는데, 이것은 질병이나 개인적인 위기와 같은 때에 특정한 신자에게 오는 위안을 말하는 것이 아니다. 오히려 불신의 세상에 대한 성령의 고소를 의미한다. *파라클레토스Parakletos*는 오늘날 "피고측 변호인"에 가까운 법률 용어이다. 이 역할에서 성령은 적대적이고 고발하는 세상을 교회의 메시지를 통해 직면한다. "그가 와서 죄에 대하여, 의에 대하여, 심판에 대하

---

9) 예를 들면 Michael Korda의 *Power: How to Get It, How to Use It*(Ballantine Books, Inc., 1976); 과 Robert Ringer의 Winning Through Intimidation(Fawcett World Library, 1976)와 같은 책의 인기를 생각하라.

여 세상을 책망하시리라"(요 16:8, 요 14:16-17도 보라). 계속해서 성령을 교사(14:26), 증인(15:26-27), 진리로 인도하는 분(16:13이하)으로 말하는 것을 보면, 교회를 통한 성령의 공동체적인 역사를 강조하려는 의도이다. 본래 성령은 모든 피조물에 그리스도의 법을 확장하려고 일하는 선교사이다. 신자들이 성령으로부터 받는 어떠한 개인적인 능력이나 위로도 이 우주적인 모험으로 흘러들어가야 한다.

사도행전에서 누가는 선교를 성령의 주된 활동으로 묘사하는데 역점을 둔다. 성령 충만한 그리스도인들을 그렇게 자주 말하는 이 책이(사도행전 외에는 엡 5:18에 단 한 번 이 용어를 사용한다) 역설적으로 그 체험이 어떤 것인지는 거의 말하지 않는다.[10] 이 점에 대해 누가가 침묵하는 까닭은 분명하다. 그는 교회와 세상 안에서 일하시는 성령의 외적인 역사에 보다 관심을 갖고 있기 때문에, 성령의 심리학을 쓰지 않는다. 신자 개인의 영적인 충만은 이 목적을 이루기 위한 것이다. 오순절에 성령 충만한 신자들이 말한 방언은 세계 각국에서 모여든 사람들이 회개하고 세례 받게 하기 위하여(행 2:38) "하나님의 큰 일"(행 2:11)을 선포하도록 그들에게 허락된 외국어이다. 누가는 오순절을 예수께서 승천하실 때 하신 약속이 첫 번째로 이루어지는 것으로 묘사한다.

> 오직 성령이 너희에게 임하시면 너희가 권능을 받고 예루살렘과 온 유대와 사마리아와 땅 끝까지 이르러 내 증인이 되리라 하시니라 (행 1:8)

---

10) 바울은 여기서 우리 편이다; 자신의 체험을 그의 서신에 풍성하게 담아내는 열정적인 사람이다. 만일 우리가 그것이 초대교회 성도들에게 어떻게 느껴졌는가를 알기 원한다면 누가보다는 바울에게 특별히 초점을 맞춰 연구해야 할 것이다. 누가의 기록 대부분은 당시의 규범들을 잘 반영했다기보다는 전승에 의존했다.

교회의 선교가 전개되면서 이 예언도 성취된다. 누가는 거듭해서 성령이 특정한 사람을 충만케 하는 것은 그들의 개인적인 덕을 세우기 위함이 아니라, 그리스도를 증거 하는 공동체적인 사명 안에서 그들이 맡은 역할을 위한 것임을 보여준다(행 4:8, 31, 9:15-17, 11:23-24, 그리고 행 6:3-8:40에서는 성령 충만한 집사인 스데반과 빌립의 선교 활동을 보여준다).[11]

세상을 향해 활동하시는 성령을 강조하는 것과 일관되게 누가는 초대 교회사의 중요한 순간들을 이야기한다. 이 특별한 전환점에서 성령은 이 초기 운동의 선교 사역을 시작하고, 지도하기 위해 자신을 드러내신다. 여기 세 가지 예가 있다.

> 안디옥 교회에 선지자들과 교사들이 있으니 곧 바나바와 니게르라 하는 시므온과 구레네 사람 루기오와 분봉 왕 헤롯의 젖동생 마나엔과 및 사울이라 주를 섬겨 금식할 때에 성령이 이르시되 내가 불러 시키는 일을 위하여 바나바와 사울을 따로 세우라 하시니 (행 13:1-2)

> 그들이 브루기아와 갈라디아 땅으로 다녀가 무시아 앞에 이르러 비두니아로 가고자 애쓰되 예수의 영이 허락하지 아니하시는지라 (행 16:6-7)

> 이 일이 있은 후에 바울이 마게도냐와 아가야를 거쳐 예루살렘에 가기로 작정하여 이르되 내가 거기 갔다가 후에 로마도 보아야 하리라 (행 19:21)

---

11) 행 13:52는 그 규범을 입증하는 예외가 되는 것처럼 보인다.

교회가 성령이 인도하시는 방향에 일치하는 것이 언제나 쉬운 일은 아니었다. 이방인 신자들이 할례를 받아야 하는지 결정하기 위해 소집된 예루살렘 사도 공의회의 이야기는 이 점을 분명히 보여준다. 그럼에도 사도들과 장로들이 한 차례 이 문제를 토론한 후에 야고보가 제시한 해결책을 신속하게 받아들였다. 누가에 따르면 그것은 행정적인 결정이나, 민주적인 결정도 아니었다. 그것은 단지 "성령과 우리에게는 좋게 보이는"(행 15:28) 공통된 이해였다. 공의회의 결정을 영적인 합의라고 부를 수 있을 것이다. 오늘날 교회의 의회와 제직회의의 길고 지루한 모임으로 실망하는 우리 그리스도인들은 이 과정의 부드러움에 경외감을 느낀다. 사실 우리는 누가가 그 논의 모든 과정의 전체 진실을 말했는지 의심할 수 있다. 어쨌든, 성령께서 교회 공동체의 선교 활동을 주도하신다는 것을 누가가 얼마나 강조하고자 하는지 확인할 수 있다. 어둠의 세력에 대한 하나님의 전쟁에서 성령은 각각의 군사에게 생수나 무기로서만이 아니라, 광범위한 전투 계획을 세우고 명령하는 야전 사령관으로 자신을 나타내신다. 성령은 개인적으로 뿐만 아니라 공동체적으로도 끊임없이 자기 자신을 신자에게 주시며, 하나님의 새 창조 안에서 주요한 생명의 힘으로 자신을 계시하신다.

다른 영들

신약의 신자들은 그들에게 임하여 생명을 준 성령이 이 세상에 역사하는 유일한 영이 아니라는 것을 알고 있었다. 그러나 그들에게 성령은 당시의 다른 모든 영적 현상보다 질적으로 훨씬 우월한 것이었다. 신약성서는 성령과 다른 영 사이에 어떠한 차이가 있다고 말하는가? 성서 이외의 자료에서 1세기 세계에 대해 지금 우리가 알고 있는 것에 기초하여 생각해 볼 때, 그 주장이 얼마나 설득력이 있는가?

성령과 가장 쉽게 구별할 수 있는 것은 광기와 다른 질병을 일으키는 것으로 생각되던 악한 영이다. 예수께서 치유하신 거라사 지방의 "귀신들린 자"가 좋은 예이다. 그는 완전히 더러운 영에 사로잡혀 그를 묶어놓은 쇠사슬을 끊고, 돌로 자기 몸을 상하게 하면서 끊임없이 소리를 질렀다. 심지어 말하는 것도 그 영의 지배를 받았다(막 5:1-20과 병행구). 그와 비슷한 예가 예수께서 변화산에서 내려오신 후 만난 간질병에 걸린 아이이다. 1세기 용어로 아이의 병을 설명하면서 그의 아버지는 예수께 이렇게 말한다.

> 무리 중의 하나가 대답하되 선생님 말 못하게 귀신 들린 내 아들을 선생님께 데려왔나이다 귀신이 어디서든지 그를 잡으면 거꾸러져 거품을 흘리며 이를 갈며 그리고 파리해지는지라 (막 9:17-18)

똑같이 심하게 귀신들린 이야기가 사도행전 19장에 나온다.

> 이에 돌아다니며 마술하는 어떤 유대인들이 시험삼아 악귀 들린 자들에게 주 예수의 이름을 불러 말하되 내가 바울이 전파하는 예수를 의지하여 너희에게 명하노라 하더라 유대의 한 제사장 스게와의 일곱 아들도 이 일을 행하더니 악귀가 대답하여 이르되 내가 예수도 알고 바울도 알거니와 너희는 누구냐 하며 악귀 들린 사람이 그들에게 뛰어올라 눌러 이기니 그들이 상하여 벗은 몸으로 그 집에서 도망하는지라 (행 19:13-16)

다른 악한 영들이 우상숭배, 하나님을 모독하는 말, 또는 거짓 예언에서 나타난다. 바울은 고린도전서에서 적어도 두 가지의 예를 들고 있다.

> 너희도 알거니와 너희가 이방인으로 있을 때에 말 못하는 우상에게로 끄는 그대로 끌려 갔느니라 그러므로 내가 너희에게 알리노니 하나님의 영으로 말하는 자는 누구든지 예수를 저주할 자라 하지 아니하고 또 성령으로 아니하고는 누구든지 예수를 주시라 할 수 없느니라 (고전 12:2-3)

여기에서 바울은 고린도인들이 이전에 행했던 황홀경의 제사, 아마도 아프로디테 신전 창녀들과 황음에 빠지던 1세기 고린도에 성행했던 제의를 상기시킨다.[12] 바울이 언급한 예수에 대한 저주는 아마도 가정이 아닌, 실제 고린도 교회에서 있었던 일이었을 것이다. 그것은 미지의 힘에 사로잡힌 그리스도인 예언자의 외침이었던 것 같다.[13] 그와 비슷하게 악령에 사로잡혀 행하는 선포를 요한일서에서 다루었다. 장로 요한은 영을 다 믿지 말라고 경고한다.

> 사랑하는 자들아 영을 다 믿지 말고 오직 영들이 하나님께 속하였나 분별하라 많은 거짓 선지자가 세상에 나왔음이라 이로써 너희가 하나님의 영을 알지니 곧 예수 그리스도께서 육체로 오신 것을 시인하는 영마다 하나님께 속한 것이요 예수를 시인하지 아니하는 영마다 하나님께 속한 것이 아니니 이것이 곧 적그리스도의 영이니라 오리라 한 말을 너희가 들었거니와 지금 벌써 세상에 있느니라 (요일 4:1-3, 마 7:21-23도 보라)

위에 서술된 모든 영적인 현상에 공통하는 특징이 하나 있다. 악한 영이 그 먹이인 인간을 보통 잔인한 육체적인 방식으로 조정하려고 나

---

12) 고전 6:12-20은 아마도 성을 남용하는 사람들을 향해서 하신 말씀으로 보인다.
13) C. K. Barrett, The First Epistle to the Corinthians (Harper & Row, Publishers, Inc., 1968), pp. 279f.

타나서, 그 사람은 더 이상 자신의 감정이나 생각, 행동을 통제할 수 없게 된다는 것이다. 아마 악령에 사로잡힌 사람의 영은 자신의 기괴한 행동이나, 그 의식이 낯선 영에게 사로잡힌 것을 거의 의식하지 못할 것이다.

우리는 이러한 종류의 빙의를 헬라시대의 이방종교 관습에 관한 기록에서 알고 있다. 사모사타의 루치안Lucian of Samosata (A. D. 120-180)은 히에라폴리스에서 시리아 여신 제사에 대한 목격담을 썼다. 그의 보도에 따르면, 여신의 환관 제사장인 *갈리galli*가 격렬하게 춤을 추면서 자신과 그의 동료들을 칼로 베거나 채찍을 휘두를 때, 의식이 절정에 이른다. 이때 남자 구경꾼 가운데 여신 제사에서 강한 충동을 받고, 제사장 *갈리galli*가 되기 위해 자신을 거세하는 사람도 있었다.[14] 2세기의 루치우스 아푸레이우스Lucius Apuleius도 비슷한 이야기를 전한다. 그가 목격한 *갈리* 가운데 한 사람은 "마치 어떤 신적인 영이 그에게 충만한 것처럼" 외치고 "격렬한 예언"을 말했다.[15] 이러한 시리아 여신 제의가 1세기 전후로 로마에 있었다.[16]

그리스 본토에서 고린도 북쪽의 델피에서 헬라 신 아폴로의 신탁을 선포하는 여성 사제들*phythiae*의 오랜 계승은 영적 빙의의 다른 예를 보여준다. 델피의 신탁은 기원전 오래 전부터 있었고, 기원후 2세기까지도 성행했던 것으로 보도된다. 바울과 같은 헬라파 신자들은 그것을 확실히 알고 있었다. 목격자의 증언에 의하면, 아폴로의 영*pneuma*이 여사제에게 들어가면, 그 여사제는 격렬하게 헐떡거리며 황홀경에 빠져

---

14) See Frederick C Grant, *Hellenistic Religions* (The Bobbs-Merrill Company, Inc., 1953), pp. 116-118.

15) Grant, *Hellenistic Religions*, pp. 121ff.

16) Franz Cumont, *Oriental Religions in Roman Paganism* (Dover Publication, 1956), pp. 105f.

말했고, 그 머리칼은 마치 바람이 부는 것처럼 흩날렸다고 한다. 광신자들은 그 여사제가 말하는 목소리가 아폴로 신의 목소리라고 믿었다.[17] 그러나 때로 아폴로의 영이 아닌 다른 영이 여사제에게 내려와 무서운 결과를 가져오기도 했다. 에릭 다즈Eric Dodds는 *그리스인들과 불합리The Greeks and the Irrational*라는 그의 책에서 델피에서의 이러한 비극의 이야기를 목격자와 함께 전하는 *플루타크Plutarch*의 한 구절에 주목했다.[18] 플루타크는 다음과 같이 썼다.

> 그 날 여사제에게 무슨 일이 일어났는가? 그녀는 불안해하며 마지못해 빙의 장소로 내려갔다. 거기에서 쉰 목소리의 여사제 음성이 들려왔다. 아직도 고통에서 헤어나지 못한 것이 분명했고, 소리 없는 악한 바람(영)으로 가득 찬 통과 같았다. 결국 완전히 지쳐버린 그녀는 출구 쪽으로 자기 몸을 던지면서 이상하고 소름끼치는 소리를 질러댔다. 예언자 니켄더를 비롯해 거기에 있던 광신적인 신도들과 예언자들에게서 도망쳤다. 잠시 후 그들이 들어가서 그녀를 들고 나왔는데, 의식이 돌아왔지만, 며칠 후에 죽고 말았다 (*신탁의 소멸에 대하여*, 438b)[19]

고대인들은 황홀경이 위험한 일이라는 것을 알았다. 그럼에도 그것

---

17) E. Schweizer, "pneuma, pneumatikos," *Theological Dictionary of the New Testament,* ed. by Gerhard Kittel and Gerhard Fiedrich, tr. by Geoffrey W. Bromily (Wm. B. Eerdmans Publishing Company, 1971), Vol. VI, p. 345.

18) Eric R. Dodds, *The Greeks and the Irrational* (Beacon Press, Inc., 1957). 이 이야기는 그 사건의 자리에 있었던 예언자 니켄더Nicander가 친구인 플루타크에게 이야기한 것이다. 다즈는 이 사건이 57년에서 62년 사이에, 즉 바울의 생존 시에 일어났다고 주장한다. pp. 72f., 90n. 59를 보라.

19) 내 번역은 R. Flaceliere(Paris: Societe d' edition Les Belles Lettres, 1947)가 편집한 그릭 텍스트에서 한 것이다.

은 1세기에 널리 경험되고 있었음에 틀림없다. 헬라어로 말했던 유대인 알렉산드리아의 필로Philo of Alexandria는 바울과 동시대인으로 당시의 직업적 점쟁이를 공격하는 글을 썼다. 이들은 예언의 영을 받아서 불길한 징조를 미리 알아내고, 점을 칠 수 있다고 주장했다. 필로는 이들이 하는 일이 실제로는 "예술의 부패, 예언적 빙의의 모조"라고 공격하면서 이들을 협잡꾼이라고 공공연히 비난했다. 그러면서 그는 무엇이 진정한 예언인지 설명한다.

> 예언자의 선포는 결코 그 자신의 것이 아니다. 그는 자신의 모든 말에서 다른 존재가 불러주는 말을 해석하는 통역자이다. 그가 자신이 무엇을 하는지 알지 못할 때, 영감으로 가득 차고, 그 때 이성은 물러가며, 영혼의 요새를 새로운 방문객이며 거주자에게 넘겨준다. 그 신적인 영이 발성기관에 영향을 끼치고, 그 예언적 메시지를 분명하게 표현하는 말들을 받아쓰게 한다 (*특별한 법Special Laws*, IV, 48-49)

필로는 아마 이 정의를 전통뿐만 아니라–그가 구약성서의 특별한 구절을 언급한 것 같지는 않다–개인적인 경험에서 형성했을 것이다. 아마 그의 마음속에 *관상적 생활The Contemplative Life*이라는 저서에서 그가 목격하고 썼던 테라퓨테Therapeutae라는 1세기 유대의 금욕적 공동체의 황홀경에 빠진 노래와 춤을 생각하는 것 같다. 이 사람들은 알 수 없는 방언이 아닌 일상어로 영적인 노래를 부른 것으로 보인다.

영적 현상은 긍정적이든 부정적이든 앞의 예들이 보여주는 것처럼, 고대 헬라 세계에 산재해 있었다. 영에 사로잡힌 사람은 일상적인 자아를 상실했다. 들어간 영이 문자 그대로 그의 몸과 영혼을 차지하기

때문에 자신을 전혀, 또는 일부 밖에 통제하지 못했다.[20]

신약의 신자들이 경험한 것은 우리 그리스도인들이 거룩하다고 부르는 영과 다른가? 어떤 점에서 그 대답은 분명하게 그렇다는 것이다. 예외 없이 신약성서는 성령이 언제나 예수의 주권을 증거 한다고 확언한다(고전 12:3, 요 14-17장, 요일 4:1 이하). 그러나 여기서부터 우리 질문에 대한 대답이 좀 더 힘들어진다. 왜냐하면 신약 성서에 기록된 사건은 동시대의 목격자들이 영적 빙의의 경우라고 이해된 것이기 때문이다. 오순절이 그 한 예이다. 우리는 성령이 말하게 하심을 따라 외국어로 말했던 초대교회 신자들의 의식에 관한 정보가 없다(행 2:4). 그들은 자신이 무엇을 행하며, 말하는지 의식하고 있었을까? 그들이 능동적으로 성령의 인도를 따른 것인가, 아니면 성령에 의해 완전히 사로잡힌 것인가? 사도행전의 설명만으로는 알 수 없다. 우리가 말할 수 있는 것은 구경꾼 가운데 어떤 사람들이 그들을 술 취한 자로 생각했다는 것뿐이다(행 2:13). 이 사실은 그들이 자신의 정신 능력을 온전히 통제하지 못한 것으로 보였다는 것을 암시한다. 바울은 고린도전서에서 비슷한 성령 강림을 예견한다. "그러므로 온 교회가 함께 모여 다 방언으로 말하면 알지 못하는 자들이나 믿지 아니하는 자들이 들어와서 너희를 미쳤다 하지 아니하겠느냐"(고전 14:23). 이러한 예들을 볼 때, 신약성서는 성령의 영향으로 말하는 것이 관찰자들이 보기에는 그 참여자들이 통제력을 상실한 것으로 보일 수 있다는 것을 전제한다. 바울이 말하려는 것은 헬레니즘 세계의 황홀경과 구별할 수 없는 것처럼 보이는 방식으로 성령께서 나타난다 할지라도, 그 참된 자아는 좀 더 맑은 정신으로, 특히 이해할 수 있는 예언을 통해 가장 특징적

20) 어떤 경우에는 분명히 소유의 기억조차도 갖지 못했다. See Dodds, *The Greeks and the Irrational,* p. 72.

으로 잘 드러난다는 것이다(고전 14장을 보라). 바울은 하나님의 성령이 "그 예언적 메시지를 아주 분명하게 표현하는 말씀"을 한다는 필로에 동의한다. 그러나 바울은 신자들 안에서의 성령의 활동을 빙의보다는 낮은 어떤 것으로 해석하는 점에서 동시대 유대인들과 구별된다.

바울에게 방언과 예언을 포함하여 모든 영적 은사의 실행은 어느 정도 자유 의지와 연관된다. 실제로 방언은 거의 전적으로 개인의 통제아래 있는 것으로 보인다. 그렇지 않다면, 방언을 개인적으로 하거나, 교회에서 할 경우에는 둘 또는 셋이 통역자 앞에서 하도록 제한하라는 바울의 권면은 아무 의미가 없을 것이다(고전 14:27-28). 예언하려는 충동은 전적으로 성령으로부터 오는 것으로 보인다. 그러나 예언도 빙의와 다른데, 왜냐하면 방언 같이 예언도 매 예배 때마다 둘 혹은 셋이 하도록 제한할 수 있기 때문이다(고전 14:29-30). 어떤 예언이 다른 예언을 중단시킬 때, 혼란이 생기지 않도록 처음 예언하던 사람은 새로운 계시에 양보할 수 있다. "예언하는 자들의 영은 예언하는 자들에게 제재를 받나니"(고전 14:32). 이 말씀은 분명히 성령의 강한 권고도 제재 받을 수 있고, 사실 어떤 때는 품위와 평화와 질서를 위해 제재 받아야 한다는 것이다(고전 14:31 이하, 39-40).

우리가 헬라 세계로부터 아는 대부분 영적 현상과 크게 다르게 성령은 부드럽게 일하신다. 강제와 난폭함은 통상 성령이 일하시는 양식이 아니다. 황홀경과 비슷한 행동도 헬레니즘의 기준으로 보면 특별하게 "통제된" 것으로 보인다. 이러한 관찰과 일치하게 실제로 신약 성서에서 성령의 감동을 받은 춤이나 도약, 진동, 쓰러짐, 또는 그와 비슷한 몸의 움직임에 대한 언급이 없다.[21]

---

21) 누가는 엘리자벳이 성령에 감동된 축복으로 마리아에게 인사할 때, 세례 요한이 그의 어머니 태에서 뛰었다고 기록한다(눅 1:41-42). 누가는 또한 빌립이 에디오피아 내시에게 말한 후에 "주의 영이 빌립을 이끌어간지라 내시는 기쁘게 길을 가므로

요약하자면 1세기 상황을 배경으로 볼 때, 하나님의 성령은 아주 독특하게 보인다고 할 수 있다.[22] 그 독특함은 두 가지이다. 첫째, 성령은 언제나 예수를 그리스도라고 말하고 증거 하신다는 것이다. 둘째, 영적으로 충만한 신자와 영적으로 인도 받는 교회는 헬레니즘 시대의 영적 빙의 현상보다 그들의 행동을 상당히 의식적으로 통제한다는 것이다. 익숙한 말로 표현하자면, 성령은 성령을 받는 사람을 강제하지 않으며, 한 인격이나 집단을 차지하지도 않으신다. 성령은 늘 자신을 은사로 주신다.

성령은 은사로 가까이 오신다.

성령의 은사는 처음에 보았던 것보다 훨씬 더 엄청난 것으로 증명된다. 그것은 실제로 전능하신 하나님께서 자비하심으로 가까이 하신다는 최고의 약속이다. 이미 예수께서 사역하시는 동안 치유 사역에서 활동하시는 성령을 하나님이 가까이 계신 증거라고 해석하였다. 사탄을 힘입어 귀신을 쫓아낸다고 예수를 비난하는 자들을 되받아친다.

> 또 내가 바알세불을 힘입어 귀신을 쫓아내면 너희의 아들들은 누구를 힘입어 쫓아내느냐 그러므로 그들이 너희의 재판관이 되리라 그

그를 다시 보지 못하니라"(행 8:39)고 사도행전에 기록했다. 그러나 이 이야기들이 무엇을 의미하든, 그것이 1세기 신자들 사이에 전형적인 체험을 거의 반영하지 않는다.

22) 역사적 증거를 토대로 위에 성령의 사역의 독특함을 주장하는 것이 우리의 의도는 아니다. 비록 이것이 이론적으로는 가능할지라도 우리는 이런 주장을 할 만큼 헬라 시대의 황홀경의 종교에 관해서 거의 모르고 있다. See, e.g., Dodds, *The Greeks and the Irrational* p. 71.

> 러나 내가 하나님의 성령을 힘입어 귀신을 쫓아내는 것이면 하나님의 나라가 이미 너희에게 임하였느니라(마 12:27-28, 병행구인 눅 11:20에는 "성령" 대신 "하나님의 손"이 있다.)

요한복음에는 하나님께서 성령을 부어주심을 "예수께서 대답하여 이르시되 사람이 나를 사랑하면 내 말을 지키리니 내 아버지께서 그를 사랑하실 것이요 우리가 그에게 가서 거처를 그와 함께 하리라"(요 14:23)는 것을 의미한다. 신자 안에 성령이 거하심으로 예수와 아버지를 영접하여, 하나님과 함께 거할 수 있는 열린 마음을 창조하신다. 친숙한 사도의 축도를-"우리 주 예수 그리스도의 은혜와 하나님의 사랑과 성령의 교통하심이 너희와 함께 있을지어다"-비슷한 맥락에서 이해할 수 있다. 교통koinonia은 우리들로 하여금 그리스도의 은혜와 아버지의 사랑을 받아들일 수 있게 하는 우리 안에 계신 성령의 사역이다. 바울이 로마서 5:5에서 말씀한 바와 같이, "우리에게 주신 성령으로 말미암아 하나님의 사랑이 우리 마음에 부은 바" 되었다. 에베소서는 모든 신자들이 "한 성령 안에서 아버지께 나아감"을 얻었다고 선포하면서 하나님께 가까이 있음을 강조한다(엡 2:18). 그리스도의 화해 사역을 통해 성령은 우리에게 아버지께 나아가는 문을 열어주셨다. 우리는 하나님의 가족인 아들과 딸이 된다. 우리는 하나님과 함께 같은 집에서 사는 것이다.

> 그러므로 이제부터 너희는 외인도 아니요 나그네도 아니요 오직 성도들과 동일한 시민이요 하나님의 권속이라 너희는 사도들과 선지자들의 터 위에 세우심을 입은 자라 그리스도 예수께서 친히 모퉁잇돌이 되셨느니라 그의 안에서 건물마다 서로 연결하여 주 안에서 성전이 되어가고 너희도 성령 안에서 하나님이 거하실 처소가 되기 위하여 그리스도 예수 안에서 함께 지어져 가느니라 (엡 2:19-22)

보통 신약의 저자들은 구약과 같이 하나님의 초월성을 보존하는 것에 주의를 기울인다. 그래서 그들은 일반적으로 하나님께서 우리 안에 거하신다고 말하는 것을 조심한다. 에베소서 2장 22절에서 신자들의 공동체적인 몸이 성령 안에서 하나님께서 거하실 처소가 되어간다고 했을 때에, 이런 전통에서 과감하게 떠나는 것을 보여준다. 그러나 요한일서는 이 주장을 더 밀고 나간다.

> 만일 우리가 서로 사랑하면 하나님이 우리 안에 거하시고 그의 사랑이 우리 안에 온전히 이루어지느니라 그의 성령을 우리에게 주시므로 우리가 그 안에 거하고 그가 우리 안에 거하시는 줄을 아느니라 아버지가 아들을 세상의 구주로 보내신 것을 우리가 보았고 또 증언하노니 누구든지 예수를 하나님의 아들이라 시인하면 하나님이 그의 안에 거하시고 그도 하나님 안에 거하느니라 (요일 4:12-15)

요한일서에서는 심지어 신자 개인도 성령의 감동으로 예수를 하나님의 아들이라 시인하고 형제를 사랑한다면 하나님 아버지의 거하실 처소가 된다. 에베소서와 요한일서에서 성령의 임재가 신-인 합일divine-human union을 이룬다는 것을 분명히 부인한다. 그러기에는 그들이 너무 유대적이다. 그들은 다가오는 세대에서만 하나님께서 "만유의 주로서 만유 안에"(고전 15:28) 계신다는 것을 알았다. 그들에게 성령은 여전히 하늘과 땅을 연결할 뿐만 아니라, 구별하는 분이다. 그럼에도 우리는 그들의 말이 갖는 거의 신비주의적인 특성에 깊은 인상을 받지 않을 수 없다. 그들은 하나님께 취한God-intoxicated 신자였으며, 이전에는 깨닫지 못했던 아버지의 임재를 인식하도록 성령께서 일깨운 자들이었다.

이런 점에서 그들은 신약성서 전체에 공통하는 경험의 계통을 따랐다. 성령이 임하는 곳마다, 초월적인 하나님이 더 분명하게 보인다. 성령은 순간적인 전율이 아니다. 성령은 바로 아브라함과 이삭과 야곱의 하나님으로 우리에게 오시며, 그 생명의 근원이 모든 피조물을 기르신다. 성령 안에서 예수 그리스도의 아버지와 각양 좋은 은사와 온전한 선물을 주시는 분께서 우리 아버지가 되시려고 가까이 오신다. 그러므로 "영적" 은사를 말하는 것은 *우리를 위하신* 하나님의 사랑과 능력에 민감하게 하는 은사를 뜻한다.

4장

카리스마타를 통한 갱신과 섬김

4장

카리스마타를 통한 갱신과 섬김

하나님은 그의 영으로 우리에게 다가오신다. 또는 하나님께서 영을 통하여 가까이 있는 하나님 은사에 마음을 열고, 깨달으며, 받아들이도록 초대하신다고 말해야할 것이다. 우리가 하나님을 알아보지 못할 때에도, 하나님은 가까이 계시기 때문이다. 우리가 성령을 통해 그 은사들을 느껴 알 수 있는 한, 하나님의 모든 은사들은 그것이 음식이나 의복, 집 같은 가장 물질적으로 보이는 것도 영적인 것이라고 생각할 수 있다. 우리가 구약을 살펴보았을 때, 이미 그것을 확인했다.

그러나 신약 성서는 성령을 통해 드러난 특별한 은사들을 뽑아낸다. 때로 이것들을 카리스마타로 부른다. 바울은 "은사charismata는 여러 가지나 성령은"(고전 12:4) 같다고 말한다. "영적" 은사들이 예수에게서, 또는 하나님 아버지에게서 비롯된 것으로 생각할 수 있다는 것이 중요하다(고전 12:5 이하). 옛 신학자들이 삼위일체 안에서 "일의 구분"이 없다고 인정한 것은 옳은 것이다. 바울이 고린도전서 12장에서 카리스마타를 주로 성령과 밀접하게 연관 지었다면, 그것은 그가 고린도 교인들이 어디에서 왔는지 설득하려고 하기 때문이다. 그들은 부활하신 그리스도에 대한 체험을 주로 영*pneuma*에 의해 해석하는 경향이 있었다(고전 2:6-3:3, 14:37, 15, 45). 바울은 그들이 자랑하는 영적 충만에는 고도의 책임이 따른다는 것을 보여주려고 했다(특히 고전 4:8-6:20, 2장). 그러므로 그는 각 신자들에게 성령의 나타나심은 "유익하게"(고전 12:7) 하기 위함을 강조했다. 성령께서 서로 섬기도록 그리스도의 몸을 갖추기 위하여 모든 은사들을 불어넣어 주시고, 나누어 주신다고 바울은 말한다(고전 12:8-26).

카리스마타라 부르는 특별한 은사들은 무엇이며, 무엇 때문에 특별하다고 하는가? 4장에서는 이 두 물음에 집중할 것이다. 현대의 영적 갱신 운동에 참여하는 사람들이 이러한 물음에 직면했을 때, 그들은 일반적으로 고린도전서 12-14장, 로마서 12장 6절 이하, 에베소서 4장 7절 이하, 베드로전서 4장 10절-11절에서 볼 수 있는 카리스마타의 네 가지 주요한 "목록"에 의지한다. 독자는 먼저 이 구절들을 살펴보아야 한다.

고린도전서 12-14장에서 언급한 카리스마타는 예언, 지혜, 지식, 뛰어난 믿음, 분별, 치유, 다른 이적들을 행하는 것, 방언과 통역, 돕고 관리하는 공동의 임무들이 있다(고전 12:4-11, 27-30).[1] 신약 성서 전

---

1) 본서에서는 은사들에 대한 상세한 기술을 하지 않기 때문에, 독자는 오순절과 신오순절 그리스도인들의 다음과 같은 책에서 은사들을 경험적으로 다룬 것을 참조할 수 있다.

Bennet, Dennis J., *Nine O'Clock in the Morning* (Logos International, 1970)

Bittlinger, Arnold, *Gifts and Graces: A Commentary on I Corinthians 12-14* (Wm. B. Eerdmans Publishing Company, 1974).

Christenson, Larry, *Speaking in Tongues and Its Significance for the Church* (Bethany Fellowship, Inc., 1968)

Gee, Donald, *Spiritual Gifts in the Work of the Ministry Today* (Gospel Publishing House, 1963).

DuPlessis, David, *The Spirit Bade Me Go* (Logos International, 1970).

체에서 카리스마타를 가장 상세하게 다룬 것은 고린도전서 12장에서 14장까지이다. 그것은 오늘날 은사적인 자기 이해와 실천의 "규범"이라고 여겨진다. 많은 사람들은 바울이 논의하는 은사들을 가장 중요한 것으로 여기며, 오순절 신자들에게는 성숙한 그리스도인의 삶에 절대적으로 필요한 것이다.[2)] 이런 견해는 "신령한 것들*pneumatika*을 사모하되, 특별히 예언을 하려고 하라"(고전 14:1)는 바울의 권면에서 지지를 받는다.

그러나 우리는 고린도전서 12-14장을 규범적으로 *제한된 의미*로 사용하는 것을 반대한다. 그보다 1년이나 그 직후에 쓴 로마서 12장 6절 이하에서 바울은 섬기는 것diakonia, 위로, 구제, 다스리고 긍휼을 베푸는 것을 카리스마타라고 부른다. 고린도전서의 목록과 똑같이 반복되는 유일한 카리스마는 예언이다. 그것이 로마서 12장 6절에 제일 먼저 나오고, 고린도전서 14장 1절에 다른 은사들보다 우선한다는 사실이 바울에게 예언이 크게 중요했음을 말해준다(또한 벧전 4:10을 보라). 그러나 묶어서 보면, 로마서 12장에 기술된 그러한 행동들은 고린도전서 12장의 은사 목록만큼 현대의 기준으로 화려하게 보이지 않는다. 아마도 외부자들이 그것들을 성령의 "특별한" 계시라고 확인하기는 어려울 것 같다.

에베소서 4장 7절 이하의 목록은 더 복잡하게 한다. 헬라어 *카리스마*가 나오지는 않지만, 특별한 은사들이 부활하신 그리스도에게서 온다는 생각은 확실하다.

> 그러므로 이르기를 그가 위로 올라가실 때에 사로잡혔던 자들을 사로잡으시고 사람들에게 선물을 주셨다 하였도다 ....

---

2) DuPlessis, David, *The Spirit Bade Me Go* (Logos International, 1970), pp.93-98.

> 그가 어떤 사람은 사도로, 어떤 사람은 선지자로, 어떤 사람은 복음 전하는 자로, 어떤 사람은 목사와 교사로 삼으셨으니 (엡 4:8, 11)

이 구절에서 언급하는 직책은 어느 정도 고린도전서 12장과 로마서 12장에 상세하게 열거하는 활동들과 중첩하지만, 꼭 들어맞는 것은 없다. 은사에 대해 신약성서는 엄격한 정의를 내리려고 애쓰지 않는다.

베드로전서의 네 번째 목록은 거의 목록이라고 할 수 없는데, 그것은 단지 두 가지 은사의 직책을 말하기 때문이다.

> 각각 은사를 받은 대로 하나님의 여러 가지 은혜를 맡은 선한 청지기 같이 서로 봉사하라 만일 누가 말하려면 하나님의 말씀을 하는 것 같이 하고 누가 봉사하려면 하나님이 공급하시는 힘으로 하는 것 같이 하라 (벧전 4:10-11)

요약하자면, 우리가 카리스마타에 대한 신약성서의 포괄적인 이해를 이끌어내기 원한다면, 대중적인 은사의 목록을 넘어 우리 시야를 더 넓혀야 한다. 폭넓은 시야를 갖춘 뒤에, 그 시각으로 위의 네 구절에 반영된 자료를 다룰 수 있다.

신약성서의 은사 현상에 대한 개관

*카리스마charisma*라는 단어는 신약 성서에 17번 나오고, 전통적으로 바울이 썼다고 하는 서신 이외에는 단지 한 번 나온다(롬 1:1, 5:15, 16, 6:23, 11:29, 12:6, 고전 1:7, 7:7. 12:4, 9, 28, 30, 31, 고후 1:11, 딤전 4:14, 딤후 1:6, 벧전 4:10). 그러나 바울이 이 주제에 대해 유별

났다고 단정해서는 안 된다. 우리는 이 단어의 배후 현상이 초기 교회에 널리 퍼진 것임을 알고 있다. 우리는 이미 초대교회가 얼마나 크게 은사를 받았다고 스스로 느꼈는지, 얼마나 자주 성령을 이 은사의 중재자라고 인정했는지 언급했다. 신자들이 명확하게 그것을 *카리스마타*라고 불렀든지, 아니든지 하나님 은사가 넘친다고 느꼈다. 이 은사들 가운데서 하나님의 자유로운 은혜의 요소가 두드러지게 *카char* 어근의 단어에서 밝혀진다. "기쁨chara", "기뻐하는cahiro", "감사eucharisteo, eucharistia", "부어주시는charizomai", 그리고 "은혜charis". 카리스마charisma의 어군들이 신약성서에 수십 번 나오고, 보통은 하나님 은사와 연관하여 쓰인다.

바울 서신에서 묘사된 은사 대부분이 *카리스마*라는 단어가 사용되고 있지는 않지만, 누가복음-사도행전에도 나타난다. 누가의 글에서 다음과 같은 예를 찾아볼 수 있다. 예언(눅 1:67-79, 2:25-38, 행 2:14-21, 11:27-28, 13:1, 15:32, 19:6-7, 21:8-10), 방언(행 2:1 이하, 10:44 이하, 19:6-7), 치유(행 3:1-10, 5:14-15, 9:17-18, 32-34, 14:8 이하, 16:16 이하, 28:8 이하), 권면과 격려(행 11:23, 13:43, 14:22, 15:32, 16:40, 18:27, 20:1-2, 27:34 이하), 기적(행 6:8, 8:6 이하), 가르침(행 2:42, 4:2, 5:21, 25, 28, 42, 11:26, 13:1, 15:35, 18:11, 26, 20:20, 28:31), 분별(행 5:3-4, 8:18-21, 13:9 이하), 행정(행 14:23, 15:13 이하).

교회 생활에서 사건으로서의 예언과 기적이라는 은사 현상을 요한복음 14장 12절, 요한일서 4장 1절 이하, 히브리서 6장 5절, 야고보서 5장 13절 이하, 요한계시록 2장 1절 이하, 10장 7절, 11장 18절, 16장 6절, 18장 20절, 24절에서도 암시한다. 사실 요한계시록의 저자는 책 전체를 일련의 환상을 통해 그에게 주어진 예언의 메시지로 이해한다(계 22:6 이하). 마지막으로 바울은 그가 *카리스마*라는 단어를 사용한 구절과 별도로 그리스도인의 예언(살전 2:15, 5:19, 살후 2:2)과 자신의 설교와 연관된 기적의 역사를 분명히 말한다(롬 15:19, 고전 2:4, 고후 12:12, 갈 3:5). 에베소서의 저자는 그리스도인 선지자들을 교회의 터라고 여긴다(엡 2:20). 그는 독자들에게 "성령으로 충만함을 받으라 시와 찬송과 신령한 노래들로 서로 화답하며 너희의 마음으로 주께 노래하며 찬송"(엡 5:18-19, 또한 골 3:16을 보라)하라고 권면한다. 우리는 바울이 *카리스마타*라고 부른 현상이 초대 교회에 풍성했다고 결론지을 수 있다. 그것은 신약성서를 썼고, 처음으로 읽었던 거의 모든 그리스도인들에게 "정상적인" 경험이었다.

그럼에도 카리스마타에 대한 바울의 성찰이 대단히 유용한 것은 사실상 그가 은사들을 성찰했던 유일한 신약성서 저자이기 때문이다. 그는 단순히 은사들을 보고하거나 권하지 않았다. 그는 은사들을 평가하고, 그것이 교회 생활에서 어떤 역할을 해야 하는지 이해하려고 했으며, 중요한 정도의 순위를 매기려고 했다. 그 자신이 이러한 영적 은사들의 의미를 이해시키려고 할 때 카리스마라는 용어를 정확히 표현한다.[3] 그는 하나님 은혜charis를 민감하게 느끼며, *카char* 라는 어근에서 온 명사를 사용하고 싶어 한다. 바울은 고대 세계에서 여러 교회들을 여행하며, 초기 그리스도인들이 경험한 것을 증언했다. 물론 그 자신이 체험한 것도 있었다. 그의 서신 대부분은 이 새로운 영성을 자신의 유대적인 유산의 빛에서 정리하고, 규명하려는 시도였다. 바울은 우리가 카리스마타의 의미를 계속 탐구해갈 때, 우리의 주임 교사가 될 것이다. 그리고 바울이 은사를 분명하게 다루는 구절들로 돌아갈 것이다.

때로 바울은 *카리스마*라는 단어를 아주 일반적인 방식으로 사용한다. 로마서 6장 23절의 유명한 금언이 그 예이다. "죄의 삯은 사망이

---

3) Schütz, *Paul and the Anatomy of Apostolic Authority*, p. 252.

요 하나님의 은사는 그리스도 예수 우리 주 안에 있는 영생이니라." 바울에게서 보통 영생은 미래적인 뜻이 있다. 그것은 우리가 죽음 이후에 상속받는 어떤 것이다. 그것이 아마 이 구절의 의미일 것이다. 그러나 바울은 로마서 5장에서 *카리스마*라는 단어를 그리스도인들이 현재에 누리는 은사를 가리키는 것으로 사용했다.

> 그러나 이 은사는 그 범죄와 같지 아니하니 곧 한 사람의 범죄를 인하여 많은 사람이 죽었은즉 더욱 하나님의 은혜와 또한 한 사람 예수 그리스도의 은혜로 말미암은 선물은 많은 사람에게 넘쳤느니라 또 이 선물은 범죄한 한 사람으로 말미암은 것과 같지 아니하니 심판은 한 사람으로 말미암아 정죄에 이르렀으나 은사는 많은 범죄로 말미암아 의롭다 하심에 이름이니라 (롬 5:15-16)

여기에서 바울은 하나님 은혜로 모든 그리스도인들에게 주어진 믿음을 통한 의를 말한다. 로마서의 이 두 본문은 바울 사상의 유동성을 보여준다. 그에게 *카리스마타*는 현재와 동시에 미래일 수 있다. 게다가 그는 모든 그리스도인들이 "은사 받은 자들charismatics" 이라고 생각한다. 왜냐하면 모두가 하나님의 의를 받았으며, 그러므로 모두가 영생의 상속자가 되었기 때문이다. 디모데 후서의 저자가 하나님의 카리스마를 특별한 재능과 동일시하지 않고, 모든 신자들에게 주어진 성령이라고 한 구절(딤후 1:6-7, 14)에서 그와 똑같은 견해가 나온다.

그러나 *카리스마*라는 단어 대부분은 모든 신자들에게 똑같이 주어지지 않는 성령의 특별한 선물이나 계시를 가리킨다. 이런 구절들은 카리스마가 격려, 해방, 치유의 구체적인 은사를 의미한다는 것을 보여준다.

> 내가 너희 보기를 간절히 원하는 것은 어떤 신령한 은사charisma pneumatikon를 너희에게 나누어 주어 너희를 견고하게 하려 함이니 이는 곧 내가 너희 가운데서 너희와 나의 믿음으로 말미암아 피차 안위함을 얻으려 함이라 (롬 1:11-12)

바울은 아마도 로마 교인들과 형식에 얽매이지 않고 서로 북돋아 주는 말을 나누기를 기대했던 것 같다. 그가 예언이나 분별 같은 특정한 은사를 어떤 개인에게 전해주려고 마음에 두었을 수도 있다. 어쨌든, 은사의 새롭게 하는 영향이 강조되었다.

고린도후서에서 바울은 *카리스마*를 자신이 최근에 겪었던 체험에 적용했다.

> 형제들아 우리가 아시아에서 당한 환난을 너희가 모르기를 원하지 아니하노니 힘에 겹도록 심한 고난을 당하여 살 소망까지 끊어지고 우리는 우리 자신이 사형 선고를 받은 줄 알았으니 이는 우리로 자기를 의지하지 말고 오직 죽은 자를 다시 살리시는 하나님만 의지하게 하심이라 그가 이같이 큰 사망에서 우리를 건지셨고 또 건지실 것이며 이 후에도 건지시기를 그에게 바라노라 너희도 우리를 위하여 간구함으로 도우라 이는 우리가 많은 사람의 기도로 얻은 은사로 말미암아 많은 사람이 우리를 위하여 감사하게 하려 함이라 (고후 1:8-11)

바울은 사형선고를 받을 가능성이 있던 억압적인 감금에서 기대하지 못했던(기적적인) 방면을 말하는 것으로 보인다. 바울은 "많은 사람의 기도로" 하나님께서 허락하신 석방을 카리스마라고 부르는 것이 알맞다고 본다.

아마 방언의 경험이 카리스마타의 동일한 범주에 잘 맞을 것이다.

이 은사를 행하는 사람은 해방과 재충전, 이완의 극적인 의미를 보고 한다. 그리고 이것은 "방언을 말하는 자는 자기의 덕을"(고전 14:4) 세운다는 바울의 견해와 일치한다. 카리스마는 방언에서 일회적인 사건이 아니라, 다소 지속적인 가능성이다.[4)]

"치유의 은사들charismata"을 말하는 구절에서(고전 12:9, 28, 30), 우리는 어떤 모호함을 발견하게 된다. 바울은 치유한 사람에게 주어진 은사를 말하는가, 아니면 치유 받은 사람에게 주어진 은사를 말하는 것인가?[5)] 저명한 오순절 교단의 목사이며 저술가인 데이비드 뒤플레시스David DuPlessis는 두 번째 입장을 취한다.

> 그것들은 병자가 받는 －전도자나 목사가 아닌－ 치유의 은사들이다. 예를 들어, 우리가 어떤 사람을 우유배달원milkman이라고 부른다. 그러나 그가 하는 일은 우유 배달일 뿐이다. 그는 우유대리점에서 받아다가 주문한 사람들에게 배달한다. ... 그래서 치유자는 성령이 주시는 것을 병자에게 배달한다.[6)]

뒤플레시스의 견해는 신약성서 어디에도 초대교회에 치유자의 *직책*에 대한 증거가 없다는 사실에서 지지를 받는다. 철두철미하게 필요한 사람에게 성령을 통해 하나님께서 주시는 치유의 은사에 강조점이 있지, 그 은사의 중재자들이나, 중보자로 기도한 사람에게 있지 않다. 격려, 해방, 치유의 카리스마타가 자연적인 그룹을 형성하는 것 같다. 어떤 판단을 내리지 않고, 그것들을 수동적으로 받는 은사라고 부를 수

---

4) DuPlessis, David, *The Spirit Bade Me Go*, p. 86.

5) charismata imaton을 "치유자(고전 12:28)"로 번역한 RSV역은 의역인 것 같다. 왜냐하면 그 구절은 문자적으로 9절과 30절에 있는 것처럼 "치유의 은사"를 의미하기 때문이다.

6) DuPlessis, *The Spirit Bade Me Go*, p. 95.

있다. 그 은사들은 마치 영양분과 같이 그 삶이 회복될 필요가 있는 사람에게 온다. 이 카리스마타가 그 은사를 받는 사람들 안에서 사역을 위한 특정한 지시를 내리지는 않는다.

그러나 사실상 그 가운데 대부분인 다른 카리스마타는 바로 정확하게 그 일을 한다. 로마서 12장은 이 범주를 확인하기에 좋은 예이다.

> 우리가 한 몸에 많은 지체를 가졌으나 모든 지체가 같은 기능을 가진 것이 아니니 이와 같이 우리 많은 사람이 그리스도 안에서 한 몸이 되어 서로 지체가 되었느니라 우리에게 주신 은혜대로 받은 은사가 각각 다르니 혹 예언이면 믿음의 분수대로, 혹 섬기는 일이면 섬기는 일로, 혹 가르치는 자면 가르치는 일로, 혹 위로하는 자면 위로하는 일로, 구제하는 자는 성실함으로, 다스리는 자는 부지런함으로, 긍휼을 베푸는 자는 즐거움으로 할 것이니라 (롬 12:4-8)

여기에서 요점은 하나님께서 사역을 위해 카리스마타를 부어주셨기 때문에 소홀히 해서는 안 된다는 것이다. 바울의 의도는 이 카리스마타가 다른 그리스도인들, 그리고 분명히 비그리스도인들을(갈 6:1-10) 섬기는 데 사용되도록 하는 것이다. 바울은 아마 은사가 현대의 인간 잠재력 개발과 같은 것에 비교될 때 몸서리를 칠 것이다. 그러나 이 두 가지는 공통점이 많이 있다. 즉 사람들이 이미 자신의 것인 은사를 사용하도록 하기 위해 북돋아줄 필요가 있다는 것이다. 바울에게 은사는 마땅히 사역을 위해 사용해야 하는 것이다. 3장에서 살펴본 대로 성령은 인도하시고 자극하지만, 사람이 옳다고 생각하는 것에 반하여 행동하도록 강제하지는 않는다. 마찬가지로 카리스마타가 인간의 노력을 대치하지도 않는다. 우리는 그것을 사역을 위한 약속, 능력의 부여, 부르심, 자격이라고 생각할 수 있다. 그러나 사역 자체가 은사를 받아,

그것을 적용할 것을 요구한다. 사역을 위해 자신의 카리스마를 사용하라는 권고는 디모데전서에서 저자가 자신의 젊은 친구에게 권면할 때, 다시 나타난다.

> 내가 이를 때까지 읽는 것과 권하는 것과 가르치는 것에 전념하라 네 속에 있는 은사charisma 곧 장로의 회에서 안수 받을 때에 예언을 통하여 받은 것을 가볍게 여기지 말며 (딤전 4:13-14)

아마 우리는 한 그리스도인 예언자가 디모데에게 사역을 위한 어떤 특별한 축복을 말하는 동안에, 감독이나 집사로 안수 받는 것을 생각할 수 있다. 로마의 회중이나 디모데에게 주어진 것과 같은 사역을 위한 그러한 인상적인 카리스마가 쓰이지 않게 될 수도 있다는 것이 우리를 놀라게 한다. 그러나 신약 성서는 우리 게으름에 대해 아주 현실적이다. 하나님의 축복이 얼마나 놀라운 것인가에 상관없이 인간은 보편적으로 그것을 쉽게 망각한다. 현대의 오순절 그리스도인들은 자신들이 너무 쉽게 방언이나 예언을 그치고, 이전 삶의 방식으로 돌아갈 수 있다고 인정한다.

바울이나 디모데전서의 저자가 왜 그렇게 강력하게 카리스마타를 사역에 사용하도록 요구했으며, 고린도 교회에서 카리스마타가 비극적으로 오용되었는지 지적한 또 다른 이유가 있다(2장을 보라). 바울과 그의 제자들은 특히 그러한 위험에 민감했다. 그들은 고린도 교인들의 문제가 다른 그리스도인의 삶에서 반복되기를 원하지 않았다. 고린도 교인들은 은사의 부족을 겪지 않았다. 바울은 그들이 "모든 은사에 부족함이" (고전 1:7) 없다고 말한다. 그들의 예배에서는 모든 유형의 카리스마타가 나타났다(고전 12-14장). 그럼에도 하나님의 뜻을 따라 그들의 은사들을 사용하게 되었을 때, 고린도교인들은 "그리스도 안에 어린아이”(고전 3:1-3)들인 것으로 드러났다. 고린도 교회의 한 가지 큰 문제는 어떤 유형의 은사(그것이 어떤 것인지 우리는 모른다)를 가진 신자들이 다른 은사를 가진 형제자매들을 업신여겼다는 것이다. 바울은 그리스도의 몸 안에서 서로 의존해야할 필요를 말하면서 개선책을 내놓았다.

> 이제 지체는 많으나 몸은 하나라 눈이 손더러 내가 너를 쓸 데가 없다 하거나 또한 머리가 발더러 내가 너를 쓸 데가 없다 하지 못하리라 그뿐 아니라 더 약하게 보이는 몸의 지체가 도리어 요긴하고 (고전 12:20-22)

반면에 신자들은 다른 사람을 낙심시키는 교만한 자들 때문에 자신의 은사가 무시당한다는 느낌을 가졌다. 분명히 어떤 사람들은 자신이 도대체 교회에 속해있는가 묻기 시작했다. 분명히 그들은 교만한 자들의 은사를 부러워했다. 그들에게 바울은 이렇게 말한다.

> 만일 발이 이르되 나는 손이 아니니 몸에 붙지 아니하였다 할지라도 이로써 몸에 붙지 아니한 것이 아니요 또 귀가 이르되 나는 눈이 아니니 몸에 붙지 아니하였다 할지라도 이로써 몸에 붙지 아니한 것이 아니니 만일 온 몸이 눈이면 듣는 곳은 어디며 온 몸이 듣는 곳이면 냄새 맡는 곳은 어디냐 그러나 이제 하나님이 그 원하시는 대로 지체를 각각 몸에 두셨으니 (고전 12:15-18)

바울은 하나님께서 성령을 통해 그리스도인들에게 조화를 이루고 서로를 섬기는 잠재력을 극대화하도록 교회에 카리스마타를 나누어주신다고 믿었다.

> 우리의 아름다운 지체는 그럴 필요가 없느니라 오직 하나님이 몸을 고르게 하여 부족한 지체에게 귀중함을 더하사 몸 가운데서 분쟁이 없고 오직 여러 지체가 서로 같이 돌보게 하셨느니라 만일 한 지체가 고통을 받으면 모든 지체가 함께 고통을 받고 한 지체가 영광을 얻으면 모든 지체가 함께 즐거워하느니라 (고전 12:24-26)

이 말은 모든 사람에게 전부 은사가 있다는 것이다(고전 12:28-30). 교회가 이상적으로 기능하는 것은 자신의 힘으로 일어나지 않는다. 그것은 사랑(고전 13장), 은사를 행함에 있어 우선순위가 있다는 서로의 이해(고전 14:1, 20), 그리고 질서 의식(14:27 이하, 40)이 필요하다. 순종과 열심히 일함이 전제된다.

고린도전서 7장 7절에서 바울은 자신의 특별한 사역의 은사를 드러낸다. 바울은 고린도에서 부부들을 권면하는 과정에서 부부생활의 복잡함에 질린 것 같다. 바울은 "내가 결혼하지 아니한 자들과 과부들에게 이르노니 나와 같이 그냥 지내는 것이 좋으니라"(고전 7:8)고 말한다. 그러나 이런 말을 불쑥 하자마자, 그는 결혼에 대해 이렇게 말한다. "그러나 각각 하나님께 받은 자기의 은사가 있으니 이 사람은 이러하고 저 사람은 저러하니라." 흥미로운 점은 바울이 자신의 독신뿐만 아니라, 결혼도 은사로 생각할 수 있었다는 것이다.[7] 오늘날에는 결혼여부를 개인적인 선택이나 운명으로 생각하지, 영적인 은사라고 보지는 않는다. 바울은 그 많은 말들 가운데서 자신의 독신을 어째서 은사라고 부르는지 말해주지 않는다. 아마도 그리스도의 독특한 사도

---

7) 바레트Barrett는 고린도전서 주석에서 바울의 "요점은 어떤 사람에게는 독신의 은사가 있고, 이 은사가 없는 다른 사람들, 즉 결혼하라고 권면했던 사람들에게는 다른 보완적인 은사가 있다는 것이다." Barrett, *The First Epistle to the Corinthians*, pp. 158 이하를 보라. 그러나 이 "위로의 상급" 가설은 거의 설득력이 없다.

로 자신을 생각했던 것과 많은 연관이 있을 것이다(고전 15:9-10을 보라). 바울은 자신의 독신 은사를 사도로 부름 받았을 때 받았는가? 아니면 자신의 독신이 사역을 위한 하나님 은사라는 것이 그 후에, 아마도 계시를 통해(갈 2:2, 고후 12:1을 보라) 서서히 분명해졌는가? 두 번째 가능성이 더 지지를 받는데, 왜냐하면 우리는 고린도후서 1:8 이하에서 바울이 사도로서 사역을 해가면서 새로운 카리스마타를 발견하는 데 개방적이었음을 알고 있기 때문이다.

바울에게 자신의 사역을 강화하는 모든 것을 카리스마라고 부르는 경향이 있다고 결론 내리는 것은 지나친 일이다. 그러나 우리는 로마서 8:32에서 신자들의 삶에 하나님 은혜가 나타나기를 바라는 그의 기대 가운데 거의 우주적인 넓이를 감지할 수 있다. "자기 아들을 아끼지 아니하시고 우리 모든 사람을 위하여 내주신 이가 어찌 그 아들과 함께 모든 것을 우리에게 주시지 아니하겠느냐." 우리가 받는 인상은 바울에게 수많은 숨겨진 카리스마타가 드러나게 되기를 열망한다는 것이다. 그는 확실히 새로운 영적 은사를 발견하는 데 문을 닫지 않았다. 특히 그 은사들이 사역을 위해 새롭게 하는 능력을 부여하는 것으로 나타날 때는 더욱 그렇다.

에베소서에는 교회에 대한 그리스도의 은사domata로서 사도, 선지자, 복음전하는 자, 목사와 교사를 열거한다(엡 4:8-11). 분명히 바울이 동의했을 것이다. 그러나 사도 자신은 *카리스마*라는 단어를 사람들에게, 교회 지도자들에게도 절대 적용하지 않았다. 가장 근접한 예가 고린도전서 12장 28절인데, 여기에서도 문자적으로 번역하면, 그 둘을 동일시하는 것을 삼가고 있다.

> 하나님이 교회 중에 몇을 세우셨으니 첫째는 사도요 둘째는 선지자요 셋째는 교사요 그 다음은 능력을 행하는 자요 그 다음은 병 고

> 치는 은사와 서로 돕는 것과 다스리는 것과 각종 방언을 말하는 것이라 (고전 12:28)

교회의 세 직책을 열거한 다음, 바울은 사람에서 행동으로 전환한다. 기술적으로는 오직 후자만을 카리스마타라고 부를 수 있다. 분명히 바울은 독자들에게 사람들과 그들에게 주어진 영적 은사의 차이를 이해시키려고 했다. 은사는 그 사람이 아니다. 그러므로 누구도 그것이 마치 자기 성취이거나, 뛰어난 경건이나 봉사의 대가로 주어지는 것처럼 그 은사로 인해 영광을 받아서는 안 된다. 그러한 교만에 대해 고린도교인들을 꾸짖으면서 그는 이렇게 쓴다. "누가 너를 남달리 구별하였느냐 네게 있는 것 중에 받지 아니한 것이 무엇이냐 네가 받았은즉 어찌하여 받지 아니한 것 같이 자랑하느냐?"(고전 4:7) 사도조차도 하나님께서 당신의 초월적인 능력을 그 안에 부어주시는 깨지기 쉬운 질그릇 이외의 아무 것도 아니라는 것을 인정해야 한다(고후 4:7 이하). 바울은 그가 도덕적으로 아무 가치 없는 인간임에도 선택되었다(고전 15:7 이하).

그럼에도 바울은 특별한 경우에 다른 사람을 은혜charis로 경험할 수 있다고 기꺼이 인정한다. 바울은 고린도교인들에게 자신이 예정한 여행계획을 실행할 수 있었다면, 선교 여행을 하며 그들에게 두 배의 *은혜charis*를 주기 위해 두 번 그들을 방문했을 것이라고 쓴다. 다른 곳에서 바울은 감옥에서 빌레몬에게 숙소를 마련해달라고 청하면서 이렇게 말한다. "너희 기도로 내가 너희에게 나아갈 수 있기를(charistesomai는 "은혜로운 은사로 부어지다"라는 뜻이다) 바라노라."

카리스마타와 자연 질서

카리스마타에 대한 바울의 개방적인 논의는 그것이 얼마나 "초자연적인" 것인가 하는 물음을 제기한다.[8] 현대 은사 운동에서는 극적인 예언, 치유, 방언을 크게 강조한다. 결과적으로 이 운동에 참여하지 않은 많은 그리스도인들은 그 운동의 참여자들이 자연적인 은사라고 간주하는 인간적인 재능이나 기질과 성령의 전적인 초자연적인 은사 사이에 엄격한 구분을 둔다는 인상을 쉽게 받는다. 그러한 구분에 대해 정당한 반대가 제기된다. 우리는 바울의 독신 은사가 전적으로 초자연적인 은사이고, 개인적인 성향의 문제가 아니라고 실제 말할 수 있는가? 관대한 기부나 다스림의 은사(롬 12:8, 고전 12:28)를 선한 청기기의 인간적인 행위라기보다는 하나님의 직접적인 개입으로 말하는 것이 얼마나 중요한 것인가?

적어도 은사 운동에 참여하며, 신약성서에 정통한 두 명의 연구자들은 그 둘을 그렇게 확연하게 구분하기 어렵다는 것을 인정한다. 영국 오순절 운동의 지도자인 도날드 지Donald Gee는 영적인 은사는 언제나 자연적인 재능과 선호에 초자연적인 어떤 것이 덧붙여진 것이라고 주장한다. 그럼에도 그러한 은사들이 "백 퍼센트 기적적인 것"이어야 하며, 그러므로 쉽게 인식할 수 있다는 자기 동료의 공통적인 견해에 도전한다.[9] 그에게 참된 영적 은사의 징표는 그리스도인 회중의 모임에서 성령의 임재를 뚜렷하게 하는 것이다(고전 12:7). 그러므로 그 은사가 놀랄 만한 모습으로 오는가, 아니면 오히려 덕을 세우는 지식

---

8) 철학적으로 "초자연적"이라는 용어는 문제의 소지가 많다. 우리는 여기에서 그 용어를 단지 우리가 과학적으로 알고 있는 것에 근거해서 설명하기 어려운 예외적인 현상을 지칭하기 위해 사용한다.

9) Gee, *Spiritual Gifts in the Work of the Ministry Today,* p. 10.

이나 지혜의 말과 같이 차분하게 나타나는가 하는 것은 문제가 되지 않는다. 결정적인 검증은 은사의 출현이 하나님께 대한 분명한 예배로 귀착되어야 한다는 것이다(고전 14:20).[10] 그는 "영적인 은사를 부어주심이 그것을 받는 사람의 의지에 따라 사용할 수 있는 능력을 포함하지 않는다"[11]라고 주장한다. 그러나 그 또한 지식이나 지혜 같은 은사들은 때때로 정규적인 설교나 개인의 가르침 안에 나타난다고 주장한다. 그러한 은사들은 보통 인간의 의지로 시작하고, 어느 정도 인간의 능력을 훈련하는 것에 달려 있는 것으로 나타난다. 게다가 지Gee는 자주 연구나 명상 같은 의지적인 행동을 하는 동안에 성령의 은사들을 받는다고 말한다.[12] 영적인 은사를 이렇게 해석할 때, 자연적인 것과 초자연적인 것을 구분하는 경계가 흐릿해진다. 또는 그가 표현했듯이 "진정으로 초자연적인 삶에 대한 우리 개념을 확장시킨다." 그래서 그것은 통상 아주 일상적이라고 여겨지는 활동과 경험도 포함한다.[13]

특히 설교와 가르침의 사역을 어떻게 평가할 것인가 고찰하면서, 지Gee는 우리가 그 가운데서 영적인 은사, 또는 "오순절에 더해진 것"을 분별하도록 노력해야 하는지 묻는다. 그의 답변은 그의 주요한 가설을 요약한다.

> 우리는 자연적인 것과 초자연적인 것의 경계에 도달했다. 그것을 쉽게 구분할 수 있다고 생각하는 것은 잘못이다. 그럴 수 있으면 좋겠지만, 우리는 진실을 받아들여야 한다. ... 우리가 성령의 모든 은사

10) *Ibid*, pp. 11-16.
11) *Ibid*, p. 18. 그러나 이 판단을 방언에도 적용할 수 있는지 의심스럽다.
12) *Ibid*, pp. 24, 29.
13) *Ibid*, p. 19.

> 가운데서 하나님의 영감의 귀중한 성질과 또한 동시에 그 안에서 불가피한 인간적인 요소를 평가하는 것은 진리로 잘 교육받은 존재의 징표이다.[14)]

카리스마타가 자연적인 것인가, 아니면 초자연적인 것인가라는 물음에 대한 지Gee의 대답은 그런 범주를 편안하게 적용하는 사람들에게 시사하는 바가 있다. 그것이 구경거리의 차원을 넘어서 "초자연적인" 영역을 확장하려는 의도가 있다면, 그것은 바울에게도 맞는 것이다. 그러나 바울 자신은 "자연적", 또는 "초자연적" 같은 용어를 결코 사용하지 않았다는 것을 염두에 두어야 한다. 대신에 그는 실재를 경험하는 두 양태로 "심적인psychikos" 것과 "영적인pneumatikos" 것을 말한다(고전 2:10-16). 바울에게 심적인 사람은 우리가 가정하듯이 통찰력이 있는 사람이 아니다. 오히려 그는 인간적인 지혜의 근원에만 의지하는 사람이다. 반면에 영적인 사람에게는 다른 사람이 알아보지 못하는 일에서 성령을 분별하기 위해 확장된 이해력이 있다. 우리는 여기에서 자연적-초자연적 구분의 *유형*을 발견한다. 그러나 그것을 영적인 은사 자체가 아니라, 그것을 인식하고 수용하는 사람의 능력에 적용한다.

> 육에 속한 사람은 하나님의 성령의 일들을 받지 아니하나니 이는 그것들이 그에게는 어리석게 보임이요, 또 그는 그것들을 알 수도 없나니 그러한 일은 영적으로 분별되기 때문이라 신령한 자는 모든 것을 판단하나 (고전 2:14-15)

바울에게 위의 본문의 "모든 것"이란 성령의 잠재적인 은사들이다

---

14) *Ibid*, pp. 34f.

(롬 8:32을 보라). 사도 바울은 우리가 기존의 사건, 행동, 재능에 자연적, 또는 초자연적이라고 부르는 것에 관심이 없어 보인다. 그보다는 성령의 역사를 인식하고 인정할 수 있는지에 대해 더 관심을 갖는다.

자연적인 은사와 초자연적인 은사를 구분하는 문제점을 인식한 독일의 신-오순절파의 학자는 아놀드 비트링거Arnold Bittlinger이다. 그는 바울이 그 양자를 구분하지 않았다는 결론을 내린다.[15] 비트링거에게 카리스마는 "성령께서 자유롭게 하신 나의 타고난 천부의 재능이 그리스도께 영광 돌리고, 그의 교회를 세우는데 쓰일 때, 드러나는 은사이다."[16] 이 정의는 고린도전서 12-14장에서 영적 은사에 대한 바울의 논의와 일치하는 것으로 보인다. 그러나 비트링거는 다음과 같은 주장으로 바울의 가르침을 넘어간다.

> 그리스도인의 행동 중에 성령과 무관한 것은 없다. 실제적인 용어로 이 말은, 예를 들어 그리스도인 의사에게 그의 모든 행동은 은사 행위라는 뜻이다. 처방이나 접종은 안수를 다르게 하는 것일 뿐이다. 그 두 행동은 기도하며, 예수와 교제하는 가운데 행해진 것이다.[17]

바울이 은사 행위에 대한 이런 전체적인 규정에 동의할지는 의문이다. 여기에는 성령의 임재를 인정하는 특정한 순간이 없는 것 같다. 아마 사도 바울은 신자의 전체 삶을–하나님을 거역한 것은 별도로–은사로 해석하면서, 더 은사적이거나 덜 은사적인 때가 있음은 인정한 것 같다. 이와 같이 바울은 영적 은사의 순위를 매기는 데 주저하지

---

15) Bittlinger, *Gifts and Graces*, pp. 66, 70. 또한Arnold Billinger, *Gifts and Ministries*(Wm. B. Eerdmans Publishing Company, 1973), p. 19.
16) Bittlinger, *Gifts and Graces*, p. 72.
17) *Ibid.*, p. 72.

않는다. 솔직한 그의 말에 따르면, 어떤 은사는 다른 것보다 우월하다고 간주해야 한다. 그런 은사들은 "더 높은meizona" 은사이며, 이것을 신자들이 특별히 추구해야 한다(고전 12:31).

더 좋은 은사란 무엇인가? 분명히 그것은 *신령한 은사pneumatika*(고전 14:1, 롬 1:11)라고 부른 카리스마타이다. 물론 모든 카리스마타가 성령에서 나온 것인 한, 신령한 것이다(고전 12:4). 그러나 신령한 것pneumatika은 그것을 통해 성령의 임재가 모인 회중에게 특별하게 실제적이게 하는 은사로 보인다. E. 엘리스E. Ellis가 그것들을 "영감을 받은 인식, 말로 하는 선포, 또는 해석의 은사"[18]라고 부른 것은 아마 옳을 것이다. 고린도전서 12-14장에서 바울은 독자들에게 이 신령한 것pneumatika을 올바로 사용하는 것을 가르치기 원한다(고전 12:1). 방언은 분명히 그 가운데 하나이다. 그러나 이 범주에서 방언은 그 순위에서 제일 밑에 해당하는 것이다(고전 14:1 이하). 방언이 그것을 행하는 사람에게는 유익이지만, 해석되지 않은 한, 회중에게 도움을 주지 못한다(4절, 13-14). 신령한 것pneumatika의 주요 특성은 그것이 그리스도인 공동체로 하여금 그들 가운데 하나님 임재를 인정하고, 분명히 말하게 하며, 찬양할 수 있도록 하는 것이다. 이런 이유로 예언이 신령한 것 가운데 우위에 있음이 드러난다(고전 14:1-5). 예언은 쉬운 말로 그 자리에 있는 모든 사람들에게 하나님의 심오한 진리를 말하며, 덕을 세운다(고전 14:3-4). 아마도 찬양, 교훈, 계시와 함께 지혜와 지식의 말이 신령한 것의 범주에 속할 것이다. 그러한 것들도 특정한 때에 모든 회중이 듣도록 성령께서 주신 영감을 받은 메시지로 경험될 수 있다. 바울은 앞의 세 가지를 예언의 형태로 생각하는 것 같다. 그 세 가

---

18) E. E. Ellis, "Spiritual' Gifts in the Pauline Community," *New Testament Studies,* Vol. 20 (1974), p. 129.

지가 고린도전서 14장 24절-33절에서[19] *예언propheteia*과 바꾸어 쓸 수 있는 것으로 보이기 때문이다. 그러나 지혜와 지식의 말은 예언과 구분해야 한다(고전 12:8-10). 우리는 그러한 것을 교회 예배에서 "이와 같이 주님이 말씀하십니다"라는 선언 없이 임의로 삽입하는 짧은 경구의 말씀이라고 생각할 수 있다. 위에서 언급한 대로, 지Gee는 그러한 것들이 설교와 가르침의 일상적인 행위 동안에 일어날 수 있다고 믿었다. 바울은 확실히 회중 가운데 누구도 지혜와 지식의 말을 할 수 있는 가능성이 있다고 생각했을 것이다.

*신령한 것*은 회중 예배 가운데 행해지는 카리스마타를 의미한다. 그것은 성령께서 택하시는 사람 안에서 특정한 때에 나타난다(고전 12:11). 그 가운데 가장 고상한 예언도 예언자 직책을 가진 교회 지도자들에게 제한될 수 없다(고전 14:26-33). 더 큰 이 은사들은 민주적이고, 일시적이다. 성령께서 그를 예배 동안에 그 은사들 가운데 하나를 행하도록 선택하셨다면, 누구도 그것을 자랑할 수 없다. 어떤 신자도 회중의 다음 모임에서 원하는 대로 그 은사를 재현할 수 있다는 의미에서 그러한 *신령한 것pneumatika*을 "소유"하기를 기대해서는 안 된다. 우리는 이 더 높은 은사들을 자연적인 것이라고 불러야할지, 아니면 초자연적인 것이라고 해야 하는지 단정할 수 없다. 배움이 없거나, 또는 학식 있는 사람이 지혜의 말을 할 수 있다. 음악가나, 또는 어떠한 훈련도 받지 않은 사람이 회중에게 찬양을 부를 수 있다. 개인의 자연적 재능에 따라 유창할 수 있고, 잘 부를 수도 있지만, 그것이 회중들에게 하나님 임재를 드러냈는지, 아닌지를 결정하는 데 미적인 기준이 최종적인 것일 수 없다. 언제나 그렇듯이, 카리스마타는 "영적으로 분별되기"(고전 2:14) 때문이다.

---

19) *Ibid.*, pp. 129f.

카리스마타를 통한 개성화와 통합화

우리는 방금 어떤 신자도 예배 때마다 마음 내키는 대로 *신령한 것 pneumatika*을 되풀이하기를 기대해서는 안 된다고 말했다. 이 말은 "마음 내키는 대로"라는 말에 우리 강조점이 있는 한에서 유지될 수 있지만, 우리가 카리스마타에 대한 바울의 가르침을 보다 온전히 이해하려고 한다면, 상세히 설명할 필요가 있다.

사도 바울은 적어도 어떤 카리스마타는 그 개인 그리스도인의 정체성의 상시적이고 계속적인 특징으로 다른 사람이 알아볼 수 있는 장기간의 은사로 개인에게 온다는 것을 분명히 했다. "각각 하나님께 받은 자기의 은사hekastos idion echei charisma가 있으니 이 사람은 이러하고 저 사람은 저러하니라"(고전 7:7)고 바울은 쓴다. 바울의 특별한 은사는 그의 독신이다. 그가 아는 다른 사람들은 그들의 일상적인 삶의 스타일을 특징짓는 다른 은사를 갖고 있다. 예배 동안에, 어떤 사람들은 특정한 은사들을 행하는 것에 연관되었을 것이다. 그렇지 않았다면, 자신의 영적 은사가 우월하다고 교만하거나, 열등하다고 실망하지 말라는 바울의 권면은 의미가 없을 것이다. 기존의 공동체 안에서 어떤 사람은 예언하기를 가장 원하고, 다른 사람은 찬양을, 다른 사람은 방언 통역하기를 기대했던 것 같다.

개인에게 은사를 분배하는 어떤 규칙적인 요소가 있는 것 같다. 우리는 어떤 신자가 장기간 카리스마타를 "소유"하거나, 반복적으로 그 사람에게 주어지는 은사들이 그의 그리스도인의 정체성을 규정하는데 큰 역할을 한다고 말하는데 까지도 나갈 수 있다. 은사에 의한 이런 정체성을 개성화라고 부를 수 있다.[20] 바울은 "이 모든 일은 같은 한

20) "개성화Individuation"은 융C. G. Jung 심리학에 자주 등장하는 용어로서 "한 인격이

성령이 행하사 그의 뜻대로 각 사람에게 나누어 주시는 것이니라."(고전 12:11) 고 말한다. 이 말은 마치 성령께서 한 개인에게 다가오셔서 "내가 너에게 부어주는 이 은사를 통해 나는 너를 다른 사람과 다르게 만들며, 나의 특별한 목적을 위해 너를 구별하였다"라고 말하는 것같이 들린다(행 13:1-3을 보라). 은사를 받은 각 개인이 체험하는 이 독특성이 가장 큰 작용을 한다. 그것은 각 신자들이 하나님 앞에서의 한 인격으로 여기는 구체적인 확신을 의미한다. 이 은사가 그 사람이 하나님의 계획안에서 본질적인 역할을 갖고 있으며, 어느 누구도 대신 채울 수 없는 자리를 갖고 있다는 보증이다. 개성화 과정에서 신자들은 하나님께서 그들을 있는 그대로 사용하기 원하신다는 것을 확신하게 된다. 그들은 받아들여지기 위해 바뀌려고 노력할 필요가 없다. 바울은 그가 사도로 부르심을 받았을 때, 이 개성화를 체험했다.

> 맨 나중에 만삭되지 못하여 난 자 같은 내게도 보이셨느니라 나는 사도 중에 가장 작은 자라 나는 하나님의 교회를 박해하였으므로 사도라 칭함 받기를 감당하지 못할 자니라 그러나 내가 나 된 것은 하나님의 은혜로 된 것이니 내게 주신 그의 은혜가 헛되지 아니하여 내가 모든 사도보다 더 많이 수고하였으나 내가 한 것이 아니요 오직 나와 함께 하신 하나님의 은혜로라 (고전 15:8-10)

하나님은 카리스마타를 부어주심을 통해 신자들을 개성화하시는데, 이를 통해 하나님은 자신의 주권적인 자유를 드러내신다. 교회는

통전성을 성취하고자 추구하는 과정"을 가리킨다. Ann and Barry Ulanov, *Religion and the Unconscious* (The Westminster Press, 1975), p. 46. 내가 알기로는 쉬츠Schütz가 바울이 이해한 카리스마타의 영향을 기술하기 위해 그 용어를 처음으로 사용하였다. Schütz, *Paul and the Anatomy of Apostolic Authority*, p. 255을 보라.

결코 자신의 박해자를 이방인을 위한 사도로 선택하지 않았을 것이다. 그러나 하나님은 하셨다. 때로 하나님의 유머가 당신의 은사를 통해 각 개인들을 구별하시는 방식을 통해 빛이 난다. 내 친구 하나는 자신의 카리스마타 가운데 하나가 주차할 자리를 찾는 능력이라고 확실하게 느낀다. 내가 말할 수 있는 한, 그가 옳다. 그 은사가 하찮은 것 같이 보일 수 있지만—전통적인 기준으로는 영성의 지표라고 거의 볼 수 없는—, 다른 "작은" 카리스마타와 같이 그것이 그리스도 공동체의 사명을 위해 유용한 것으로 드러날 것이다.

카리스마타는 신자들로 하여금 다른 사람들이 그들에게 두는 기대와는 별도로 자기 자신을 가치 있는 개인으로 보게 한다. 자기 가치에 대한 그들의 의식은 신자들의 공동체에서 교만으로 인한 고립을 초래하지 않는다. 고린도 교회에서는 그럴 위험이 있었다. 그래서 바울은 "각 사람에게 성령을 나타내심은 유익하게 하려 하심이라"(고전 12:7)고 썼다. 카리스마는 그리스도인 개인의 정체성을 형성한다. 그러나 그것은 다른 사람을 섬기도록 그 사람을 준비시키는 것이다. 존 쉬츠 John Schütz는 그것을 잘 표현했다.

> 카리스마는 종교적 인간의 에고를 다듬고, 제한한다. 영을 소유한 모든 인간이 개인적인 은사 안에서 그 영을 나타내기 때문에 몸의 모든 지체의 기여가 가치 있는 것으로 여겨지고, 존중되어야 한다면, 그럼에도 그 개성화 의식이 개인주의를 허락하는 것은 아니다. 오히려 정반대이다. 개성화를 강조함으로써 바울은 자아와 영을 분별할 수 없게 하는 영과 같은 원칙에 자아가 빠져드는 것을 구한다. 그래서 자아는 다듬어지고 제한될 뿐만 아니라, 확장된다. 자아는 보다 큰 몸 안으로 잠기는 것이고, 그 때 자아를 잃는 것이 아니라, 마침내 그 참된 정체성을 얻는 것이다.[21]

쉬츠가 언급하는 몸은 그리스도의 몸, 즉 교회이다. 바울이 개인에게 주어지는 영적 은사의 폭넓은 다양성을 열거하는 바로 그 대목에서 곧바로 최선의 그리스도교 공동체의 구상으로 옮겨가는 것이 우연일 수 없다. 카리스마타를 통해 개성화하는 동일한 성령이 또한 보다 큰 목적을 이루기 위해 은사 받은 사람을 교회 안으로 통합한다(고전 12:12-13). 역설적이게도 공동으로 영적 은사를 주고받음을 통해, 개인적인 정체성과 공동체적인 정체성이 자라게 되고, 그 결과 유동적이며 동력이 공급된 통일성이 회중을 통해 더 강화되기 시작한다.

카리스마타의 전달

영적 은사들이 어떻게 주어지며 받게 되는가? 여기에서 우리는 오늘날 교회에서 열띤 논쟁 중에 있는 문제를 제기하고자 한다. 교회의 주류에 있는 신 오순절주의자뿐만 아니라, 고전적인 오순절주의자들도 일반적으로 고린도전서 12장이나 로마서 12장에 묘사한 카리스마타를 누리기 위해서 먼저 극적인 성령 세례를 받아야 한다고 믿는다. 성령 세례를 받은 증거가 방언의 능력이라고 여긴다. 이와 같이 방언은 실제적인 목적을 위해 고차원의 영성으로 가기 위한 불가결한 통과의례가 된다. 방언을 하지 못하는 한, 지식, 통역, 예언의 "더 높은 은사들"로 나아가지 못한다.[22] 아마 이런 입장을 취하는 그리스도인들은 바울

---

21) John Schütz, "Charisma and Social Reality in Primitive Christianity", *Journal of Religion*, Vol. 54, No. 1(1974), p. 60.

22) DuPlessis, David, *The Spirit Bade Me Go,* p. 71f., 88f., 93-98. Merlin R. Carothers, *Prison to Praise: A Radical Prayer Concept for Changing Lives* (Charisma Books, 1971), p. 107.

이 고린도전서 12장이나 로마서 12장에 열거하지 않는 것까지 영적 은사로 보는 은사에 대한 광범위한 정의를 내리고 있는 성서적 증거를 어려움 없이 받아들일 것이다(예를 들어, 롬 5:15, 16, 11:29, 고전 7:7, 고후 1:11). 그들은 아마도 그리스도 안에서 영생(롬 6:23)을 발견했다고 주장하는 어떤 신자에게도 "은사를 받은 사람"이라고 부를 것이다. 그러나 고전적 오순절주의나 신오순절주의의 입장은 성령 세례, 또는 성령의 해방을 통해서만 모든 영적 은사들을 받을 자격을 갖춘다고 주장함으로써 전통 신학에서 벗어나는 경향이 있다.[23] 이것은 보통 물세례 다음 어떤 시기에 뒤이어 일어나는 것으로 이해된다. 카리스마타를 받는 것에 대한 다양한 성경 본문을 검토할 때, 다음 질문을 늘 염두에 둘 것이다. 즉 "더 높은 은사들"로 가는 출구로서 체험해야 하는 특정한 영적 사건이나 카리스마가 있는가?

적어도 한 구절이 초기 그리스도인들이 성령의 은사들을 물세례와 연결하여 이해했다고 암시한다. 오순절 이야기에서 외국어로 말하는 능력을 은사로 새롭게 받은 베드로가 당혹해하는 예루살렘 군중에게 말한다. "너희가 회개하여 각각 예수 그리스도의 이름으로 세례를 받고 죄 사함을 받으라 그리하면 성령의 선물을 받으리니"(행 2:38). 앞에서 언급했듯이 성령의 선물은 아마 성령 자체를 가리킬 것이다. 본문의 맥락에서 우리는 누가가 성령의 오심이 베드로나 다른 제자들에게 나타났던 것처럼 새신자들 안에서 표징을 통해 가시적으로 드러나는 것으로 생각했다고 가정해야 한다. 이러한 가설은 예수의 이름으로 세례를 받았지만, 아직 성령을 받지 못했던 사마리아 신자들의 이야기

---

23) 신오순절주의자는 배포라는 용어가 더 적합하다고 생각한다. 1974년 프린스턴 신학대학에서 열린 성령에 관한 학술회의에서 데니스 베네트Fr. Dennis Bennet는 요한복음 7:38-39을 누가가 성령세례라고 부른 것에 상응하는 신자 안에서 성령이 극적으로 고조되는 것을 지지하는 성경본문으로 인용했다.

에서 지지를 받는다(행 8:14 이하). 예루살렘의 사도들은 이러한 결핍을 성령이 물세례와 함께 온다는 일반적인 법칙의 예외로 간주했다.[24] 그래서 베드로와 요한이 사마리아 사람들을 위해 기도한 후에 안수하니 마침내 그들이 성령을 받게 되었다. 누가는 사도들이 안수함으로써 사마리아 사람들에게 그들 자신들로부터 성령을 전달했다고 말하지 않는다. 그러나 이 사건을 목격한 시몬 마구스는 이 사건을 그렇게 해석했다. 그는 그들이 가진 비상한 능력이라고 여긴 것을 몹시 탐냈다. 이것은 아마도 누가의 의견으로 사마리아 신자들이 성령을 받자마자 그들에게 일어난 극적인 행동의 변화를 시몬이 보았다는 것을 의미할 것이다. 그것이 방언인지, 아니면 다른 어떤 카리스마인지는 알 수 없다. 어쨌든 사도행전의 이 두 본문은 초대교회의 경험에 대한 누가의 이해에 따르면, 카리스마타는 보통 물세례와 함께, 또는 그 직후 신자들에게 온다는 견해를 지지해준다.[25]

그러나 신약성서는 카리스마타를 받는 것으로 물세례가 중지된다고 이해하지 않는다. 바울 서신은 이 은사들이 신자들의 삶에서 그들이 믿음으로 자라날 때 주기적으로 나타난다는 것을 보여준다(예를 들어, 고전 14:1 이하, 고후 1:11, 롬 1:11). 각 개인이 은사를 받는 한 가지 길은 선포된 복음의 말씀에 긍정적으로 반응하는 것이다. 바울은 자신이 만나지 못한 로마의 신자들에게 이렇게 쓴다.

---

24) 고전 12:13을 보라. Frederick D. Bruner, *A Theology of the Holy Spirit: The Pentecostal Experience and the New Testament Witness* (Wm. B. Eerdmans Publishing Company, 1973), pp. 173-181.

25) 요한의 세례만을 받은 에베소의 제자들이 아직 성령에 대해 모른다는 것을 발견한 바울은 예수의 이름으로 그들에게 세례를 주고, 세례 의식의 일부로 그들에게 안수한다. 곧바로 "성령이 그들에게 임하시므로 방언도 하고 예언도"(행 19:6) 했다. 사도행전 19:1-7에 대한 브루너Bruner의 유용한 해석을 보라(p. 211).

> 내가 너희 보기를 간절히 원하는 것은 어떤 신령한 은사를 너희에게 나누어 주어 너희를 견고하게 하려 함이니 이는 곧 내가 너희 가운데서 너희와 나의 믿음으로 말미암아 피차 안위함을 얻으려 함이라 (롬 1:11-12)

사도 바울이 마음속에 그리고 있는 것은 회중들 앞에서 선교사로서 설교하는 것이 아니다. 그것은 오히려 그와 로마 교인들이 자기 자신의 신앙에 대해 말할 수 있는 비공식적인 대화이고, 그래서 모두가 영적 은사의 중재자가 될 수 있는 것이었다.[26] 흥미롭게도 경험이 많은 복음의 선포자인 바울이 로마 교인들을 통해 영적인 은사를 *받기*를 기대한다는 것이다. 소아시아와 발칸 반도에서의 자신의 사역이 거의 끝나간다는 것을 의식하면서(롬 15:18f), 바울은 자신이 은혜 안에서 자라나는 것이 끝나지 않았다는 것을 알고 있었다. 바울은 "그리스도의 충만한 복을 가지고"(롬 15:29) 예루살렘에서 로마로 가기를 열망하였음에도, 그는 여전히 아직 초신자이며, 경험이 많지 않은 신자들에게서 영적으로 얻기를 원하였다.

바울 서신에서 말씀을 통해 영적 은사를 계속 받았다는 다른 증거는 갈라디아서 3장 5절이다. 사도 바울은 독자들에게 묻는다. "너희에게 성령을 주시고 너희 가운데서 능력을 행하시는 이의 일이 율법의 행위에서냐 혹은 듣고 믿음에서냐?" 믿음으로 받는 말씀이 카리스마타를 부어주시는 통로가 된다.

로마서 12장 1절 이하는 이런 의미로 이해해야 한다. 로마서 9장에서 11장까지 바울은 하나님의 은혜로운 다스리심 아래 유대인과 이방인들을 하나로 묶으시려는 신비한 계획을 묘사한다. 바울은 지금 독자

---

26) Ernst Käsemann, *An die Römer,* Handbuch zum Neuen Testament, 3d ed (Tübingen: J. C. B. Mohr [Paul Siebeck], pp. 16f.

들에게 그들의 마음을 새롭게 함으로 "변화를 받아", "하나님의 뜻이 무엇인지 분별할 수" 있도록, 그들의 몸을 하나님께 "산 제물"로 바침으로써 하나님의 측량할 수 없는 자비하심을 찬양하라고 권면한다. 그렇게 하나님께 자기 자신을 계속하여 바치는 사람들은 −여기에 전체적으로 사용된 현재형은 반복하는 행동을 가리킨다− 회중 가운데서 특별한 위치를 갖는 새로운 통찰력을 받는다. 다른 말로 하면, 그들은 자신이 소유한 카리스마타와 어떻게 그 은사들을 사용해야 하는지에 대한 보다 분명한 비전을 받는다. 바울은 새로워진 마음으로 그들이 이런 일을 할 수 있다고 로마 교인들에게 말한다.

> 내게 주신 은혜로 말미암아 너희 각 사람에게 말하노니 마땅히 생각할 그 이상의 생각을 품지 말고 오직 하나님께서 각 사람에게 나누어 주신 믿음의 분량대로 지혜롭게 생각하라 우리가 한 몸에 많은 지체를 가졌으나 모든 지체가 같은 기능을 가진 것이 아니니 이와 같이 우리 많은 사람이 그리스도 안에서 한 몸이 되어 서로 지체가 되었느니라 우리에게 주신 은혜대로 받은 은사가 각각 다르니 (롬 12:3-6)

이 구절에서 카리스마타를 이미 회중 가운데 현재하는 것으로 본다. 로마 교인들에게 "은사들"(롬 12:6)이 있다. 그러나 하나님의 자비의 말씀에 대한 새로운 응답을 통해 이 카리스마타가 사실상 다시 주어질 것이며, 그 은사들을 이제 보다 깊은 의미에서 이해할 수 있다.[27] 가능

27) 그와 비슷한 은사의 "재전유"에 대해 딤전 4:14에 언급되어 있다. 거기에서 저자는 디모데에게 "네 속에 있는 은사 곧 장로의 회에서 안수 받을 때에 예언을 통하여 받은 것을 가볍게 여기지 말" 것을 권면하며, 딤후 1:6-7에서 저자는 젊은 독자에게 "그러므로 내가 나의 안수함으로 네 속에 있는 하나님의 은사를 다시 불일듯하게 하기 위하여 너로 생각하게 하노니 하나님이 우리에게 주신 것은 두려워하는 마음이 아니요 오직 능력과 사랑과 절제하는 마음"이라고 상기시킨다.

성과 제한이 각 신자들의 마음에 보다 예리하게 규정될 것이며, 그 결과 회중들 가운데 더 풍성한 상호의존이 일어날 수 있다.

신약 성서에서 세 구절이 큰 반대에 부딪쳤을 때 용기 있게 복음을 변호하는 것을 신자들에게 주어진 카리스마라고 확언한다. 예수의 말씀은 이것을 평이하게 진술한다.

> 사람들이 너희를 끌어다가 넘겨 줄 때에 무슨 말을 할까 미리 염려하지 말고 무엇이든지 그 때에 너희에게 주시는 그 말을 하라 말하는 이는 너희가 아니요 성령이시니라 (막 13:1, 또한 마 10:19-20, 눅 21:14-15을 보라)

이 약속은 사도행전에서 이중적으로 성취된다. 첫째로 예루살렘 당국이 사도들에게 공개적으로 예수에 대해 설교하지 말라고 명령했을 때(행 4:17-18), 사도들은 담대하게 하나님의 말씀을 전하도록 그들 자신을 성령으로 다시 채워주심을 느꼈다(행 2:4, 4:23-31). 그리고 두 번째로 스데반은 자유민들의 회당에서 예수의 메시아 되심을 부인하는 유대인들의 논증을 반박하는 비상한 지혜를 성령을 통해 받았다(행 6:8-10). 이 구절들에서 그리스도인들이 당국에 의해 감금당했을 때, 특정한 은사를 언제나 사용할 수 있는 것으로 이해되었다. 스텐달Krister Stendahl이 "법정에 선 그리스도인들은 성경이 성령의 특별한 은사를 약속한 유일한 사람이다."[28]라고 말한 것은 적절하다. 예를 들어 방언과 연관해서는 그러한 약속이 없다. 그러나 그리스도인들이 그 세대의 불신의 권세 앞에서 솔직한 언어로 자신의 신앙을 변증해야할 때, 그들은 카리스마를 받으리라고 확신

---

28) Krister Stendahl, "Glossolalia-New Testament Evidence", in *Paul Among Jews and Gentiles* (Fortress Press, 1976), p. 120.

할 수 있다.

이제까지 우리는 신자들이 어떤 다른 사람이 주도한 결과로, 즉 세례나, 다른 사람의 선언, 또는 법정 앞에서 그리스도인의 증언을 통한 성령의 직접적인 개입으로 받는 은사를 논의했다. 우리는 이미 신자들 자신이 영적 은사를 받는 것에 대해 어떤 일을 할 수 있다는 것을 발견했다. 바울은 그들이 더욱 큰 은사를, 특히 예언하기를 "구하고", "사모"해야 한다고 말한다(고전 12:31, 14:1). 이러한 추구가 자기 강화를 위한 것이 되어서는 안 된다. 오히려 그것은 고린도전서 14장이 보여주는 바와 같이 신자가 회중 가운데서 사역을 위해 더 갖추어야할 필요를 표현한 것이다.

카리스마타를 구하는 두 가지 길이 있다. 하나는 너무나 당연한 것이지만 기도이다. 그래서 바울은 "방언을 말하는 자는 통역하기를 기도할지니"(고전 14:13)라고 쓴다. 아마도 유대의 공회 앞에서 선한 고백을 할 수 있도록 성령께서 그들을 도울 것이라는 예수의 약속을 기억하면서, 예루살렘의 사도들은 이렇게 기도했다. "주여 이제도 그들의 위협함을 굽어보시옵고 또 종들로 하여금 담대히 하나님의 말씀을 전하게 하여 주시오며 손을 내밀어 병을 낫게 하시옵고 표적과 기사가 거룩한 종 예수의 이름으로 이루어지게 하옵소서"(행 4:29-30). 곧이어 누가는 "빌기를 다하매 모인 곳이 진동하더니 무리가 다 성령이 충만하여 담대히 하나님의 말씀을 전하니라"(행 4:31)고 보도한다. 후에 치유와 표적과 기사를 구하는 기도도 긍정적인 응답을 받는다(행 5:12-16). 그러한 사건들은 누가가 기록한 예수의 말씀 안에서 예기되었던 것으로 보인다.

> 구하라 그러면 너희에게 주실 것이요 찾으라 그러면 찾아낼 것이요 문을 두드리라 그러면 너희에게 열릴 것이니 구하는 이마다 받을

> 것이요 찾는 이는 찾아낼 것이요 두드리는 이에게는 열릴 것이니라 너희 중에 아버지 된 자로서 누가 아들이 생선을 달라 하는데 생선 대신에 뱀을 주며 어떤 사본에, 떡을 달라 하면 돌을 주며 알을 달라 하는데 전갈을 주겠느냐 너희가 악할지라도 좋은 것을 자식에게 줄 줄 알거든 하물며 너희 하늘 아버지께서 구하는 자에게 성령을 주시지 않겠느냐 하시니라(눅 11:9-13)[29]

예수는 신자들이 구하는 은사를 항상 받을 것이라고 말하지 않았다. 다만 하나님의 응답 가운데 어떤 성령의 현현이 있을 것이라고 말하였다. 반면에 영적 은사를 받기 위해 특별하게 간구의 기도를 드릴 필요가 없는 것으로 보인다. 사도행전 13:1 이하에 보면 성령께서 안디옥 교회에 (예언을 통해?) 사울과 바나바를 선교여행을 위해 따로 세우라고 명령하셨을 때, 교회의 선지자와 교사들은 "금식하고 기도했다." 금식은 이들이 하나님의 인도를 구하였다는 것을 보여주지만, 그들이 카리스마를 받기위해 기도했다고 본문 안에서 확인할 수 없다.

신약 성서는 중보기도를 통해 다른 사람이 은사나 성령을 받게 하는 것이 가능하다고 가르친다. 사마리아의 새신자들이 세례 받았을 때에 성령 받지 못한 것을 알고, 베드로와 요한이 "내려가서 그들을 위하여 성령 받기를 기도"(행 8:15)했다. 골로새 교회에 보내는 편지에서 저자는 "이로써 우리도 듣던 날부터 너희를 위하여 기도하기를 그치지 아니하고 구하노니 너희로 하여금 모든 신령한 지혜와 총명에

---

29) 마태복음의 병행 구절(마 7:11)에는 "성령" 대신에 "좋은 것"이 있다. 누가는 성령의 역사를 강조하려는 경향이 있기 때문에, 이 말씀은 아마도 예수의 말씀에 대한 누가의 해석일 것이다. 누가는 오순절 전에 성령 받기를 위하여 기도하라고 하신 명령을 제자들이 순종한 것으로 이해했을 것이다(행 1:14). 그러나 누가가 신자들에게 자신의 복음서를 쓰고 있는 한에는, 누가복음 11:9-13에 기록된 예수의 말씀을 폭넓게 적용-즉, 모든 그리스도인들에게로-하려는 의도를 가지고 있었을 것이다.

하나님의 뜻을 아는 것으로"(골 1:9) 채워주시도록 기도했다는 것을 독자들에게 확신시킨다. 바울 자신이 성령을 부어주시도록 드렸던 중보기도에 대해 말한다. 고린도후서 1장 11절에서 그는 자신의 기대하지 못했던 석방을 "많은 사람의 기도로 얻은 축복"이라고 부른다. 본문의 맥락에서 이 구절을 올바르게 해석한 바레트C. K. Barrett의 번역은 "많은 기도"가 바울 자신에게만 한정되지 않았다는 것을 분명히 한다.

> 우리를 위협하는 사망에서 구하시고, 앞으로도 구하실 분은 하나님이십니다. 우리는 하나님 그 분 안에 우리 희망을 둡니다. 만약 여러분이 기도로 우리를 위하여 협력한다면, 하나님께서 우리를 구하실 것입니다. 그것은 많은 사람의 중보로 우리에게 부어진 은혜의 선물charisma로 인해 우리를 대신하여 많은 사람들이 하나님께 감사를 드리기 위함입니다.[30]

여기에서 사도 바울은 그가 섬겼던 신자들의 기도를 통해 카리스마를 받았다. 은사가 하나님께로부터 하나님께서 위임하시고 임명한 종들에게 그들의 섬김이 가장 필요한 사람을 통해 흘러갈 수 있다. 그 안에서 우리는 하나님의 생생한 은혜에 특징적인 상호성을 본다.

우리는 영적 은사를 구하는 두 가지 길이 있다고 말했다. 그 첫째가 기도라면, 둘째는 사랑의 행위라고 말할 수 있을 것이다. 바울은 고린도전서 12장을 다음과 같은 말로 끝맺고 있다.

> 다 사도이겠느냐 다 선지자이겠느냐 다 교사이겠느냐 다 능력을 행

---

30) C. K. Barrett, *The Second Epistle to the Corinthians* (Harper & Row, Publishers, Inc., 1973), pp. 57, 66-68.

> 하는 자이겠느냐 다 병 고치는 은사를 가진 자이겠느냐 다 방언을 말하는 자이겠느냐 다 통역하는 자이겠느냐 너희는 더욱 큰 은사charismata를 사모하라 내가 또한 가장 좋은 길을 너희에게 보이리라(고전 12:29-31)

"가장 좋은 길"은 다름 아닌 사랑이다. 바울은 고린도전서 13장에서 이것을 소개한다.

> 내가 사람의 방언과 천사의 말을 할지라도 사랑이 없으면 소리 나는 구리와 울리는 꽹과리가 되고 내가 예언하는 능력이 있어 모든 비밀과 모든 지식을 알고 또 산을 옮길 만한 모든 믿음이 있을지라도 사랑이 없으면 내가 아무 것도 아니요 내가 내게 있는 모든 것으로 구제하고 또 내 몸을 불사르게 내줄지라도 사랑이 없으면 내게 아무 유익이 없느니라 .... 사랑은 언제까지나 떨어지지 아니하되 예언도 폐하고 방언도 그치고 지식도 폐하리라 우리는 부분적으로 알고 부분적으로 예언하니 (고전 13:1-3, 8-9)

가장 좋은 카리스마타라 할지라도 다른 사람을 섬기는 사랑으로 인도되지 않는다면, 이기주의의 무가치한 과시가 된다. 오래 참는 사랑이 영적 은사들을 사용하는 올바른 "길"이다. 왜냐하면 그 사랑이 은사들을 참된 상관관계 안에 두기 때문이다. 궁극적으로 은사들은 그 자체로 가치 있는 것이 아니라, 그 은사가 신자들에게 갖추게 하는 다른 사람을 향한 사랑이 가치 있는 것이다. 그것이 사랑의 송가를 부른 바울이 다음과 같은 말로 14장을 시작하는 이유이다. "사랑을 추구하며diokete 신령한 것들을 사모하라zeloute." '추구하라'는 그리스어는 뒤의 단어보다 더 강력한 뜻을 가졌다. 바울은 고린도교인들에게 그들이 영적 은사를 추구하면서 정신적, 신체적인 에너지를 이웃을 사랑하는

데 쏟아야 한다는 것을 말하고자 했다. 고린도교인들은 "성령의 나타남을 사모함"(고전 14:12)을 보여주었다. 그러나 대부분 그것은 자기 자신을 이웃과 구별하고 자신을 세우기 위함이었던 것으로 보인다(고전 12:20 이하, 14:4, 26 이하). 현대 언어로 말하자면, 그들은 자기 형제자매들과 경쟁하는 가운데 자신의 개인적인 영적 잠재력을 개발했다고 할 수 있다.

바울은 모든 신자들이 동시에 자기 영적 은사를 행하기 위해 크게 소리를 지르는 혼란스러운 예배에 대해 교인들을 꾸짖었다(고전 14:23-26). 이러한 과시가 당사자에게는 유익을 주지만, 공동예배에서 나머지 사람들에게 도움을 주지 못하기 때문에 이기적이고 어리석은 것임이 증명된다(고전 14:1-11). 바울의 뒤틀린 주장이 12절에 나온다. "그러므로 너희도 영적인 것을 사모하는 자인즉 교회의 덕을 세우기 위하여 그것이 풍성하기를 구하라"(고전 14:12). 사실상 바울은 만약 고린도교인들이 진정으로 서로를 강건하게 하기를 시도한다면, 그 일에 맞는 성령의 나타나심이 따라올 것이라고 말한다(특히 예언). 건강한 교회를 위한 열정은 은사를 위해 기도하게 하지만(고전 14:13), 어떤 의미에서 기도는 은사에 우선하고, 분리할 수 있는 것이다. 사랑의 의도에 사랑의 행동을 더하는 "가장 좋은 길"은 기도자들을 하나님 뜻에 따르도록 만든다. 자기 자신의 영적 진보에 대한 열망보다는 이웃의 필요에 초점을 맞추는 것은 역설적이게도 영적으로 자라나는 강력한 수단이 된다(막 4:23-24).

바울은 사랑을 성령의 열매라고 부르기 때문에, 사랑의 경향도 하나님 은혜의 선물로 온다고 말한다(고전 15:10을 보라). 그러나 이것은 그것을 실현하려는 인간의 노력을 요구하는 은사이다. 심리적으로 보면, 우리는 그 은사를 타성의 극복, 일, 심지어 위기로도 경험할 수 있다. 바울이 고린도후서 9장을 썼던 때에 그는 만약 고린도교인들이 예루살렘의 가난한 그리스도인들의 필요에 응하기 위해 연보를 보내달라는 바울의 호소대로 한다면 그들 자신도 재정적인 부족을 겪게 되리라는 우려를 감지하고 있었다. 바울은 하나님의 비상한 경륜을 그들에게 상기시킨다.

> 이것이 곧 적게 심는 자는 적게 거두고 많이 심는 자는 많이 거둔다 하는 말이로다 .... 하나님이 능히 모든 은혜를 너희에게 넘치게 하시나니 이는 너희로 모든 일에 항상 모든 것이 넉넉하여 모든 착한 일을 넘치게 하게 하려 하심이라 기록된 바 그가 흩어 가난한 자들에게 주었으니 그의 의가 영원토록 있느니라 함과 같으니라 심는 자에게 씨와 먹을 양식을 주시는 이가 너희 심을 것을 주사 풍성하게 하시고 너희 의의 열매를 더하게 하시리니 너희가 모든 일에 넉넉하여 너그럽게 연보를 함은 그들이 우리로 말미암아 하나님께 감사하게 하는 것이라 (고후 9:6-11)

로마서 12장 8절에서 이렇게 베푸는 것을 카리스마로 이해했다. 고린도후서 9장 6절 이하에서 이 은사는 그것을 실제로 실행해보기 전에는 자신의 것으로 의식적으로 경험할 수 없다는 말도 덧붙인다. 바울은 우리가 특별히 은사를 받았다고 느끼지 않는다 해도, 하나님은 관대하신 분이라는 확신으로 행동해야 한다고 말한다. 모든 것은 하나님에 대한 우리 관점에 달려있다. 하나님께서 인색하신 분인가, 아니면 관대하신 분인가? 만약 후자라면, 하나님께서 필요한 카리스마타를 부어주실 것을 신뢰하며 대담하게 사랑할 수 있다.

신령한 은사는 물세례를 통해, 그리고 선포된 말씀에 대한 신실한 응답과 재판에서 신자들이 변증할 때 성령의 말씀으로, 기도와 사랑의 행동을 통해 받을 수 있다. 그러나 카리스마타의 전달에 대한 또 다른 관점이 있는데, 우리는 그것을 구약성서 부분에서 다루었다. 그것은 다른 모든 양식을 포괄한다. 그것을 하나님께서 원하시는 때에, 기뻐하시는 방법으로 카리스마타를 주시는 하나님의 주권적인 자유라고 부를 수 있다. 인간의 소망, 의지, 노력과는 전혀 별개로 하나님은 당신의 은사를 부어주신다(또는 보류하신다). "이 모든 일은 같은 한 성령이 행하사 그의 뜻대로 각 사람에게 나누어 주시는 것이니라"(고전 12:11). 우리가 어떤 은사를, 어떤 방식으로 받아야 하는지 결정하는 분은 오직 하나님 한 분이시다. 바울은 이스라엘도 예수의 메시아 됨을 거부하기는 했지만, 하나님의 옛 선택에 의해 은사를 받은 민족이며, 앞으로도 그럴 것이라고 말한다(롬 11:28-29).

교회 역사에서 오순절 사건은 하나님의 은사를 주시는 주권을 분명히 보여준다. 누가가 사도들과 동료들이 성령 강림에 앞서 기도했다고 진술하기는 하지만(행 1:14), 그는 오순절로 임한 카리스마타가 그들이 기도한 결과라고 결코 암시하지 않는다. 그에게 성령의 약속은 사도들이 그것을 구할 마음을 갖기 이전에 이미 주어진 것이었다(눅 24:49, 행 1:5, 8). 성령의 부으심은 누구도 저항하거나, 빠르게 할 수 없는 하나님 섭리의 한 국면이다. 누가는 바울의 회심과 성령 받음을 하나님의 주권적인 행위로 이해하였다(행 9장, 또한 갈 1:15). 바울이 다메섹으로 가던 도중에 그리스도를 충격적으로 만난 다음에, 그 도시에 살고 있던 신자인 아나니아는 환상 가운데 하나님께서 자신의 박해자를 치유하고 세례 주라는 명령을 받는다. 아나니아는 이 부르심에 저항하지만, 결국 모세와 구약 예언자들의 전통에서 그렇듯이 자신의 임무를 수행한다.

> 아나니아가 떠나 그 집에 들어가서 그에게 안수하여 이르되 형제 사울아 주 곧 네가 오는 길에서 나타나셨던 예수께서 나를 보내어 너로 다시 보게 하시고 성령으로 충만하게 하신다 하니 즉시 사울

의 눈에서 비늘 같은 것이 벗어져 다시 보게 된지라 일어나 세례를 받고 음식을 먹으매 강건하여지니라 (행 9:17-19)

사울이 안수를 통해 치유의 카리스마를 받았다는 것이 내포되어 있다. 우리는 그가 성령 충만을 받은 것이 세례 이전, 또는 그 도중, 아니면 그 직후인지 알 수 없다. 그러나 분명한 것은 그가 교회에 받아들여지는 그 모든 과정 배후의 주동자는 오직 하나님이시라는 것이다.

그와 비슷하게 사마리아에서 신자들의 일을 통제하신 분은 하나님이시다. 그들은 예수의 이름으로 올바로 물세례를 받았고, -우리가 말할 수 있는 한- 믿음에 부족한 것이 없었다. 그러나 그들은 여전히 성령의 은사를 받지 못했다. 누가에 따르면, 하나님께서는 *이 경우에* 베드로와 요한을 통해 기도와 안수에 의해 성령을 부어주시기로 선택하셨다(행 8:12-17). 그와 상반되게 (그러나 역시 하나님의 주권적인 개입을 통해) 이방인 고넬료의 집에 기도하거나 베드로 편에서 손을 대기 이전에 카리스마타를 받는다(행 10장). 사실상 이 새로운 신자들은 그들이 그리스도에 대한 믿음을 고백하기 이전에도 방언을 하기 시작했다. 또는 오히려 누가가 "하나님을 높이는"(행 10:46) 언어로 묘사한 방언이 그들의 믿음의 고백을 구성한다.

우리는 위에서 바울의 독신 은사가 시간이 가면서 점점 그가 의식하게 된 것이라고 말했다. 그의 서신 가운데 이에 대해 공감적으로 말할 수 있는 정보는 거의 없다. 어떻게 그가 이 은사를 구했는지, 아니면 저항했는지, 어느 날 예언을 통해 그 은사를 발견했는지(딤전 4:14을 보라) 우리에게 말하는 대신에, 그는 단순하게 "하나님께 받은 자기의 은사charisma"(고전 7:7)라고 밝힌다. 그 점에 관해서 바울은 자신을 예외적이라고 여기지 않았다. 그는 계속해서 모든 신자들이 하나님께로부터 그러한 개인적인 은사를 받았다고 진술하기 때문이다. "이 사람은 이러하고 저 사람은 저러하니라"(고전 7:7b). 이 생각은 로마서 12장에서 되풀이된다.

> 내게 주신 은혜로 말미암아 너희 각 사람에게 말하노니 마땅히 생각할 그 이상의 생각을 품지 말고 오직 하나님께서 각 사람에게 나누어 주신 믿음의 분량대로 지혜롭게 생각하라 ... 우리에게 주신 은혜대로 받은 은사가 각각 다르니 (롬 12:3 이하)

하나님만이 당신 섭리의 뜻을 따라 신자들에게 카리스마타를 나누어 주신다. 하나님께서는 당신의 독단적인 능력을 증명하거나, 어떤 사람에게 다른 사람보다 더 호의를 베풀기 위해 그렇게 하시는 것이 아니라, 서로를 돌보는 공동체를 형성하기 위한 것이다. 단순히 우리 소망을 따라서가 아니라, 하나님 자신의 계획을 따라 은사를 부어주심을 통해, 하나님께서는 더 조화롭고 사랑하는 교회를 만드시려고 일하신다.

앞서 제기했던 문제로 돌아가 보자. 신자가 예언, 지혜, 지식의 더 높은 은사(고전 12:8-11)를 받을 자격을 갖추기 전에 경험해야 하는 어떤 특정한 영적 사건이나 카리스마가 있는가? 대답은 그렇지 않다는 것이다. 우리는 신약성서 자료에서 은사의 전달에 관해서 수많은 다양성이 있음을 보았기 때문에, 확고한 법칙을 규정하는 데 주저한다. 때로 성령은 물세례에서 자신을 드러내고, 때로는 그 이전이나, 후에 드러낸다. 기도와 안수는 더 좋은 카리스마타를 받는 것보다 먼저 일어날 수 있고, 아닐 수도 있다.[31] 신령한 은사들은 복음의 선포된(또는

---

31) 행 8:17과 19:6은 처음이지만, 지체되었던 성령의 오심과 연관된 안수를 언급한다. 딤후 1:6에서 저자는 디모데가 안수 받을 때에 일어났던 신체적 접촉을 마음에 두고 있다. 그와 상반되게 딤전 4:14은 디모데에게 그의 안수식을 상기시키는데, 그때 카리스마타를 "장로의 회에서 안수 받을 때에 예언을 통하여" 전해 받았다. 이

낭독된) 말씀에 신실한 응답을 통하여 부어질 수 있다. 세상의 법정에서 자기 신앙을 변호하는 그리스도인들은 비록 그것이 어떤 형태로 올지 미리 알 수는 없지만, 성령이 주시는 담대한 말의 은사를 기대할 수 있다. 신자들은 기도와 사랑의 행동을 통해 영적 은사를 구할 수 있으며, 누가에 따르면, 예수는 하나님께서 구하는 자에게 성령을 보류하지 않으실 것이라고 약속했다(눅 11:13). 그러나 성경 저자들은 성령 강림이 고린도전서 12장에서 열거된 카리스마타 가운데 하나, 또는 그 이상의 형태를 필연적으로 취할 것이라고 진술하는 것을 조심스럽게 삼간다. 결국 하나님만이 은사와 그 은사를 허락하시는 방식을 결정하신다. 신약성서는 강한 신앙을 갖고 있는 사람이 그로인해 더 좋은 은사를 받는다고 한 번도 암시하지 않는다. 이와 연관해서 우리는 교회의 박해자였던 바울을 떠올리면 될 것이다.[32]

확실히 신자들은 영적 은사를 받기 위해 무엇인가를 하도록, 즉 그 은사들을 구하라는 권면을 받는다. 그러나 신약성서 어디에도 어떤 특정한 행동, "영적인" 경험, 또는 카리스마가 더 좋은 은사를 보증한다는 어떠한 암시도 없다. 사다리를 올라가는 것 같이 이해하는 것은 은혜에 의한 칭의 복음을 거스른다. 분명히 신약 성서는 때로 물세례와 별개의 성령 세례를 언급한다(마 3:11, 막 1:8, 눅 3:16, 요 1:33, 행 1:5, 2:1-13, 11:15-16).[33] 그러나 이 경험이 신자들 가운데 규범적이거

구절은 처음 성령이 임한 후에 받았던 사역을 위한 카리스마를 언급하는 것 같다. 그러나 초대교회 신자들은 일반적으로 안수를 카리스마타를 받는 데 규범적인 것으로 거의 이해하지 않았다. 고전 12-14장에서 바울은 다른 사람의 손을 통하여 더 좋은 은사를 받는 것에 대해 전체적으로 단 한마디도 하지 않는다. 사실상 고전 1:10-17은 이름난 지도자에게 받은 물세례에 근거해서 영적인 특권을 주장하려는 사람들에게 맞서는 논박과 같이 보인다.

32) 바울은 그리스도의 몸의 약하고 열등한 지체들, 즉 인간적인 기준으로 은사를 덜 받은 자들에게 특별한 명예를 주셨다고 주장한다(고전 12:24).

33) 막 10:38-39과 눅 12:49-50에서 예수는 그와 그의 제자들 가운데 몇몇이 겪을 세례

나 자주 일어나는 일, 또는 더 좋은 카리스마타를 받기 위한 필수적인 준비행위로 간주해야 한다는 어떠한 암시도 없다. 바울은 신령한 은사에 대한 자신의 논의에서 그러한 것을 언급한 적이 없다. 대신에 그는 원하시는 때에 카리스마타를 나누어 주시는 성령이 처음으로 물세례 때에 주시는 자와 선물로써 자신을 개인들에게 드러내신다고 전제한다(고전 12:11-13).[34)]

성서적으로 보면, 이것이 문제의 개요이다. 방언을 하기 위해 물세례를 받을 필요가 없다(행 10장). 더 좋은 은사인 예언이나, 아니면 다른 어떤 카리스마타를 받기 위해 방언을 해야 할 필요는 없다. 하나님께서 원하신다면, 물세례와 구별된 성령 안에서의 세례 없이 방언이나, 예언, 또는 더 좋은 은사를 행할 수도 있을 것이다(고전 14장).[35)]

신령한 은사를 주심에 대한 수많은 신약성서 구절에서 두 가지 공통된 특징이 있다. 첫째, 은사를 받는 개인이 그 은사들을 바라고, 그것도 하나님께로부터 오는 은사들에 충분한 관심을 기울여야 한다. 이

를 예견하지만, 물이나 성령을 언급하지는 않았다. 두 구절에서 본문의 맥락은 이 세례가 아마도 고난과 죽으심을 언급한다는 것을 가리킨다.

34) 바울 서신 전체에서 헬라어 동사 baptizein과 명사 baptisma는 동일한 것, 즉 물세례를 의미한다(롬 6:3, 4, 고전 1:13, 14, 15, 16, 17, 갈 3:27, 엡 4:5, 골 2:12). 프레드릭 브루너Frederick D. Bruner는 고전 12:13에 대한 논의에서 그것이 성령 안에서의 세례를 말하는 신약 성서의 본문들(마 3:11, 막 1:8, 눅 3:16, 요 1:33, 행 1:5, 11:16)과 언어적으로 구별할 수 없음을 보여주었다. 다른 말로 하면 바울은 물세례와 성령세례가 보통 동시에 일어난다고 생각했다. Bruner, *A Theology of the Holy Spirit*, pp. 291-295, 특히 p. 293, n. 13을 보라. 반면에 고전 12:13("다 한 성령으로 세례를 받아")은 물세례, 즉 고린도인들의 회심에 앞선 성령의 현현을 언급하는 것일 수 있다(고전 2:1-5, 12:3). 그러나 바울은 이것을 세례라고 보지 않는다.

35) 신자들이 카리스마를 받을 때에 성령 충만의 새로운 느낌을 갖는다는 것은 논의의 여지가 없다. 바울은 자주 카리스마타에 대한 담론과는 별도로 성령이 가져다주는 기쁨, 평안, 능력에 대해 이야기한다. 롬 14:17, 15:13을 보라. 반면에 우리가 5장에서 보게 되겠지만, 카리스마타를 받고 실행하는 것이 항상 그러한 쾌활함을 낳지는 않는다.

러한 관심은 순종적인 추구(예를 들어, 행 10장의 고넬료)나 긴급한 필요(행 9장의 다메섹에서 눈이 먼 바울)의 형태로 나타날 수 있다. 다른 말로 하면, 끊임없이 은사를 가지고 우리에게 들어오고자 하시는 가까이 계신 하나님을 최소한이라도 우리가 의식해야 한다. 요한은 부활하신 주님께서 "볼지어다 내가 문 밖에 서서 두드리노니 누구든지 내 음성을 듣고 문을 열면 내가 그에게로 들어가 그와 더불어 먹고 그는 나와 더불어 먹으리라"(계 3:20)고 말씀하시는 음성을 듣는다. 작은 틈이라도 열려있는 사람이 하나님의 은사가 임하는 하나님 백성이다.

은사 받는 것에 대한 신약성서 구절의 두 번째 공통된 특징은 한 가지 예외를 제외하고[36] 은사가 적어도 한 사람 앞에서, 보통은 그보다 많은 사람들이 있는 자리에서 주어졌다는 것이다. 고린도후서 1장 8절-11절에서 보도하는 사망에서 건짐 받은(감옥에서?) 바울의 은사는 언뜻 보기에 홀로 받은 은사인 것 같지만, 그렇지 않다. 이 구절에서 전체적으로 사용하는 "우리"가 바울과 동역자인 디모데를 포함하지 않는다 해도(아마도 디모데를 포함할 것이다. 고후 1:1을 보라), 11절은 바울이 육체적으로 그와 함께 있지 않지만, 어쨌든 그 자리에 "현재하여" 그의 석방을 위해 기도했던 사람들을 생각하고 있음을 보여준다. 우리는 11절을 문자적으로 이렇게 표현할 수 있을 것이다. "우리를 위하여 간구함으로 돕는 여러분들과 함께 많은 사람들(또는 얼굴들) 앞에서 여러 사람의 힘을 통해 우리에게 주어진 카리스마가 우리를 위하여 감사로 인정될 것입니다." 다른 말로 하면, 바울은 그를 둘러싼 "구름떼 같은 증인들"(히 12:1), 즉 그의 석방을 위해 하나님께

36) 이것은 바울의 독신에 관한 문제이다(고전 7:7). 독신의 은사는 바울 혼자에게만 나타난 은사인가, 아니면 다른 사람에게도 나타났는가? 여기에 대해서는 확실한 대답을 얻을 만한 자료가 별로 없다.

감사하고, 그가 잘 지내도록 하나님께 간구하는 여러 지역의 그리스도인 공동체를 의식하고 있다. 만약 사도행전 9장 17절-19절에서 사울과 아나니아가 예수의 이름으로 모인 두 사람의 회중을 구성한다고 인정한다면, 신약 성서 전체에서 은사를 받음에 있어 그 공동적인 측면이 확인된다고 말할 수 있다. 대부분 성령의 은사는 보다 큰 집단 내에서(예를 들어, 행 2장, 4:24 이하, 8:14 이하, 10:44 이하, 19:1 이하), 그리고 특히 예배 때(행 13:1 이하, 고전 12-14장, 아마도 롬 12:1 이하, 벧전 4:9-11)에 개인에게 온다. 이것은 종교를 사적인 어떤 것으로 규정하는 경향이 있는 북미 개신교도들에게 영적 성장의 조건에 대한 강력한 말이 될 것이다.

현대 기독교 집단에서 신약 성서가 지시하는 이 힘을 붙잡은 것으로 보이는 공동체는 워싱톤 D. C.의 세이비어 교회The Church of Saviour이다. 교회 지도자인 엘리자베스 오코너Elizabeth O' Connor는 자신의 책 "*창조의 여덟 번째 날Eighth Day of Creatio*n"에서 이 교회를 "은사를 일으키고, 은사를 담지 하는 공동체"가 되게 한 것은 교회 내에서의 집단 과정이라고 말한다. 그녀는 고든 코스비Gordon Cosby 목사의 말을 인용하여 이렇게 쓴다.

> 각 사람이 자신의 은사를 실행할 때, 그는 삶의 중심이 된다. ... 만약 교회의 소집단 가운데 열 사람이 있어, 각자가 전체를 위해 성령의 은사를 행하는 사람이라면, 당신은 사람을 끌어당기는 힘을 가진 집단을 갖는 것이다. 사람들이 그 주위에 몰려든다. 그들은 거기에 반응하며, 사랑하고, 미워하기도 한다. 그러한 집단은 치유하고, 해방하며, 마성적인 체제와 사회 구조에 맞서 싸울 힘이 있다.[37)]

---

37) Elizabeth O' Connor, *Eighth Day of Creation* (Word Books, 1975), pp. 8-9.

오코너가 보여주듯이, 대개 고립되어 자신의 은사를 발견하지 않는다. 보통 신자들의 공동체가 각 개인들에게 공동의 선을 위해 맡겨진 특별한 은사를 확인하도록 도와줌으로써 하나님의 부르심을 중재한다. 신자들의 공동의 몸을 통해, 그 사람은 "불러낸 사람"이 된다.

오코너는 공동체 안에서 은사를 받고 실행하는 것이 쉬운 일이 아님을 독자들에게 조심시킨다. 그것은 구조, 훈련, 투쟁, 시험, 오류를 요구하는 과제이다. 자주 부정적인 감정이 발견의 기쁨과 뒤엉킨다. 불가피하게 어떤 신자들은 다른 이의 은사를 부러워한다. 어떤 사람은 자신의 은사를 발견하기를 포기한다. 자신의 은사를 인식하고 찾아낸 어떤 사람은 그 은사가 사람들이 더 이상 찾는 것이 아니기 때문에 실망하거나, 공동체를 위해 그 은사를 실행할 때 따라오는 책임을 두려워하기도 한다. 어떤 이들은 하나님께서 그들을 새로운 도전을 향해 나가도록 이끌어내시고자 하는 것을 인식하지 못해, 자신이 이미 받은 은사에 매달리기도 한다. 그럼에도 세이비어 교회는 해가 갈수록 은사를 일깨우려는 노력이 거듭해서 예수의 달란트 비유의 진리를 증명한다는 것을 발견했다. 그들에게 맡긴 달란트로 장사한 말씀 속의 두 종은 두 배를 남겼다. 비유에서 주인은 "그 주인이 이르되 잘하였도다 착하고 충성된 종아 네가 적은 일에 충성하였으매 내가 많은 것을 네게 맡기리니 네 주인의 즐거움에 참여할지어다"(마 25:23)라고 말한다. 오코너는 주인의 즐거움이란 하나님의 은사를 분별하고 사용하도록 우리가 받은 것이라고 한다. 그 보상은 "더 높은 임금, 승진, 동료들의 인정이 아니라, 우리 안으로 흘러들어와 우리 자신의 삶에서 은혜로운 변화의 역사를 성취하시는 창조적인 능력에 있다."[38] 그러한 힘은 신자들의 공동체 안에서 신령한 은사들을 받고, 사용함으로 가장 극적으

---

38) *Ibid*., p. 52.

로 나타난다. 카리스마타는 다시 사역으로써 공동체에 되돌아올 수 있도록, 자유롭게 공동체에서 개인에게 전해진다.

카리스마타와 은사 받은 자: 작업가설적인 정의

카리스마타와 은사 받은 자에 대한 시험적인 정의를 내림으로써 이제껏 논의했던 것을 정리해 보겠다. 우리가 신약성서의 증언을 정확하게 이해했다면, 대부분 바울이 사용한 *카리스마*라는 단어는 은사들의 눈부신 다양성을 가리킨다. 은사는 특정하게 현현하는 성령 자체와, 물질적인 조건과 감정적인 상태, 기질의 변화, "평범한" 달란트와 "비상한" 달란트를 포함한다. 그러한 은사들은 아주 일시적일 수 있고, 또한 은사를 받은 자에게 평생 유지될 수 있다. 어쨌든 카리스마는 하나님으로부터 온 선물로써 의식적으로 받는 것이다. 물질적인 대상 자체가 카리스마라고 불린 적은 없다. 돈을 모금하고 나누는 능력이 카리스마일 수는 있지만, 돈 자체와 그 소유가 카리스마는 아니다. 언제나 하나님의 특별한 은사는 하나님 은혜를 통해 신자들에 의해 내면화되는 힘이나 가능성으로 나타난다. 그 은사들이 개인에게 고유하게 맞게 된다. 신약성서가 카리스마타를 성령의 선물이라고 확인하지만(롬 1:11, 고전 12:1-11, 14:1), 그에 동반해야 하는 성령의 특정한 체험을 규정하지는 않는다. 바울은 자주 성령 자체를 전혀 언급하지 않고 카리스마타를 말한다. 또한 그가 카리스마타의 기원을 숙고할 때, 명시적이든 함축적이든 가장 공통적으로 사용하는 언어 표현은 "하나님의 카리스마"이다(롬 1:8-12, 5:15-16, 6:23, 11:28, 29, 12:3-6, 고전 1:4-7, 7:7, 12:6, 27-31, 고후 1:8-11). 받는 자가 그 배후에 하나님의 은혜로운 손길을 보지 못하는 한, 어떠한 선물도 카리스마로 부를 수 없다.

그 사람은 카리스마로 단순히 포장한 상품, 객관적인 물건을 받는 것이 아니라, 주시는 분과 새로운 관계를 받는 것이기 때문이다. 그 사람은 자신이 얼마나 하나님에 의존하여 있으며, 대화하고, 응답할 수 있는지 발견한다. 그는 보다 풍성하게 하나님의 자녀가 되는 것이 무엇을 의미하는지 배운다.(고후 1:8-11를 보라)

우리는 바울이 *카리스마*라는 단어를 유연하고 개방적으로 사용했음을 보았다. 사도 바울은 그 용어를 "영생"(롬 6:23)과 같은 우주적인 어떤 것으로, 또한 독신과 같은 자신의 개인적인 성향(고전 7:7)이나, 감옥에서의 석방(고후 1:8-11)과 같이 역사적으로 제한된 어떤 것에 그 용어를 적용하였다. 우리는 바울이 언제나 새로운 카리스마타를 발견하려고 하며, 그에 대한 서술을 고린도전서 12장과 로마서 12장으로 다 했다고는 생각을 하지 않았다는 인상을 받는다. 그러나 "더 좋은" 카리스마타, 즉 프뉴마티카pneumatika는 특별히 바람직한 것으로 나타난다. 바울은 신자들이 이 은사, 특히 예언을 의식적으로 구해야 한다고 했다. 당황스러울 만큼 넓은 의미의 범위 안에서 변치 않는 요소는 하나님께서 바로 그 자신을 위해 특정한 은사를 꼭 맞게 맞추셨다고 확인할 수 있는 순간을 신자들이 의식하는 것이다.

섬김으로 부르심을 그 은사가 부어졌던 때에 곧바로 느끼지 않았다 해도, 특징적으로 카리스마타는 그것을 받는 사람을 사역으로 이끈다. 때로 하나님께서 주로 우리를 회복시키고, 새롭게 하시기 위해 카리스마타 안에서 우리에게 자신을 나타내신다. 우리가 힘을 얻은 후에, 어떻게 우리 은사를 사용해야 하는지 배운다. 대조적으로 다른 카리스마타는 가장 치열하게 사역하는 가운데 주어진다.

요약하자면, 우리는 카리스마를 최상의 신적인－인격적인 선물로 생각할 수 있다. 그것은 한편으로 고유하게 "우리 것"이고 어떤 다른 사람의 것일 수 없다. 카리스마는 신자로서 개인적이고 집단적인 우리 정체성을 형성할 수 있는 힘을 지닌다. 다른 한편으로 카리스마는 우리 것이 전혀 아니다. 왜냐하면 카리스마를 받음은 아무것도 권리나 성취로 우리에게 속한 것이 아님을 우리에게 가르치는 효과가 있다. 모든 것은 우리보다 크신 그 분이 맡기신 것이다. “만물이 다 우리의 것이라”(고전 3:21) 고백하는 순간에, 우리는 또한 우리 자신이 그리스도에게, 그리고 그리스도를 통해 하나님께 속해있음을 감사로 인정하게 된다. 간단히 말하면, 카리스마타는 하나님 백성을 위한 하나님의 선물이다.

누구를 “은사를 받은 자”라고 불러야 하나? 이 단어가 성서에는 나오지 않기 때문에, 우리 대답은 사변적일 수밖에 없다. 그러나 신약성서 자료에서 만약 바울이나 누가가 그 단어를 사용했다면, 그것은 단순하게 갑자기 받은 선물에 경외와 겸손으로 반응하는 사람을 의미했을 것이다. 은사를 받은 자는 은사 뒤에 주시는 분을 바라보고, “나의 주님”이라고 말하는 사람일 것이다.

5장

십자가의 은사

5장

십자가의 은사

자신의 은사에서 하나님 임재를 느끼는 사람들은 자주 건강한 기쁨을 경험한다. 가끔 그들의 태도와 행동 양식들이 변화되어서 자기 자신을 전혀 새로운 사람으로 생각하기 시작한다. 기독교잡지 기자인 존 셰릴John Sherrill은 약 15년 전에 그가 성령세례라고 부르는 것을 체험했다. 그는 이 사건 이후 3개월을 "하나의 긴 미소"라고 묘사한다.

> 나는 이렇게 오래 지속된 행복을 경험해 본적이 없다. ....내 생애 대부분을 사람들과 안전거리를 유지하기 사용했던 깊이 뿌리박힌 심리적 경구들이 이 세 달 동안 완전히 사라졌다. 나는 옛 친구들을 전혀 다른 차원에서 알게 되었고, 수줍어하던 이전의 모습도 없이 새 친구들을 사귀었다.
> 성서 읽기가 새로운 방향으로 진행되었다.... 그것은 놀라운 모험이었다. 이전에는 전혀 이해하지 못했던 말씀에 초점을 맞추어 말씀을

> 읽었다. 우선 나는 시적인 읽기보다는 사실묘사적인 읽기로 복음서와 사도행전에 접근했다. 기적과 마귀, 치유, 성령의 이야기를 새로운 눈으로 읽었다. ....
>
> 그 때에 새 방언을 했다. 자연스럽게 다가온 것처럼 보인 두 종류의 사건이 있었다. 하나는 아름다움에 대한 반응이었다. 나는 1월 어느 날 아침 나무의 모든 잔가지들이 얼음으로 뒤덮였던 때를 특히 기억한다. 침실 창밖으로 빛나는 세상을 보았고, 그것은 소리만으로는 묘사할 수 없는 것을 표현하는 세상에서 가장 자연스러운 것으로 보였다. ....
>
> 다른 한 경우는 내가 [방언으로] 중보기도 할 때였다. 우리 교구의 한 남자를 위해 방언으로 기도하던 저녁을 기억한다. 그 아내는 이미 내게 자기 남편이 며칠 동안 잠을 자지 못했다고 털어놓았었다. 그것이 그녀가 말해준 전부였기 때문에, 나는 그 남자에 대해 거의 아무것도 알 수 없었고 그를 위해 하나님께 어떤 지적인 기도를 드린다는 것이 소용없는 일이었다.
>
> 그 날 새벽 3시에 일어났다. 그 때 내 마음에 드는 확신은 이 사람의 문제가 직장 동료 가운데 한 사람에 대한 오래된 분노이고, 해묵은 이 상처 때문에 그 사람을 결코 용서할 수 없다는 것이었다. 그 사람을 만나 이 사실을 말해주어야 한다는 확신이 들었다. 이 일을 해결하기 전까지는 다시 잘 수가 없었다.[1)]

셰릴은 계속해서 빌이라는 그 남자를 그의 "혹"과 함께 얼마나 조심스럽게 대했으며, 자기 생각이 정확하다는 것을 발견했는지 말한다. 빌은 어이없어서 말도 하지 못했다. 그러나 이렇게 드러낸 결

---

1) John Sherrill, *They Speak with Other Tongues*(Fleming H. Revell Company, 1965), pp. 124ff.

과 그는 곧 무거운 짐에서 벗어났다.[2] 분명히 셰릴은 자신의 은사 안에서 새로워진 자기 정체성과 그리스도의 몸 안에서 치유 사명을 발견했다. —이것이 바로 우리가 신약성서를 연구하면서 기대하는 것이다.

셰릴의 성령 체험이 회심 경험과 닮았다는 사실은 그의 다소 지나친 언사도 이해할 수 있게 한다. 실제 그의 삶은 엄청나게 달라진 특색을 보이기 시작했다. 바울 역시 고린도교인들과 편지를 주고받기 수 년 전부터 성령의 은사를 누렸던 경험이 많았다(고전 14:19, 고후 12:11-13, 롬 15:18f.). 그러나 그가 감옥에서 풀려나는 은사를 받은 후에, 그의 생애에 일어난 극적인 변화를 말한다(고후 1:8-11). 그것은 자기를 의지하는 데서 하나님을 신뢰하는 것으로 새롭게 전환한 것이다. (자기 의지는 심지어 사도들에게도 따라다니는 죄이다!) 그것은 마치 자신이 죽고 하나님에 의해 다시 사는 것과 같다고 바울은 말한다 —그 만큼 그 사건은 급진적이었다—(고후 1:9). 그것은 사도 바울로 하여금 그리스도께서 이 땅에 다시 오실 때에 그를 영접하기 위해 자기가 살아있을 것이라는 "확신"을 버리게 하고(살전 4:17, 고전 15:51f.) 예수님 재림 이전에 그가 죽을 수 있는 가능성을 숙고하기 시작했던 것 같다(고후 5:2-8, 빌 1:20ff.). 우리는 그에 대해 확실히 알 수는 없다. 중요한 것은 그리스도 안에서 은사를 받은 이런 사람도 새 은사로 더 변화할 수 있다는 것이다. 감옥에서 풀려난 경험을 통해 그는 사역을 위한 새로운 확신과 열심을 갖게 되었다(빌 1:20f.). 이 충만함의 느낌은 신자들이 카리스마를 발견했을 때 반응하는 전형적인 최초의 모습인 것 같다. 그러나 또한 전형적으로 이 충만함은 지속되지 않는다.

---

2) *Ibid.*, p. 126.

은사와 탄식

세 달 동안의 "미소" 후에 셰릴은 자신의 모든 은사 경험이 스스로 만들어낸 환상에 불과한 것이 아닌지 의심하기 시작했다. 방언도 전처럼 쉽게 되지 않았다. 방언을 할 때도 성령이 아닌, 자기가 유도하는 것은 아닌지 두려움을 갖게 되었다. 이러한 의심과 함께 그가 새로 발견한 온전함이 아주 자연적으로 성취된 것이고, 그러므로 더 이상 하나님께 의지하지 않고 유지할 수 있다는 암시가 숨어 있었다. 셰릴은 이러한 방향 전환을 일시적인 것이기는 했지만 "강렬했던 것"으로 묘사한다.[3)]

신약성서는 다시 회복된 신자에게 생기는 시험에 관해 비교될 만한 이야기를 하지 않는다(예수께서 광야에서 사탄에게 시험받은 것이 가끔 평행구로서 인용된다). 그러나 성서 저자들은 카리스마타와 함께 즐거운 경험뿐만 아니라 부정적인 경험도 온다는 것을 알고 있다. 이러한 현상과 가장 담대하게 씨름한 사람이 바울이었다. 로마서 12:3-6에서 바울은 독자들에게 그들의 카리스마타가 능력만이 아니라 한계임을 생각해야 한다고 경고한다. 하나의 은사를 받은 것은 다른 은사를 받지 않았음을 뜻한다. 질투는 끊임없는 위험이다. 그래서 바울은 다음과 같이 쓴다.

> 내게 주신 은혜로 말미암아 너희 각 사람에게 말하노니 마땅히 생각할 그 이상의 생각을 품지 말고 오직 하나님께서 각 사람에게 나누어 주신 믿음의 분량대로 지혜롭게 생각하라 우리가 한 몸에 많은 지체를 가졌으나 모든 지체가 같은 기능을 가진 것이 아니니 이

---

3) *Ibid.*, p. 127, 132.

> 와 같이 우리 많은 사람이 그리스도 안에서 한 몸이 되어 서로 지체가 되었느니라 우리에게 주신 은혜대로 받은 은사가 각각 다르니 (롬 12:3-6)

바울은 로마 교인들에게 그들이 이미 받은 은사를 더 충실하게 실천하기 위해 노력해야 한다고 권고한다. 동시에 그들은 자신의 은사를 넘어 이웃들보다 자기를 높이려는 유혹을 물리쳐야 한다. 여기에서 카리스마타는 교만을 둘러싼 울타리 역할을 한다. 은사는 신자들이 가질 수 있는 교만한 자아상을 억제한다. 우리는 적어도 로마 교인 가운데 몇몇은 이 소식에 실망했을 것이라고 추측할 수 있다.

그러나 한계는 은사와 함께 주어지는 질병만이 아니다. 더욱 매서운 것은 아마도 성령에 의해 소개된 완전한 구원에 대한 깊은 열망이다. 바울은 이것을 두 곳에서 쓰는데, 두 곳 모두 하나님의 성령과 물질의 질서와 연관이 있다. 고린도후서 5장에서 그는 말한다.

> 만일 땅에 있는 우리의 장막 집이 무너지면 하나님께서 지으신 집 곧 손으로 지은 것이 아니요 하늘에 있는 영원한 집이 우리에게 있는 줄 아느니라 참으로 우리가 여기 있어 탄식하며 하늘로부터 오는 우리 처소로 덧입기를 간절히 사모하노라 이렇게 입음은 우리가 벗은 자들로 발견되지 않으려 함이라 참으로 이 장막에 있는 우리가 짐진 것 같이 탄식하는 것은 벗고자 함이 아니요 오히려 덧입고자 함이니 죽을 것이 생명에 삼킨 바 되게 하려 함이라 곧 이것을 우리에게 이루게 하시고 보증으로 성령을 우리에게 주신 이는 하나님이시니라 (고후 5:1-5)

여기에서 신자의 삶이 조금도 평온하지 않은 것으로 나타난다. 그와 반대로 불안과 더 좋은 상태에 대한 갈망을 보여준다. 성령은 미래에 본향으로 가게 될 것을 "보증"하며, 동시에 그 보증은 현재 상태에 만족하지 못하게 한다. 로마서 8장에서 바울은 신자의 갈망이 우주적인 차원을 갖고 있음을 깊이 생각한다.

> 피조물이 다 이제까지 함께 탄식하며 함께 고통을 겪고 있는 것을 우리가 아느니라 그뿐 아니라 또한 우리 곧 성령의 처음 익은 열매를 받은 우리까지도 속으로 탄식하여 양자 될 것 곧 우리 몸의 속량을 기다리느니라 (롬 8:22f.)

이 구절을 산고에 대한 즐거운 찬양으로 해석하는 것은 잘못일 것이다. 바울은 고통과 불완전함에 대한 느낌을 말한다(롬 8:24 이하를 보라). 그는 구원의 첫 열매이며 장차 올 세대의 선구자인 하나님의 성령께서 신자들을 현재의 물질 질서의 고통보다 더 꽉 죄어 묶어놓는다는 역설을 발견한다. 카리스마타는 우리가 전에 전혀 의식하지 못했던 고통에 민감하게 한다. 카리스마타는 하나님의 구속 사역 가운데 괴로운 "아직 아닌not-yet" 것을 지적한다. 그것은 쉽게 짊어질 수 있는 것이 아니다.

> 이와 같이 성령도 우리의 연약함을 도우시나니 우리는 마땅히 기도할 바를 알지 못하나 오직 성령이 말할 수 없는 탄식으로 우리를 위하여 친히 간구하시느니라 (롬 8:26)

에른스트 케제만Ernst Käsemann은 이 인상적인 구절에서 바울이 바로 방언 은사에 초점을 맞추었다는 것을 보여주었다.[4] 바울의 진술 가

---

4) See Ernst Käsemann, "The Cry for Liberty in the Worship of the Church" in *Perspectives on Paul, tr. by Margaret Kohl* (Fortress Press, 1971), pp. 127-137.

운데 놀라운 점은 천사의 언어인(고전 13:1) 방언이 충만함뿐만 아니라, 결핍과 약함, 공허함을 표현하는 깊은 면이 있다는 것이다. 케제만은 이 맥락에서 우리가 방언을 "자유를 위한 외침"[5]이라고 부른다면 바울에게 들어맞을 것이라고 주장한다. 사도 바울에 따르면 특히 신자들은 도움을 청하기 위해 방언을 한다.[6] 그들의 카리스마는 성령의 도움과 그들 자신의 필요를 말해준다. 이 말이 함축하는 바는 자신의 카리스마타로 인해 끊임없이 자기를 능력 있게 생각하는 신자들을 흔들어 놓으려는 것이다. 바울의 의미는 자신의 약함을 가장 실제적으로 직면할 수 있는 사람이 바로 은사 받은 자라는 것이다.[7] 그들처럼 은사 받은 사람들은, 자신이 어떻게 기도해야 하는지도 모른다는 것을 인정해야 한다. 방언의 탄식에서 성령은 그들을 위해 기도한다.

성령의 탄식과 그 은사의 마지막 예로서 잘 알려진 갈라디아 5장을 살펴보도록 하겠다. 여기에서 바울은 "육체의 소욕"을 "성령의 소욕"과 대비한다(갈 5:16 이하). 전자는 무절제한 육체의 욕망으로 인도할 뿐 아니라 "우상 숭배와 주술과 원수 맺는 것과 분쟁과 시기와 분냄과 당 짓는 것과 분열함과 이단과 투기"(갈 5:20-21)와 같이 인간 영혼을 부정적으로 기울게 한다. 후자는 바울이 성령의 열매라고 부른 것들 즉, "사랑과 희락과 화평과 인내와 자비와 양선과 충성과 온유와 절

---

5) *Ibid.*, pp. 135ff.

6) 내가 개인적으로 대화를 나눴던 신오순절주의자들은 이러한 바울의 해석에 대해 확신을 갖게 해주었다. 그들은 방언기도를 자주하게 되는 두 경우의 상황을 얘기해 줬다. 하나는 시간이 많을 때이다. 그들은 하나님께 감사하기를 원한다. 다른 하나는 강한 욕구가 있을 때이다. 방언기도를 통해서 그들은 그들의 공허함을 고백하게 됨을 경험한다.

7) 고린도후서의 주요 주제는 연약한 신자의 삶에서 발견되는 은사이다. "질그릇"(고후 4:7)인 바울이 "지극히 큰 사도"(고후 11:5, 12-15; 12:11f.)들보다 조금도 부족함이 없는 사도인 것을 깨달았다. 그의 복음은 고린도인들에게 영적 능력을 점점 더하게 만들었다. See especially II Cor., chs. 10 to 13.

제"(갈 5:22-23)를 맺게 한다. 여전히 바울은 이 모든 것에서 역설을 분별한다. 그가 열거한 조용한 덕은 신자가 내적으로 격렬한 투쟁을 한 결과의 부산물로 꽃을 피우는 것 같다. 성령이 즉시 신자의 "육체적인" 욕망을 내쫓으며 그의 내적 생활을 대신하지 않는다. 대신 성령의 출현은 이러한 충동들을 자각시키고 도전하게 하며 격렬한 싸움을 일으킨다. "육체의 소욕은 성령을 거스르고 성령은 육체를 거스르나니 이 둘이 서로 대적함으로 너희가 원하는 것을 하지 못하게 하려 함이니라"(갈 5:17). 바울이 장황하게 말하지는 않지만, 그가 의미하는 바는 분명히 하나님께서 성령의 은사를 통해 의도적으로 이 갈등을 시작하신다는 것이다. 성령 안에서 그는 잠자는 육체 속에 잠자는 욕망을 건드린다. 그는 지금까지 "평화로운" 영역에 침입한다. 바울의 마음에 있는 영적인 사랑, 기쁨, 평화를 단순히 선한 감정들과 동일시할 수 없다. 왜냐하면 그것들은 다소간 끊임없이 이어지는 내적인 전쟁의 상당한 불안과 공존하기 때문이다. 우리는 3장에서 성령을 전사로 언급했다. 여기에서 우리는 성령의 임재는 도덕적 갈등을 완화시키는 것이 아니라, 오히려 고조시킨다는 바울의 관찰을 지적하려고 한다. 이런 방법으로 카리스마타도 종종 신자의 탄식을 더하게 한다.

특별한 은사들, 특별한 상처들

성서 기록은 또 다른 엄숙한 사실을 보여준다. 경우에 따라서, 특별한 은사를 받은 개인들이 계속해서 힘든 짐들을 지고 있음을 보여준다. 이런 괴로움은 날실과 씨실로 짜는 직물처럼 특별한 은사와 뒤얽혀있다. 야곱이 천사와 씨름한 구약의 이야기는 이러한 하나님 섭리의 신비스러운 면을 설명한다(창 32:22-32). 이야기가 진행되면서 야곱의 대적(주님의 천사?)은 씨름을 시작할 때부터 이 씨름상대를 이길 수 없다는 사실을 인정한다. 그래서 그의 넓적다리를 위골시킨다. 그 고통이 전력을 다해 천사를 붙잡은 야곱을 멈추게 하지 못한다. 결국 그는 천사에게 축복을 얻어낸다. 천사가 그에게 말한다. "그가 이르되 네 이름을 다시는 야곱이라 부를 것이 아니요 이스라엘이라 부를 것이니 이는 네가 하나님과 및 사람들과 겨루어 이겼음이니라... 거기서 야곱에게 축복한지라"(창 32:28-29) 야곱의 축복이 지속된다. 그의 이름이 하나님의 선민을 위한 명칭이 되고, 그의 아들들은 12지파의 조상이 된다. 그러나 야곱의 상처도 계속된다. "그가 브니엘을 지날 때에 해가 돋았고 그의 허벅다리로 말미암아 절었더라"(창 32:31). 축복과 고통, 둘 다 하나님의 은사이며, 그 지평선과 함께 고통도 축복으로 빛난다.

신약에서 우리는 상처와 함께 주어진 은사를 받은 하나님의 전형적인 종 두 사람을 만난다. 예수와 바울이 그들이다. 예수의 은사를 다른 사람과 비교하는 것은 적절하지 않은 것 같다. 여러 측면에서 신약 저자들은 예수를 절대적으로 유일무이하게 생각한다. 그럼에도 복음서는 신자들이 자기 십자가를 짐으로써 예수를 본받아야 한다고 말한다(막 8:34, 마 16:24, 눅 9:23). 오직 이런 이유에서 우리는 예수가 자신에게 임박한 고난과 죽음을 아버지께서 주신 "잔"으로 이해했다는 사실을 깊이 생각할 수 있다(막 14:36, 마 26:39, 눅 22:42, 요 18:11). 요한복음이 그것을 가장 명백하게 말한다. 겟세마네에서의 배신에 대한 이야기에서 예수는 베드로에게 이렇게 말한다. "검을 집에 꽂으라 아버지께서 주신 잔을 내가 마시지 아니하겠느냐?" 성경은 이 무거운 "은사"를 하나님께 돌리는 데 주저하지 않는다.

바울의 경우는 어느 정도 포착하기 어렵지만 결국 이와 똑같은 점을 보여준다. 한편으로 바울은 다른 모든 사도보다 더 열심히 일할 수 있게 한 자신의 소명을 은혜의 선물로 기뻐한다(고전 15:10-11). 다른 한편으로, 그는 사역을 위한 자신의 은사가 큰 고난–투옥, 매 맞음, 굶주림, 오두막(고후 11:23-27)–과 함께 주어졌음을 본다. 거기에 더하여 "아직도 날마다 내 속에 눌리는 일이 있으니 곧 모든 교회를 위하여 염려하는 것이라"(28절). 여기까지는 바울은 자신의 소명과 사도로서 겪은 고난의 관계를 함축적으로 놓아두었다. 그는 절대로 하나님께서 자신에게 이 고난들을 주셨다고 말하지 않는다. 그러나 한 부분에서 바로 그것을 대담하게 주장한다. 고린도후서 12장 1절-10절에서 그는 아마도 몸의 질병이나 상처인 "육체의 가시"의 원인을 자세히 설명한다.[8] 영광스러운 은사 이전에 고통스러운 은사가 먼저 주어진다. 환상 중에 삼층천에 올라가서 바울은 "말로 표현할 수 없는 말을 들었으니 사람이 가히 이르지 못할 말"(고후 12:4)이었다. 그러나 일상생활로 돌아오자마자 그의 몸에 고통이 있음을 발견한다.

> 여러 계시를 받은 것이 지극히 크므로 너무 자만하지 않게 하시려고 내 육체에 가시 곧 사탄의 사자를 주셨으니 이는 나를 쳐서 너무 자만하지 않게 하려 하심이라 이것이 내게서 떠나가게 하기 위하여 내가 세 번 주께 간구하였더니 나에게 이르시기를 내 은혜가 네게 족하도다 이는 내 능력이 약한 데서 온전하여짐이라 하신지라 그러므로 도리어 크게 기뻐함으로 나의 여러 약한 것들에 대하여 자랑하리니 이는 그리스도의 능력이 내게 머물게 하려 함이라 (고후 12:7-9).

바울이 실제 사단의 사자가 하나님께로부터 온 은사를 의미했는가?

---

8) 이 가시에 대한 가장 설득력 있는 주장은 E. Göttgemanns, *Der leidende Apostel und sein Herr* (Göttingen: Vandenhoeck und Ruprecht, 1966), pp. 162-165.

그렇게 보인다. 분명히 욥의 이야기를 알고 있는 사도 바울은 사단의 작용과 하나님의 허락 사이에 어떤 모순을 보지 못했다(욥 1:6 이하). 그러나 바울은 구약의 이야기를 넘어선다. 욥은 의인이었고, 그가 겪은 시련은 회의적인 사단이 하나님께 대한 그의 충성을 시험하기 위한 것이었다. 바울은 자신의 경우에 다른 분이 아닌 하나님께서 그를 교만하지 않게 하려고 주도적으로 가시를 그에게 주셨다고 암시한다. 그것은 높은 곳에 온 예방적인 "은사"였다. 사단의 관심은 바울의 교만을 부추기려는 것이다. 가시가 없어지기를 기도한 후에 바울은 부활하신 주님께 그의 괴로움이 두 번째 목적을 이루기 위해 남아있을 것이라고 들었다. 즉 그의 약함을 통하여 그리스도의 능력이 "온전하게"(고후 12:9), 완전하게 펼쳐지게 될 것이다. 우리가 아는 한 바울의 가시는 결코 없어지지 않았다.

여기서 우리는 이상하고 두렵기까지 한 교훈에 직면한다. 가끔 고통이나 질병이 —바울의 경우 오래 지속되는— 하나님께서 우리에게 주신 은사일 수도 있다. 그것이 우리에게는 하나님의 능력을 받고, 보여주기 위한 은혜 충만한 기회일 수 있다. 네덜란드 사제 겸 심리학자 헨리 나우웬은 그의 책 *상처 입은 치유자The Wounded Healer*에서 이 역설을 말한다. 그는 특히 목회에 종사하는 모든 사람들에게 공통하는 심리적 아픔인 고독에 초점을 맞춘다.

> 사역자가(그가 평신도이건 목사이건) 인간의 상태에 참여하기 때문만이 아니라, 그의 직업에서 오는 독특한 곤경으로 인해, 우리는 고독이 얼마나 사역자들이 입는 상처인지 알게 된다. 그것은 다른 사람보다 더 조심스럽고 주의 깊게 싸매야 하는 상처이다. 자신의 아픔을 깊이 이해함으로써 그는 자기 약함을 강함으로 바꾸며, 자기가 겪는 고통을 잘못 이해하는 어둠 속에서 길을 잃은 자들에게 치유

의 원천으로 자신의 경험을 제공할 수 있게 한다.[9]

나우웬은 고독이 목회를 진지하게 하려는 사람들에게 피할 수 없는 동반자가 되기 때문에, 그것이 (만약 하나님이 은혜로우시다면) 결국 목회를 위한 자원이이라고 말하려는 것 같다. 바울은 확실히 동의할 것이다. 다른 한편으로 훌륭한 유대인인 바울은 또한 고통을 너무 친절하게 받아들이지 말라고 경고한다. 처음에 자기 가시를 느꼈을 때, 바울은 그것을 하나님 은사로 이해하고 싶어 하지 않았다. 대신에 그는 주님께 세 번이나 기도하며 강력하게 항의했다(고후 12:8). 이 가시가 하나님께서 이방인의 사도로 택하신 사도에게 적합하지 않다는 주장이었을 것이다. 상처 입은 치유자라는 개념은 1세기에 인기 있는 것이 아니었다. 특히 유대 집단에서 대제사장 같은 종교지도자들은 육체적인 흠이나 결점이 없어야 했다. 당시 관습적인 지혜에 따르면, 사도들이 자신의 메시지에 사람들의 주의를 끌고자 한다면 외모를 잘 가꿔야 하기 때문이다(고후 10:9-10). 시간이 가면서 바울은 자신의 가시가 은사임을 알았다. 그러나 그러한 해석에 대한 저항도 성서 기록에 남아있다. 아마도 하나님은 그것을 통해 피학증의 위험을 우리에게 경고하고자 하시는 것 같다. 치유는 언제나 하나의 가능성이다. 모든 가시들이 계속되도록 "주어진" 것은 아니다.

바울은 자신의 가시를 은사라고 부르는 것을 삼간다. 그러나 그는 그렇게 하였을 것이다. 왜냐하면 그것이 우리가 은사를 분별하는 모든 조건을 충족하기 때문이다. 예를 들어, 가시는 고유하게 그의 몸에 맞춰진 바울의 신앙 실존의 모습이다. 바울은 (결국) 가시가 그의 목회에서 하나님 은혜가 임하는 통로임을 인정한다. 그는 가시를 통해 하나

---

9) Henri Nouwen, *The Wounded Healer* (Doubleday & Company, Inc., 1972), p. 89.

님 본성을 배운다. 그리고 결국에 가시에 대해 하나님께 감사를 표현하기도 한다.

> 나의 여러 약한 것들에 대하여 자랑하리니 이는 그리스도의 능력이 내게 머물게 하려 함이라 그러므로 내가 그리스도를 위하여 약한 것들과 능욕과 궁핍과 박해와 곤고를 기뻐하노니 이는 내가 약한 그 때에 강함이라 (고후 12:9-10)

무엇보다도, 바울은 하나님께서 이 고통을 통해 그에게 가까이 다가가시고, 그를 통해 다른 사람들에게 다가가심을 보게 되었다(고후 4:7-12절을 보라). 그것은 속박하는 소명이다. 그러나 그 모든 고통에도 불구하고 그것은 하나님의 부르심이다.

그리스도의 고난을 받아들임

"그리스도를 위하여 너희에게 은혜를 주신 것은 다만 그를 믿을 뿐 아니라 또한 그를 위하여 고난도 받게 하려 하심이라 너희에게도 그와 같은 싸움이 있으니 너희가 내 안에서 본 바요 이제도 내 안에서 듣는 바니라."(빌 1:29-30) 이렇게 바울은 빌립보 교인들에게 말한다. 그가 마음에 둔 고난은 아마도 어떤 특별한 박해였을 것이다. 무엇보다 감옥에서 그 편지를 쓰고 있고(빌 1:7, 13, 17), 28절에는 빌립보 교인들에게 "대적하는 자"를 언급한다. 그러나 "싸움"을 표현하기 위해 그가 사용한 단어는 보통 외부의 힘에 의한 압박보다는 "경쟁"이나 "투쟁"을 표현한다. 빌립보 교인들이 은사로 받은 그리스도를 위한 고난에 대한 가장 좋은 설명이 27절에 있다.

> 오직 너희는 그리스도의 복음에 합당하게 생활하라 이는 내가 너희에게 가 보나 떠나 있으나 너희가 한마음으로 서서 한 뜻으로 복음의 신앙을 위하여 협력하는 것과 (빌 1:27)

29절에 그리스도를 위한 고난은 그 결과가 어떻든 아마도 자신의 삶의 양식을 통하여 자기 신앙에 서는 것을 의미할 것이다. 이러한 고난은 단순히 외부 반대나 박해를 뜻하지 않는다(그럴 수는 있지만). 그것은 또한 내적인 무력감과 두려움의 극복을 의미한다. 바울의 마음에는 그리스도를 위한 고난이 다른 사람들과 사랑과 조화와 겸손 속에 살려는 신자의 노력을 포함한다(빌 2:1-5). 그것은 "두렵고 떨림"(빌 2:12)으로 자신의 구원을 이루는 것과 같다.

요점은 그리스도의 고난에 참여하는 것이 핍박과 관계가 없다고 주장하는 것이 아니다. 바울은 핍박을 포함하여 그가 사역하는 동안 그의 몸에 지닌 "예수의 죽음"에서 생겨난 사도로서의 고난을 아주 강조하여 진술한다(고후 4:7-12, 고전 4:9-13을 보라. 고후 6:3-10, 11:23-33, 골 1:24). 빌립보서의 한 구절이 이 해석에 덧붙인 것은 그리스도를 위한 고난의 "은사"가 관청과 종교 당국에 의한 고난, 심지어 친구들에게 당하는 고난과 다른 무엇을 뜻한다는 것이다. 그것은 내적인 갈등을 가리킬 수 있다. 복음서 저자들은 예수의 다음과 같은 말씀을 기록할 때 그리스도의 고난에 참여하는 것에 대한 심리학적 정의를 허용하는 것으로 보인다.

> 무리와 제자들을 불러 이르시되 누구든지 나를 따라오려거든 자기를 부인하고 자기 십자가를 지고 나를 따를 것이니라 누구든지 자기 목숨을 구원하고자 하면 잃을 것이요 누구든지 나와 복음을 위하여 자기 목숨을 잃으면 구원하리라 (막 8:34-35, 마 16:24)

마태와 마가는 분명히 예수의 경고를 순교에 직면한 사람들에게 주는 메시지로 이해한다(막 10:35-39를 보라). 그러나 복음서가 더 넓게 읽혀지기를 원했다는 사실에 비추어 볼 때에, 마태와 마가가 그 십자가를 육체적인 죽음에 한정했는지 매우 의심스럽다. 어쨌든 누가는 그렇지 않다는 것을 분명히 한다. 그 본문을 누가는 다음과 같이 기록한다. "아무든지 나를 따라오려거든 자기를 부인하고 *날마다* 제 십자가를 지고 나를 따를 것이니라"(눅 9:23, 이탤릭체는 필자의 강조). 아마도 세 복음서 저자는 모두 독자들이 십자가를 은유적으로 예수를 따르는 제자의 삶을 살기 위한 끊임없는 투쟁으로 이해할 수 있는 가능성을 열어두기를 원했을 것이다. 그러나 이 투쟁을 은사로 경험할 수 있음을 가장 분명하게 본 사람은 바울이다.

신약 저자들은 종종 그리스도의 고난에 참여를 부활로 시작된 우주적인 대변동의 맥락 안에 두었다. 바울이 우리는 "상속자 곧 하나님의 상속자요 그리스도와 함께 한 상속자니… 그와 함께 고난도 받아야 할 것이니라"(롬 8:17)고 말할 때, 그는 아마도 많은 유대인들이 기름 부은 자의 도래와 함께 일어나리라고 기대했던 소위 "메시아의 고난"을 생각하는 것 같다.[10] 이 사상은 하나님의 메시야가 인간이든 사탄이든 모든 대적하는 세력들을 패배시킨 후에야, 이 땅에 그의 나라를 세울 수 있다는 것이다(마 24장, 막 13장, 눅 21장, 계 19-21장을 보라). 바울은 예수의 부활을 이 우주적 전쟁의 시작으로 이해한다. 그에게 부활하신 그리스도는 지상 사역의 수고를 쉬면서 가만히 앉아있는 군주가 아니다. 오히려 그는 여전히 그의 통치에 맞서 싸우는 모든 "정사와 권세와 능력"에 대항하는 그의 백성을 계속하여 인도하는 현직 사령관이다. 교회의 일원이 됨으로써 모든 신자들은 세상을 위한 그리스

10) Käsemann, *An die Römer*, p. 224.

도의 전투적인 고난에 참여한다(행 9:1-5를 보라). 그들은 그리스도의 계속되는 죽음 안으로 세례를 받아(고후 4:10f., 빌 3:10), 죄의 끈질기고 강력한 지배에 맞서 싸울 수 있다(롬 6:1-14). 달리 말하자면, 보통 세례 때에 받는 성령의 은사는 사단의 세력에 맞선 무장으로 부르심을 의미한다.

신자들은 일반적으로 이 초인적인 능력을 유혹의 형태로 만난다. 유혹은 헬라어로 "시험하다"이다(살전 3:5, 갈 6:1, 고전 7:5, 10:1-13). 이것은 다른 종교와 유대교에 공통하는 개념이다. 그러나 바울이 모든 세대의 신실한 하나님 백성들이 겪는 정상적인 유혹을 생각한 것으로 보이지는 않는다. 대신에 그는 자신이 살고 있는 그 시대가 "때가 찼으며"(갈 4:4), 세계 역사의 마지막 시기라고 생각했다. 그는 심지어 자신이 서신을 쓰고 있을 때에 "이 세상의 외형은 지나"(고전 7:31) 간다고 느낀다. 이것은 창조의 모든 영역에서 예로부터 있어온 투쟁의 절정, 선과 악의 막판 싸움을 신자들이 목격하고 있다는 것을 의미한다. 따라서 그들이 겪는 시험은 끔찍한 것이 될 것이고, 그들은 "말세를 만나게"(고전 10:11f.) 되었다. 우리가 신약성서에 충실하려고 한다면, 우리는 이 시험을 신자 개인이 자신의 부정적인 성격을 고치려는 개인적인 고투로 축소해서는 안 된다. 에베소서는 이렇게 말한다.

> 우리의 씨름은 혈과 육을 상대하는 것이 아니요 통치자들과 권세들과 이 어둠의 세상 주관자들과 하늘에 있는 악의 영들을 상대함이라 (엡 6:12)

지옥의 권세들이 죽어가는 헐떡임 속에서 특히 그리스도를 따르는 자들에게 막대한 파괴를 가할 것이다(마 24:9-12, 계 12:13-13:7, 17:6). 비록 그 세력들이 결국 이기지 못할지라도, 사단의 힘은 상상할 수 있는 모든 "환난, 곤고, 핍박, 기근, 적신, 위험, 칼"(롬 8:35)로 신자들을 괴롭힐 것이다. 이것이 메시아적 고난이며, 신자들이 성령을 받는 순간에 참여하기 시작하는 "현재의 고난" 인 것이다(롬 8:14-18).

우리는 어떻게 이런 관점을 2장에서 보았던 초기 신자들의 은사에 대한 특별한 이해와 조화시킬 수 있는가? 바울은 그것을 어렵다고 보지 않는다. 그는 우리에게 악이 만연된 "이 시대" 에 하나님의 카리스마타를 받아 누리는 참된 기쁨이 언제나 사탄의 분노를 일으킨다고 말한다. 하나님께 대한 감사로 맞이하는 모든 새로운 은사는 사탄의 세력을 감소시키지만, 사탄은 수동적으로 있지 않을 것이다. 바울은 우리가 결국 정사와 권세의 공격을 경험해보지 않는 한, 카리스마타를 우리의 은사라고 말할 권리가 없다고 말한다. 신비로운 방식으로 하나님의 성령은 그리스도의 우주적인 고난과 철저하게 뒤섞여 온다. 그러므로 모든 카리스마는 십자가의 은사를 지닌다.

> 너희는 다시 무서워하는 종의 영을 받지 아니하고 양자의 영을 받았으므로 우리가 아빠 아버지라고 부르짖느니라 성령이 친히 우리의 영과 더불어 우리가 하나님의 자녀인 것을 증언하시나니 자녀이면 또한 상속자 곧 하나님의 상속자요 그리스도와 함께 한 상속자니 우리가 그와 함께 영광을 받기 위하여 고난도 함께 받아야 할 것이니라 (롬 8:15-17)

위 글에서 두 천사가 늘 문제가 된다. 첫째, 우리가 세상 끝 날에 살고 있다는 바울의 말에 동의할 수 있는가? 종말이 그가 기대했던 대로 오지 않았기 때문에, 19세기가 지난 지금 마치 종말이 막 임박한 것처럼 살아야할 어떤 이유가 있는가? 시한부 종말을 말하는 이상한 기독교 종파들이 잘못된 기대를 갖게 함으로써 유익보다는 해를 끼치지 않는가? 우리가 이런 정당한 질문에 충분히 대답할 수 없다 하더라도 우리는 이것을 말할 수 있다. 비록 바울이 세상 종말의 *시간적인* 임박에 대해서는 틀렸다 하더라도, "때가 찼다"는 것은 옳았다고 할 수 있다. 즉, 부활이 선악의 투쟁을 고조시켜 세계 역사의 질을 바꾸었다고 여전히 주장할 수 있다. 이것은 그리스도와 교회가 세상을 좀 더 살만한 곳으로 만들었다는 주장과 같은 것은 아니다. 신약은 결코 그렇게 말하지 않는다. 그리고 그것은 오늘날 우리가 알고 있는 교회사에 비춰볼 때에도 의심스런 가정임에 틀림없다. 또한 다른 사람들과 달리 신앙을 고백하는 그리스도인들이 선의 편에 섰다는 간접적인 자랑을 가리키는 것도 아니다. 바울의 변증에서 우리가 말할 수 있는 것은 그가 분명하게 부활의 의미를 보았다는 것이다. 즉 부활은 끝이 아니라 사단의 세력에 대한 하나님의 마지막 전쟁의 시작이었다.

바로 이 주장은 두 번째 반대를 일으킬 수 있다. 20세기에 사는 신자들인 우리가 악의 초인적인 힘에 대한 신약의 선입관에 어떻게 반응할 수 있는가? 인격적인 사단이 실제로 있는가? 사람들이 "악마가 그렇게 시켰다"고 말할 때에 책임을 회피하는 것은 아닌가? 현대 은사운동에 참여하는 사람들이 의사의 심리치료를 받아야 할 사람에게 축사를 행하기 위해 덤비지는 않는가? 우리에게는 이런 질문에 합당한 대답을 할 만한 공간(지혜를 언급하는 것이 아니다)이 부족하다. 그러나 한 가지 중요한 점을 말해야 하겠다. 개인이든 단체든 세속적 심리학이나 사회학 이론으로 인간의 행동을 설명하는 것이 오늘날에는 훨씬 더 어려워졌다. 우리가 인간성에 대해 더 많이 배울수록 더 불가사의한 것을 만나게 된다. 히틀러 제삼 제국의 도덕적 무감각과 극악한 홀로코스트를 예상할 수 있었는가? 그것은 단순히 인간이 행동한 것과 행동하지 않은 것의 결과인가? 기독교 지도자들은 이런 엄청난 악과 하나님 사랑이 모든 사람에게 차별 없이 확장된다는 그들의 확신이 어떻게 조화되도록 할 것인지 스스로 결정해야 한다.[11)]

신약이 그리스도의 고난에 (그리고 죽음에) 참여하는 것을 카리스마적인 선물이라고 생각하는 다른 방식이 있다. 그것을 사소한 것으로 만들 위험은 있지만, 우리는 그리스도의 고난에 참여하는 것을 "성장통"이라고 부를 수 있을 것이다. 바울은 빌립보서 3장에서 그에 대한 암시를 하는데, "내가 그리스도와 그 부활의 권능과 그 고난에 참여함을 알고자 하여 그의 죽으심을 본받아 어떻게 해서든지 죽은 자 가운데서 부활에 이르려"(빌 3:10-11) 신자로서 따라가야 한다. 전통적인 신학용어로, 바울은 성화의 기초를 말한다. 그의 견해로는 항상 은혜 안에서 아직 완전에 이르지 않았음을 알고, 항상 "뒤에 있는 것은 잊어버리고 앞에 있는 것을 잡으려고"(12-13절) 끊임없이 따라가는 것이 성숙한 기독교인의 표시이다. 우리는 바울의 열망이 부분적으로 그리스도의 고난과 죽음에 참여하려는 것임을 알아야 한다. 그는 이러한 경험을 통해 부활의 능력, 특히 사역을 위한 능력의 더 깊은 차원에 이를 것이라고 확신했기 때문에, 이런 입장을 취한다(고후 1:3-7, 4:7-12, 12:9-10, 13:4).

바울은 모든 신자들이 끊임없는 변화, 하나님의 뜻을 더 분명하게 분별하고, 그것을 좀 더 강력하게 세울 수 있게 하는 마음의 갱신을 경험해야 한다고 했다(롬 12:1-2). 그러나 이런 변화, 갱신은 고통스러

---

11) 내가 볼 때에, C. S. Lewis의 *The Screwtape Letters*와 *That Hideous Strength*를 비롯해서 Charles Williams의 소설, 예를 들면, *Descent into Hell,* 그리고 Walker Percy의 *Kierkegaard*와 관계가 있는 걸작 *Love in the Ruins* 등이 오늘날의 세계 속에서 사단의 활동의 실재를 효과적으로 보여준다. 나는 또한 Stringfellow가 쓴 *An Ethic for Christians and Other Aliens in a Strange Land*에서 미국 문화에 대한 정말 그럴 듯한 신학적-정치적 분석을 발견한다. 위에 인용한 다른 저자들처럼 그는 사단에 대해서 자주 언급하고 있다.

운 과정이다. 그것은 종종 신자의 가장 소중한 의견과 실천의 희생을 요구한다. 바울이 날마다 죽노라(고전 15:31) 했을 때에 이런 변화를 생각했던 것 같다. 바울은 자신의 삶을 환난으로 묘사하는데, 그 환난을 통해 "우리의 겉사람은 낡아지나 우리의 속사람은 날로 새로워지도다"(고후 4:16). 바울 사도는 바로 몇 구절 앞에서 그가 "예수의 죽음"을 몸에 짊어짐과 "항상 예수를 위하여 죽음에 넘겨짐"(고후 4:10)을 말했다. 그는 이 끊임없는 죽음과 새로워지는 과정 사이(롬 6:6을 보라)에 인과적인 관계가 있다고 본다. 특히 그가 고린도후서 4장 8절-19절에 언급하는 죽음이 육체적 박해뿐만 아니라 당혹감 같은 심리적 차원을 포함한다는 사실을 주목할 때에 더욱 그렇다.

갱신을 위해 그리스도의 고난과 죽으심에 참여함을 실제 은사라고 부를 수 있는가? 바울이 아시아에서 경험한 석방을 카리스마로 묘사하는 고린도후서 1장 8절-11에서 말하는 것이 바로 그것이다. 우리는 이전에 바울이 감옥에서 석방된 것을 하나님 은혜의 특별한 은사로 이해했다는 증거로 이 구절을 인용했었다. 그러나 본문은 좀 더 폭넓은 해석을 요구한다.

> 형제들아 우리가 아시아에서 당한 환난을 너희가 모르기를 원하지 아니하노니 힘에 겹도록 심한 고난을 당하여 살 소망까지 끊어지고 우리는 우리 자신이 사형 선고를 받은 줄 알았으니 이는 우리로 자기를 의지하지 말고 오직 죽은 자를 다시 살리시는 하나님만 의지하게 하심이라 그가 이같이 큰 사망에서 우리를 건지셨고 또 건지실 것이며 이 후에도 건지시기를 그에게 바라노라 (고후 1:8-9)

바울은 당시를 회고하며 그의 절망조차도 하나님에 의해 선한 일을 위해 의도된 것이었다는 결론으로 가는 것처럼 보인다. 바울의 믿음이 좀 더 높게 올라가기 이전에 그의 일부가 죽어야 한다. 만약 이 관점이 옳다면 바울이 자기 이야기에 붙인 표지인 카리스마는 부활과 해방 부분뿐만 아니라, 그의 경험 가운데 죽음 부분도 포함해야 한다. 전체 사건은 축복이었다. 하나님은 바울에게 그리스도의 죽음에 폭넓게 참여하게 하셨고(고후 1:5-7을 보라), 그로 인해 그는 새로운 생명을 받을 수 있었다.

십자가 은사 안에서의 기쁨

기쁨은 복합적인 인간 경험이다. 그것은 분명 행복 이상의 것이다. 기쁨이 절망 같은 심리적 상태를 배제하는 것으로 보이지만, 그럼에도 기쁨은 다른 형태의 정신적, 육체적 고난과 공존할 수 있다. 아마도 그것은 진정한 기쁨이 당면한 순간을 넘어 더 넓은 실재를 보기 때문일 것이다. C. S. 루이스C. S. Lewis는 그의 자서전 *기쁨으로 놀라워* *Suprised by Joy*에서 얼마나 자신이 어렸을 때부터 주기적으로 신비한 웅장함과 온전함에 대한 강한 환상에 압도되었는지 말한다. 이러한 순간이 가장 만족스러운 것이었기 때문에, 자란 후에 그런 경험을 유도해보려고 애썼으나, 언제나 실패했다. 그가 기독교인이 되었을 때, 자신이 그렇게 열정적으로 추구했던 "기쁨"을 재해석해야할 필요를 발견했다.

> 나는 지금 내 자신의 마음 상태라고 여겼던 그 경험이 이전과 같이 결코 중요하지 않다는 것을 안다. 그것은 오직 다른 것이나 외부의 어떤 것을 가리키는 것으로 가치가 있다. 그러나 다른 것이 의심스러울 때, 그 표지판이 자연히 내 생각 속에서 크게 나타난다. 우리

> 가 숲에서 길을 잃었을 때, 표지판이 중요하다. 그것을 처음 본 사람은 "보라!" 소리친다. 모든 일행이 모여 응시한다. 그러나 우리가 길을 발견하고 표지판을 지나칠 때마다 멈추어 서서 응시하지는 않는다. 그 표지판들이 우리에게 용기를 줄 것이고, 우리는 그 표지판을 설치한 당국에 감사할 것이다. 그러나 우리는 그 길에서 표지판 기둥이 은이고, 글자가 금으로 되어있어도 멈추어 응시하지 않을 것이다.[12)]

기쁨은 그 눈을 "위에 있는 예루살렘"에 고정시킨다(갈 4:26, 계 21장). 그러므로 그것은 이 땅에서의 고난을 견디게 하고 변화시킨다. 바울은 신자들이 고난 중에도 기뻐해야 한다고 말한다. 왜냐하면 그들 안에 계신, 하나님 사랑의 보증이 되시는 성령께서 이 고난을 인내와 인격과 그리고 무엇보다 미래의 소망을 만들기 위해 사용하신다(롬 5:3-5, 또한 약 1:2를 보라). 이러한 기쁨은 신자들이 핍박을 통해 그리스도의 고난에 참여한다는 것을 알게 될 때, 더 쉽게 깨닫게 된다(벧전 4:12-13). 어떤 독자에게는 이 말이 거의 병적으로 들릴 것이다. 그러나 여기에서 고난 받고 싶은 *열망*을 다루는 것이 아니다. 신약 성서는 기쁨이 고난 중에도, 그리고 고난에도 불구하고 나타날 수 있다고 말씀하지만, 기쁨을 고난과 동일시하지는 않는다. 우리가 2장에서 배운 것은 기쁨이 신자들의 삶의 운율을 형성한다는 것이다. 가끔 우리는 그것을 느낀다. 때로 그것을 기억해야 하고, 우리가 그것을 느끼지 못할 때에도 그 실재를 선포해야 한다. 주님 자신처럼 그것은 늘 "가까이" 있다(빌 4:4-5).

---

12) C. S. Lewis, *Surprised by Joy: The Shape of My Eraly Life* (Harcourt, Brace and Company, Inc., 1955), p. 238.

기쁨과 고난이 서로 스며들어 있음에 대한 바울의 성숙한 사상이 정교한 짧은 서신인 빌립보서에 가장 분명하게 나타난다.[13] 사도는 이 서신을 −혹은 적어도 일부분을− 감옥에서 썼다(빌 1:7, 13, 19). 그는 자신이 가까운 장래에 죽을 수 있는 가능성을 생각하며(빌 1:19-26), 빌립보 교인들의 고난을 인정한다(28-29절). 자신의 구원을 두렵고 떨림으로 이루라고 권면한다(빌 2:12). 그리고 그리스도의 고난에 참여함으로 그리스도를 닮을 것을 강권한다(빌 3:7-17). 그럼에도 기쁨의 언어가 풍성하다. 사실 *카라chara*("기쁨")과 *카이로chairo*("기뻐하는")의 여러 형태가 그 빈도에 있어 신약의 다른 어떤 문서보다 자주 쪽마다 나타난다(빌 1:4, 25, 2:2, 17, 18, 28, 29, 3:1, 4:1, 10). 바울은 생각이 들 때마다 자신의 기쁨을 말하고, 빌립보 교인들에게 그들의 기쁨으로 격려하기 위해 잠시 멈춘다. 왜? 바울이 감옥에서 곧 석방되기를 기대한다는 사실(빌 1:25-26, 2:24)이 분명히 어떤 역할을 한다. 그는 두드러지게 낙천적이고 사랑에 넘친다(예를 들면, 빌 1:19-26, 4:1, 9). 그러나 거기에는 그 이상의 무엇이 있는 것 같이 보인다. 바울은 적어도 마음속으로 "모든 지각에 뛰어난 하나님의 평강"(빌 4:7)에 관한 새로운 어떤 것을 발견했다고 생각한다. 그는 고린도후서 1:8-11에 이야기했던 구원의 카리스마를 언급하고 싶었는지 모른다. 어쨌든 서신의 마지막에 가서 바울은 독자들에게 오랜 시간에 걸쳐 갖게 된 삶의 결단을 제시한다.

> 내가 궁핍하므로 말하는 것이 아니니라 어떠한 형편에든지 나는 자족하기를 배웠노니 나는 비천에 처할 줄도 알고 풍부에 처할 줄도

---

13) 어떤 학자들은 빌립보서가 세 개의 좀 더 짧은 바울 서신이 합성된 것이라고 주장한다. Kümmel, *Introduction to the New Testament,* pp. 332ff를 보라.

> 알아 모든 일 곧 배부름과 배고픔과 풍부와 궁핍에도 처할 줄 아는 일체의 비결을 배웠노라 내게 능력 주시는 자 안에서 내가 모든 것을 할 수 있느니라 (빌 4:11-13)

이 고백에는 격하기 쉬운 바울의 특징적인 면이 아닌 차분함이 있다. 수 년 동안 사도직을 감당한 후에 이제 바울은 그리스도께서 모든 일을 다스리신다는 것을 알게 되었다. 그러므로 모든 것은 은사이다. 그러므로 그는 기뻐해야 한다.

이 장에서 우리의 목적은 하나님의 카리스마타의 어두운 면을 고찰하는 것이었다. 종종, 아마도 늘 카리스마타는 그리스도의 고난에 잠겨있음을 의식적으로 느끼게 한다. 육체적, 또는 정신적 관점에서 이것은 적어도 기쁘지 않으며, 두렵기까지 하다. 신약적인 의미에서 은사를 받은 자가 된다는 것이 늘 행복할 필요가 없고 또 그렇게 될 수도 없다.

반면에, 정확하게 말해서 십자가에 달리신 그리스도가 주님으로 다스리시기 때문에, 모든 한계, 투쟁, 고통은 하나님의 잠재적인 메신저가 된다. 우리 앞에 닫힌 문들은 돌아가서 우리가 지금까지 보지 못했던 다른 문들을 찾아보라는 하나님의 초대일 수 있다. 종종 카리스마는 속박과 새로운 자유로 온다. 이 새로움을 경험하기 원하는 사람들만이 －바울은 그런 사람을 날마다 죽는 자라고 부른다(고전 15:31)－ 오랫동안 은사의 삶을 살 수 있다. 놀랍게도 이 모든 것 안에 기쁨이 있다. 그것은 문화적으로 만들어내는 감정적인 고조와 다른 견고하고, 항구적인 기쁨이다.

6장

은사에서 사역으로,
그리고 은사를 주시는 분으로

6장

은사에서 사역으로, 그리고 은사를 주시는 분으로

카리스마타와 그것이 인도하는 사역, 그리고 모든 선하고 완전한 은사의 근원이신 하나님 사이에는 상호작용이 풍성하다.[1] 만약 6장의 제목이 제시하는 동선이 직선이든, 아니면 원이든 단방향을 생각했다면, 그 제목이 틀린 암시를 준 것이다. 전체 주제는 다행히 그보다는 훨씬 복잡하다. 만약 우리가 우리 의식에서 은사에서 사역으로, 그리고 하나님으로 일렬로 움직여야 한다고 생각하면, 힘든 일이 될 것이다. 그것은 우리 경험이 따라야하는 하나의 틀을 만들 것이다. 그러나

1) 이 논의의 대부분은 이 주제에 관한 Ernst Käsemann' s 저작에서 나온 것이다. See especially "Ministry and Community in the New Testament" and "The Pauline Doctrine of the Lord' s Supper" in Essays on *NewTestament Themes*, tr. by W. J. Montague (London: SCM Press, 1964), pp. 63-94, 113-119; and "Worship in Everyday Life: A Note on Romans 12" in *New Testament Questions of Today*, tr. by W. J. Montague(Fortress Press, 1969), pp. 188-195.

절대 그렇지 않다. 만약 우리가 그리스도인의 삶을 이런 좁은 틀 속에 억지로 집어넣으려고 한다면, 그것은 우리 자신에 (그리고 신약성서에) 부당한 일을 하는 것이다. 이 제목은 은사와 사역, 그리고 주시는 분 사이의 운동의 상호성을 제시한다. 그것은 피스톤 엔진의 왕복운동처럼 예측할 수 있게 지루한 운동을 의미하지 않는다. 그것은 발레의 유동적인 균형이나 잘 훈련된 농구팀이 공을 주고받는 모습과 같을 것이다. 그림은 이 점을 분명하게 이해하고 이 책의 남은 부분에서 전개할 내용을 규정하는 데 도움이 될 것이다.

신자로서 우리는 은사와 사역, 그리고 주시는 분에 대한 우리 감성 어딘가에 단절이 있음을 발견한다.[2)] 만약 우리가 은사 쪽으로 치우쳤다면, 우리는 은사와 하나님께 가까이 있음을 느낄 것이다. 그러나 하나님은 우리를 이 편안한 정점에서 세상 안에서의 적합한 사역으로 밀어내신다. 어떤 신자는 은사에서 사역으로, 빠르게 움직이면서 잘 응답한다. 또 다른 신자는 마지못해 느릿느릿 움직인다. 날마다 하나님과의 교통이 더 쉽게 이루어지는 것이 신앙 성장의 표지이다.

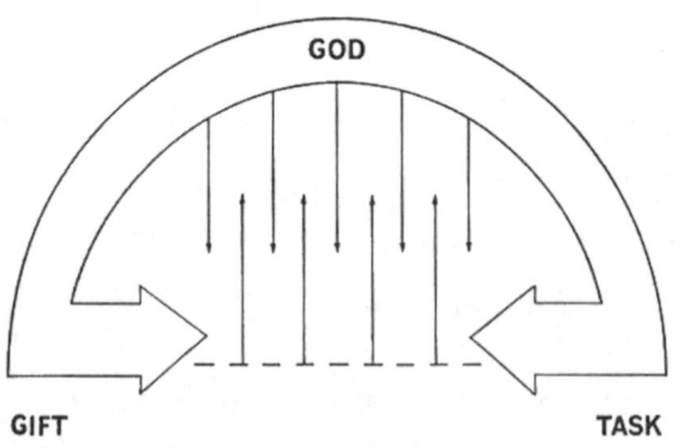

2) 이 그림은 하나님이 우리와 상관하시는 거리를 표시한 것으로 이해해선 안 된다. 그는 우리 가까이 계신다. 도표는 그에 관한 우리의 의식을 그리려는 시도이다.

만약 우리가 현재 사역에 치우쳐 있다면, 아마도 당장 처리해야 할 특정한 사역을 위한 무거운 책임감을 느끼고 있을 것이다. 우리는 그것이 선함을 인정한다. 우리 앞에 놓인 일이 하나님의 일이고 우리가 해야 할 것임을 안다. 아마 우리는 하나님께서 떠미시는 것을 의식할 것이다. 그러나 그 사역을 성취하기에 충분한 은사를 받았다고 느끼지 못한다. 그 순간에 하나님은 우리 의식을 은사의 방향으로 움직여, 우리가 행동할 수 있기를 원하신다. 고린도후서 9장 6절-11절을 주석하면서 4장에서 언급했듯이 우리를 행동하게 하는 의식은 실제로 받은 카리스마타가 아니라, 하나님께서 아끼지 않고 주심에 대한 믿음일 것이다.

우리가 만일 단절된 선 어딘가에 빠져있다면 하나님의 은사나 사역이 희미할 것이며, 하나님도 멀리 보일 것이다. 그러나 수직의 상하 화살표는 어떤 상황에서도 하나님께 나아가는 통로가 있다는 신약 저자들의 확신을 상징한다. 우리가 어디에 있든 하나님과 함께, 하나님은 우리와 함께 계신다고 말할 수 있다. 만약 우리에게 은사나 사역, 그리고 목적이 없다고 느낀다면, 그렇게 하나님께 말씀드릴 수 있다. 바울도 불평을 하지 않은 것이 아니다. 그것도 그가 이해한 대로 믿음의 행위였기 때문이다(고후 12:8). 신약성서가 하나님께 대한 진리를 우리에게 말한다면, 하나님은 우리에게 우리가 잊은 은사나 사역을 상기시킴으로 대답하실 것이다. 그렇지 않다면, 새로운 은사와 사명을 계시하실 것이다.

자신의 삶 속에서 하나님의 식별할 수 있는 능력을 오랫동안 느끼지 못함으로 괴로워하는 독자에게 위의 말들이 절망적으로 단순하고, 경박하게도 보일 수 있다. 그럴 의도는 없다. 병상에서 고통을 겪거나 병원에서 일하는 사람들은 하나님의 계획을 알기 위한 미약한 인간의 체계들이 비록 성서적이라 해도 얼마나 쉽게 깨지는지 알 것이다. 바울도 이것을 알고 있었다(고전 15:31, 고후 1:8-11, 롬 11장). 우리는 하나님의 학교에서 모두 유치원생이다. 아무리 영적인 사람이라도 하나님의 길을 "거울로 희미하게" 보는 것에 불과하다(고전 13:12). 그러므로 위에 서술한 것은 신약성서 자료를 의사소통과 앞으로의 연구를 위해 체계화하려는 시도로 여겨야 한다. 그것은 하나의 실험이고, 성서 본문과 우리 삶으로 검증해야 하는 가설이지, 모든 질문에 대한 대답이 아니다. 잘 진행된다면, 성서 주석은 언제나 더 큰 신비로 인도한다. 현실주의의 관점에서 앞으로 더 나가보도록 하겠다.

사랑 안에서, 성령으로 행하라

사랑agape에 대한 신약성서의 이해에 대해 더 이상 어떤 것을 말하기가 꺼려진다. 그에 대한 자료들이 이미 너무 많다. 그러나 우리가 이용할 수 있는 그 방대한 양의 신뢰할 만한 정보에도 불구하고, 우리는 그 단어가 의미하는 바를 로맨스의 감정이나 일반적인 호감, 적당한 박애주의와 혼동한다. 여기에서 그렇게 많은 오해를 바로 잡으려는 것은 아니다. 그러나 우리는 사랑에 관해 말해야 한다. 왜냐하면 네 개의 신약성서 은사 목록(고전 12장에서 14장, 엡 4:7-16, 벧전 4:7-11)에서 세 가지가 *아가페agape*와 연관되기 때문이다.[3] 이러한 병렬구절은 사랑이 은사와 사역, 하나님 사이를 왕복하는 운동에서 중요한 역할을 한다는 것을 말한다. 이러한 관점이 옳은지, 옳다면 사랑의 역할이 무엇인지 보도록 하자. 베드로전서에는 다음과 같은 말씀이 있다.

---

3) 바울은 롬 12:1 이하를 쓸 때, 사랑의 필요성을 아주 의식하고 있었다.

> 만물의 마지막이 가까이 왔으니 그러므로 너희는 정신을 차리고 근신하여 기도하라 무엇보다도 뜨겁게 서로 사랑할지니 사랑은 허다한 죄를 덮느니라 서로 대접하기를 원망 없이 하고 각각 은사를 받은 대로 하나님의 여러 가지 은혜를 맡은 선한 청지기 같이 서로 봉사하라 (벧전 4:7-10)

여기에서 핵심 단어는 "서로"인 것 같다. 그것은 상호성을 나타낸다. 사랑은 신자 사이의 관계를 풍성하게 하는 힘이다. 다른 사람의 죄를 "덮어줌"(이것은 아마도 "용서"를 의미할 것이다)[4]으로써 이 목적을 이룰 것이다. 이것은 사람들을 육체적으로 서로 돌보도록 해주기 때문에, 서로가 자신의 은사를 다른 사람을 위한 것으로 실천할 수 있다. 아주 유사한 생각이 에베소서 4장에도 있는데, 교회에 대한 그리스도의 선물들은 –사도, 예언자, 복음전도자, 목사와 교사– "이는 성도를 온전하게 하여 봉사의 일을 하게하며 그리스도의 몸을" 세우기 위해 부어주셨다고 말한다(엡 4:11-13). 바울은 이 주장을 더욱 확대한다.

> 오직 사랑 안에서 참된 것을 하여 범사에 그에게까지 자랄지라 그는 머리니 곧 그리스도라 그에게서 온 몸이 각 마디를 통하여 도움을 받음으로 연결되고 결합되어 각 지체의 분량대로 역사하여 그 몸을 자라게 하며 사랑 안에서 스스로 세우느니라 (엡 4:15-16)

신자 개개인이 서로에게 사랑 안에서 참된 것을 말해야 한다. 그렇게 함으로써 교회는 서로를 섬기는 은사를 행하면서 사랑 안에서 자라

---

4) Edward G. Selwyn, *The First Epistle of St. Peter* (London: Macmillan and Co., Ltd., 1961), p. 217.

나 자신을 세우게 된다. "사랑 안에서en agape"는 에베소서에서 중요한 구절이다. 이 절 외에도 에베소서 1장 5절, 3장 17절, 4장 2절, 5장 2절에도 나온다. 마지막 본문은 사실 이 장의 첫 번째 소제목을 제공한다. "그리스도께서 너희를 사랑하신 것 같이 너희도 사랑 가운데서 행하라 그는 우리를 위하여 자신을 버리사 향기로운 제물과 희생제물로 하나님께 드리셨느니라" 에베소서 전체에서 "사랑 안에서"는 신자들이 서로에게 보여야 하는 돌봄 그 이상의 어떤 것을 가리킨다. 그것은 동시에 이 태도 뒤에 있는 능력, 하나님 또는 그리스도로부터 오는 영감을 의미한다. 바울은 에베소교회 신자들을 위해 이렇게 기도한다.

> 믿음으로 말미암아 그리스도께서 너희 마음에 계시게 하시옵고 너희가 사랑 가운데서 뿌리가 박히고 터가 굳어져서 능히 모든 성도와 함께 지식에 넘치는 그리스도의 사랑을 알고 그 너비와 길이와 높이와 깊이가 어떠함을 깨달아 하나님의 모든 충만하신 것으로 너희에게 충만하게 하시기를 구하노라 (엡 3:17-19)

한번 우리의 내적 자아로 그리스도의 사랑을 받아들이고, 우리 시야가 그 영광을 묵상하는 데까지 나아가면, 우리 자신이 다른 사람을 사랑할 수 있게 된다(엡 4:2). 이것이 에베소서가 말하려는 것이다.[5] 그러므로 사랑 안에서 행하는 것은 사랑을 실천하는 것뿐만 아니라, 우리 안에 거하시고 우리를 둘러싼 하나님 능력과 접촉하는 것을 의미한다. 에베소서의 사랑의 개념은 앞의 도표를 충분히 해명한다. 도표에서 하나님 사랑이 거의 모든 곳에서 존재한다. 하나님 사랑은 반원을 유지하는 아치 안에 존재한다. 하나님 사랑은 우리를 행동하게 하

---

5) 하나님으로부터 우리에게로, 우리들을 통해서 다른 사람에게로, 그리고 다시 하나님에게로 돌아가는 똑같은 사랑의 이동의 개념을 요한일서 전체를 통해서 보게 된다.

는 좌우의 큰 화살 안에서, 하나님께서 특별하게 우리에게 다가오시는 것을 상징하는 수직의 화살 안에서 고동친다. 우리가 은사와 사역, 그리고 하나님 사이를 부드럽게 움직일 때, 우리는 문자 그대로 "사랑 안에서" 행한다.

이런 논의는 어떤 독자에게는 일상과 동떨어진 아주 신비적인 것으로 보일 수 있다. 그럴지 모르지만, 신자의 체험은 이것이 아주 실제적일 수 있음을 입증한다. 워싱턴 D. C.의 세이비어 교회The Church of the Savior에서 은사를 불러일으키는 소그룹을 인도한 경험이 많은 엘리자베스 오코너Elizabeth O' Connor는 다음과 같이 말한다. "결국 은사를 실천하는 것은 상호 관계인 사랑과 관계있다고 말할 수밖에 없다. 우리는 사랑에 의해 말씀을 듣고, 사랑한다."[6] 그녀가 말하는 사랑을 모임 안에 존재하는 상호 관심의 분위기에만 한정할 수 없다. 그것은 또한 하나님 사랑이다. 각각의 그룹은 이 수직적인 사랑agape으로 양분을 공급받기 위해 개인기도와 중보기도뿐만 아니라, 성경을 묵상한다. 게다가 모든 구성원은 그들이 자신의 은사를 확인하고 실천하고자 노력할 때, 그들에게 하나님에 대한 전통적인 말을 해석해주는 목회자 예언자로 임명된 사람에게서 격려와 인도를 받는다.[7] 오코너와 그 동료들이 발견한 사실은 그 과정 안에 있는 하나님의 역사를 주목함으로써만 은사의 발견에서 함께 성장하고, 구체적인 윤리적 행동으로 가는 운동이 있을 수 있다는 것이다.

여기에서 다시 사랑에 관한 신약성서의 마지막 본문이며, 가장 유명한 고린도전서 13장으로 돌아가 보자. 바울은 자신이 그 이전에 지었거나, 다른 신자에게 배웠을 수 있는 이 송가를 카리스마타에 대한

---

6) O' Connor, *Eighth Day of Creation*, p. 10.
7) *Ibid.*, pp. 24, 32-34.

서술(고전 12장)과 그 사용에 대한 안내(고전 14장) 사이에 끼어 넣었다. 어째서? 아마도 그는 베드로전서나 에베소서의 저자와 같이 사랑을 은사와 사역 사이에 필요한 다리로 생각하기 때문일 것이다. 그는 사랑을 "더욱 큰 은사"(고전 12:31)라고 부른다. 그리고 고린도교회가 "*신령한 것pneumatika*을 사모할"(고전 14:1) 때에 사랑을 목적으로 삼으라고 권면한다. 13장 자체는 강력한 카리스마타를 타인에게 향하게 하는 이웃 사랑에 우선적으로 초점을 맞춘다. 사실상 이 본문은 은사 충만한 신자가 빠지기 쉬운 교만과 이기심에 대한 억제수단으로 사랑을 권한다(고전 13:1-7, 고후 5:14도 보라). 바울은 결코 사랑을 카리스마나 신령한 것pneumatikon으로 부르지 않는다. 영적 은사들은 신자를 구별한다. 이 은사들은 성령을 통해 "그 뜻대로 각 사람에게"(고전 12:11) 나누어진다. 어떤 신자는 다른 이보다 더 높은 은사를 누린다. 그러나 사랑은 그렇지 않다. 그것은 하나님께로부터 똑같이 모든 사람에게 온다. 사랑은 하나 되게 하고, 신자들 사이에 모든 우월함과 열등함을 고르게 한다. 사랑은 특정한 신자에 의해 내면화되는 은사보다 더 값없이 주시는 것이다. 그러므로 사랑을 은사보다 "더 좋은" 것으로 여겨야 한다. 사랑은 은사들을 지배한다. 바울이 명시적으로 말하지는 않았지만, 그는 분명히 이런 견해에 기울어 있다. 즉, 은사를 덜 받았지만, 사랑 안에서 확실히 행하는 사람이 은사를 충만히 받고도 사랑의 요구를 거역하는 사람보다 하나님의 뜻을 더 성취한다는 것이다(고전 13:1-3, 막 9:33-35도 보라). 다른 한편으로 바울은 가장 좋은 은사의 결합을 추구하라고 권면한다. 즉, 사랑에 최고의 은사인 예언을 더하라(고전 14:1).

사랑은 우리가 은사에서 사역으로, 그리고 주시는 분께 나아갈 때, 따라서 걷는 길을 형성한다. 그것은 우리가 에너지를 요구하고, 그리고 우리 자신보다 더 큰 에너지 안에서 우리를 감싸는 길이다. 그러나 우리는 쉽게 사랑을 분별하거나 따르지 못한다. 누구도 그 길을 "자연스럽게" 걷지 못한다. 그 때 성령께서 다시 한 번 들어가신다. 성령은 사랑을 향해 나아가는 길을 열어주는 개척자로 일하신다. "우리에게 주신 성령으로 말미암아 하나님의 사랑이 우리 마음에 부은 바 됨이니"(롬 5:5). 여기에서 바울은 아마 회심을 언급하는 것 같다. 그러나 우리 안에서 사랑을 지키고, 사랑 안에서 우리를 지키시는 성령의 시도는 결코 거기에서 멈추지 않는다. 성령은 끊임없이 우리를 하나님의 사랑으로 가까이 나오도록 이끄신다.

> 성령이 친히 우리의 영과 더불어 우리가 하나님의 자녀인 것을 증언하시나니 자녀이면 또한 상속자 곧 하나님의 상속자요.... 이와 같이 성령도 우리의 연약함을 도우시나니 우리는 마땅히 기도할 바를 알지 못하나 오직 성령이 말할 수 없는 탄식으로 우리를 위하여 친히 간구하시느니라 마음을 살피시는 이가 성령의 생각을 아시나니 이는 성령이 하나님의 뜻대로 성도를 위하여 간구하심이니라 (롬 8:16, 26-27)

> 우리가 세상의 영을 받지 아니하고 오직 하나님으로부터 온 영을 받았으니 이는 우리로 하여금 하나님께서 우리에게 은혜로 주신 것들을 알게 하려 하심이라 (고전 2:12)

이 구절들과 다른 구절들에 근거해서 존 테일러John Taylor는 적절하게 성령을 "사이에 가시는 하나님the Go-Between God"[8]이라고 불렀다. 성령의 상호 행동은 신자들 사이의 관계, 즉 은사에서 사역으로 가는 운동에서도 나타난다. 바울에 따르면, 신자 안에 있는 성령의 탁월한

---

8) John V. Taylor, *The Go-Between God* (Fortress Press, 1973).

열매는 다른 사람을 위한 사랑이다(갈 5:22). 성령께서 신자 각자에게 나누어 주시는 하나님의 카리스마타와 별도로(고전 12:11), 성령은 모든 사람 안에서 사랑의 이 방식을 계발하셔서 은사들이 그 올바른 목적지에 이르게 하신다. 바울이 성령의 윤리적 차원을 인지한 최초의 신자는 아니지만, 신약성서에서 다른 어느 누구보다 그것을 충분하게 해명했다.

바울이 갈라디아 교인들에게 "성령을 따라 행하라"(갈 5:16, 또는 "성령으로 행하라" 갈 5:25)고 말할 때에, 하나님과 가까이 있음에 대한 즐거운 감정을 말하는 것이 아니다. 대신에 그는 이웃을 내 몸같이 사랑하고 사랑으로 서로의 종이 되라고 직설적으로 말한다(갈 5 :13-16). 바울은 성숙한 신자를 "*신령한 자pneumatikoi*"로 생각했는데, 이런 사람은 성령의 인도하심에 전심으로 응답하는 자이다(고전 2:13, 15, 3:1, 14:37, 갈 6:1). 고린도 교인들 가운데 어떤 신자들은 자신을 *신령한 자pneumatikoi*로 생각했다(고전 14:37). 대체로 고린도전서에서 이 말은 —이방인 사회에서도 사용되었는데— 일반적으로 특별한 은사와 특권을 가진 사람을 의미했다. 바울은 아마도 당시 유행하던 개념을 일부분 옳은 것으로 받아들였다. 그러나 기회가 있을 때마다 분명하게 도덕적 개념을 그 용어에 주입했다. 이러한 내용을 그의 서신서 두 곳에서 분명하게 볼 수 있다.

> 형제들아 내가 신령한 자들*pneumatikoi*을 대함과 같이 너희에게 말할 수 없어서 육신에 속한 자 곧 그리스도 안에서 어린 아이들을 대함과 같이 하노라 내가 너희를 젖으로 먹이고 밥으로 아니하였노니 이는 너희가 감당하지 못하였음이거니와 지금도 못하리라 너희는 아직도 육신에 속한 자로다 너희 가운데 시기와 분쟁이 있으니 어찌 육신에 속하여 사람을 따라 행함이 아니리요 (고전 3:1-3, 14:37절도 보라)

> 만일 우리가 성령으로 살면 또한 성령으로 행할지니 헛된 영광을 구하여 서로 노엽게 하거나 서로 투기하지 말지니라 형제들아 사람이 만일 무슨 범죄한 일이 드러나거든 신령한 너희는 온유한 심령으로 그러한 자를 바로잡고 너 자신을 살펴보아 너도 시험을 받을까 두려워하라 너희가 짐을 서로 지라 그리하여 그리스도의 법을 성취하라 (갈 5:25-6:2)

> 바울이 볼 때에 사랑의 행동이 없이는 진실한 영성이 있을 수 없다. 이 두 구절은 바울이 은사가 적으면서도 사랑이 많은 사람을 많은 은사를 받고도 사랑하지 않은 사람보다 훨씬 높였다는 생각을 하게 한다. 바울은 전자를 신령한 자라고 불렀다. 그 사람은 자신의 은사로 성령의 인도를 따랐기 때문이다. 역설적으로 후자는 그보다 많은 은사를 누렸겠지만, "그리스도 안에서 어린 아이"라고 밖에는 부를 수밖에 없다. 신령한 사람의 참된 표식은 겸손과 온유로 다른 사람을 회복시키는 능력이다(갈 6:1).

다른 사람을 사랑하는 구체적인 행동에서 나오는 도덕적 영성에 대한 열정을 신약성서 곳곳에서 볼 수 있다(마 5:44, 22:37-40, 25:31-46, 눅 10:29-37, 요 15:8-9, 엡 2:10, 4:25-5:2, 딤후 1:6-7, 히 10:29-25, 약 2:8-26, 요일 3:16-18, 23-24, 4:7-12, 19 이하). 오늘날 은사에 대한 우리 논의에서 이 점을 전적으로 놓친 것이 아닌지 의심스럽다. 확실히 신약성서 저자들은 특별한 은사를 받았다고 느꼈다. 그러나 그들에게 중요했던 것은 은사 자체나, 은사에 대한 느낌이 아니라, 오히려 은사로 무엇을 했느냐 하는 것이다. 우리 가운데 어떤 신자가 가장 영적인 사람인지, 그리고 어떤 것이 영성을 얻는 최선의 방법을 보여줄 수 있는가를 끊임없이 논의할 수 있다. 그러나 우리가 만일 목회에 대한 확고한 관심을 우리 대화에 주입하지 않으면, 우리의 추구는 비틀어질 것이다. "사랑을 추구하며 신령한 것들을 사모하되"(고전 14:1). 이상적으로는 이 두 가지를 동시에 추구할 수 있다. 분명히 사모함이 추구를 가능하게 할 수는 있다. 그러나 그 반대는 아니다. 확실히 우리가 우리를 향하신 하나님 사랑을 알지 못한다면 이웃을 사랑할 수 없다. 문제는 우리가 하나님께 순종하려는 마음을 갖기 이전에 경험적으로 얼마나 많은 하나님 사랑이 필요한가 하는 점이다. 우리가 성령 충만이나 사랑을 느끼지 못할 때, 우리가 영적으로, 즉 우리 이웃을 향한 사랑으로 행동해야 할 때가 있다. 분명히 우리는 실패하겠지만, 그 실패 속에서 우리는 카리스마타에 대해 많은 것을 배울 수 있다. 카리스마타는 바울의 경우처럼, 우리가 공허하거나 고통 속에 있을 때에 나타날 수 있다. 오늘날 카리스마타를 받는 가장 좋은 길은 우리가 영적으로 발전하기 위해 열망하는 단계들로서의 카리스마타를 전부 잊어버리고, 이전보다 더 고난 받는 세계를 위해 하나님과 집중적인 사랑의 대화를 나누는 것일 수 있다. 만약 우리가 기도하다가 은사를 받거나 발견한다면, 이 긴급한 사역 안에서 그 카리스마타가 곧 드러날 것이라고 확신할 수 있다. 우리는 그 열매로 은사들을 알아볼 것이다. 이것이 성령을 따라 행한다는 의미이다.

어떤 독자들은 은사와 사역에 관한 신약성서의 가르침이 오늘날 우리가 직면한 문제들, 예를 들어 두려운 과학 기술의 문제와 다국적 기업의 문제들에 대한 충분한 안내를 제공하고 있는지 의심스러울 것이다. 신약성서 윤리가 주로 인격간의 관계, 그것도 대부분 교회 안에서의 문제에 한정된 것이지, 사회 전체 문제에 대해서는 관여하지 않는다는 것이 맞는가? 여기에서 진짜 어려움에 직면한다. 신약성서는 투쟁하는 작은 공동체, 그들 대부분이 가까운 미래에 세상을 뒤바꾸는 그리스도의 재림을 기대했던 공동체에게 쓴 것이기 때문에, 사회개혁을 위한 상세한 프로그램을 말하지 않는 경향을 보여준다. 이웃과 원수를 사랑하라(막 12:31과 병행구, 마 5:44, 롬 13:14), 모든 사람에게 선을 행하라(갈 6:10), 그리고 고난 받는 형제자매들을 익명의 그리스도로 섬기라는 권고(마 25:36-41)조차도 본질적으로 개인과 소집단의 상호작용을 표현한다. 필자의 생각으로는 하나님 나라에 관한 예수의 가르침도 오늘날 복잡한 세상에서 사회활동에 유용한 청사진을 제공하지 않는다. 복음서에 따르면, 그 나라를 가져오는 분은 언제나 하나님이며, 인간이 그것을 세우는 것이 아니다.

그러나 최근에 평신도 신학자인 윌리암 스트링펠로우William Stringfellow는 미국의 정치 상황에 대한 예언적 진단에서 요한계시록을 사용하여 강력한 논증을 제기했다. *그리스도인과 낯선 땅에서의 다른 체류자들을 위한 윤리An Ethic for Christians and Other Aliens in a Strange Land*에서 스트링펠로우는 현재 유행하는 계시록의 풍유화(즉, 실제로 모든 구절에서 현재 사건들에 대한 분명한 예언을 찾으려는 시도)를 피한다. 그리고 미국판 묵시록이 세계의 종말과 필연적으로 일치해야 한다는 관념을 교만한 것으로 거부한다. 대신에 그는 성서 본문을 통해 미국 문화 모든 곳에서 활동하는 죽음의 권세를 폭로하려고 한다. 그가 볼 때 미국은 계시록 18장에 있는 바빌론, 로마이다. 미국이 본질적으로 다른 나라보다 더 악하기 때문이 아니라, 심연의 초인적인 세력들이 최선의 의도도 붙들어 악용하기 때문이다. 이러한 권력 앞에서 스트링펠로우는 1세기 말 성도들이 "짐승과 그의 우상"(계 20:4), 즉 로마 황제에게 예배하기를 거부했던 것이 오늘날 신자들에게 죽음에 맞서는 저항의 사회 윤리 모델을 제시한다. 죽음에 저항하는 것은 마틴 루터 킹Martin Luther King, Jr.이나 베리간 형제들Berrigan brothers과 같은 상징적인 저항이나, 때로 본회퍼Bonhoeffer와 같이 혁명적 행동에 분명하게 관여할 것을 요구한다.[9] 어떤 독자들은 스트링펠로우의 분석에서 부정확하거나, 지나치게 비관적인 면을 발견할 수 있다. 우리 목적을 위해 그의 책이 특히 중요한 것은 저항의 윤리를 분별의 은사와 연결할 때만 작용한다는 그의 확신이다. 스트링펠로우는 다음과 같이 믿는다.

> 표적을 분별하는 것은 평범한 사건 속에서 특별한 것을 파악하고, 타락의 시대 안에서 구원 이야기를 인식하는 것과 관련이 있다. 그것은 평범한 사건을 종말론적인 의미 안에서 해석하고, 다른 사람은 진보나 성공을 보는 곳에서 죽음의 전조를 보며, 그러나 동시에 다른 사람들이 혼란이나 절망으로 빠져드는 곳에서 부활의 현실이나 희망의 징후를 바라보는 능력과 관계있다. .... 나는 은사를 환상적이거나, 이국풍의 것으로 여기지 않는다. 오히려 그 반대로 교회의 평범하고 보통의 표지로 생각한다.[10]

스트링펠로우의 관점을 평가하려는 것은 아니다. 우리가 그 책을 인용하는 이유는 그것이 카리스마타의 사회, 정치적 의미에 대한 현대 기독교인들의 사고의 최전방에 있기 때문이다.[11] 그는 하나님의 특별한 은사가 빠져나갈 수 없이 특별한 사역으로 인도하며, 적어도 그 사역 가운데 몇 가지는 자기 나라의 국가 정책에 맞서는 아주 힘든 일이라고 본다. 여기에서 우리는 하나님의 성령이 택하는 곳 어디에서나,

---

9) William Stringfellow, *An Ehtic for Christians and Other Aliens in a Strange Land* (Word Book, 1973), 특히 pp. 117-157을 보라.

10) *Ibid.*, 138-140.

11) Elizabeth O' Connor 역시 이점에 있어서는 분명하다. “우리는 은사를 연습할 수 없다. 동시에 현상의 방어자가 될 수도 없다. 우리의 은사는 우리가 현실과 긴장관계를 갖게 한다.” (*Eight Day of Creation*, p. 49). See, in addition, Paul S Minear' s helpful chapter on “The Prophetic Vocation Today” in his book *To Heal and to Reveal: The Prophetic Vocation According to Luke* (The Seabury Press, Inc., 1976), pp. 148-166.

신자들의 마음뿐만 아니라 공적인 영역에서도 활동하신다는 구약성서의 가르침으로 되돌아간다.

예배

여전히 신약성서 전체는 신자들 사이에서 카리스마타를 분별하고, 받고, 사용하는 신앙 공동체의 특별한 직무와 교회 내에서 계속 일어나는 하나님과의 대화에 집중한다.[12] 교회는 카리스마적인 삶의 모든 단계에서 은사를 주신 하나님께 기도한다. 카리스마타를 진기한 것으로 여기는 불신의 세상과 달리, 교회는 예배를 드린다. 또는 적어도 그래야 한다. 이미 우리는 신약성서에서 초기 신자들 마음속에 은사와 은사를 주시는 분 사이에 커다란 틈이 있음을 보았다. 이것이 고린도 교회의 오랜 신자 가운데서 가장 극적으로 일어났다. "그리스도 안에서 어린 아이"인 이들은 성찬식에서의 성령의 임재를 어떤 신격화하는 실체로 여겨서, 초월적인 하나님에 대한 모든 책임을 쓸모없는 것으로 만들어 버렸다(고전 10:1-22, 11:17-34).[13] 그들은 또한 당신의 아들을 약함 가운데서 고난을 겪고, 십자가에서 죽게 하신 하나님께서 그들의 삶에 요구하시는 것을 회피할 수 있으리라는 희망으로 바울의 적대자들이 선포했던 "다른 영"(고후 11:4)을 추구했다. 특징적으로 고린도교인들은 새로운 카리스마타를 전유함으로써 예수의 영광을 추

---

12) 신약성서에 기초한 어떤 사회윤리도 정경 저자들이 카리스마타를 세상을 교회로 인도하는 데 도움을 주는 역할을 한다는 사실을 직면해야 한다. 무엇보다도 초기의 신자들은 사람들을 그들의 하나님께 소개하거나 재 소개하기를 원했다. 물론 이것은 본래 정치적 의미를 가득 함축한 혁명 프로그램이었다. 사도행전 17:6-7을 보라.

13) Käsemann, *Essays on NewTestament Themes,* pp. 116-119.

구했지만, 바울이 자기 몸에 지니고 다닌다고 했던 예수의 죽음을 함께 하는 것은 부끄러워했다(고후 4:7-12). 은사와 그 은사를 주시는 분을 분리할 때, 자동적으로 이렇게 그 끝이 잘린 그리스도인의 삶이 따라온다.

이런 어리석음을 경계하기 위해 바울은 예배를 권면한다. 우리는 사도 바울이 모든 상황에서 하나님께 감사하라고 얼마나 독자들을 권면했는지 이미 언급했다(살전 5:16 이하). 이러한 감사 행위는 기쁜 감정의 표현보다 훨씬 더 많은 것을 나타낸다. 그것은 의지 행위이며, 하나님께 의존해 있음을 새롭게 인정하는 것이고, 몸과 마음과 영혼을 하나님 뜻에 새롭게 헌신하는 것이다. 신약성서가 예배에 대해 말할 때, 그것은 우선 신자가 자기 자신을 겸손하고 희생적으로–그러나 또한 기쁘게–하나님 혹은 그리스도께 바치는 행위를 의미한다(마 28:9, 17, 막 5:6, 요 9:38, 고전 14:25, 히 11:21, 계 5:14, 7:11, 19:4). 바울에게 예배는 몸의 행위 안에서 완성되는 것이었다. 그래서 바울은 로마교인들에게 이런 권고를 한다.

> 또한 너희 지체를 불의의 무기로 죄에게 내주지 말고 오직 너희 자신을 죽은 자 가운데서 다시 살아난 자 같이 하나님께 드리며 너희 지체를 의의 무기로 하나님께 드리라 .... 너희가 너희 지체를 부정과 불법에 내주어 불법에 이른 것 같이 이제는 너희 지체를 의에게 종으로 내주어 거룩함에 이르라 (롬 6:13, 19)

몇 장 뒤에 친숙한 구절이 나온다.

> 그러므로 형제들아 내가 하나님의 모든 자비하심으로 너희를 권하노니 너희 몸을 하나님이 기뻐하시는 거룩한 산 제물로 드리라 이는 너희가 드릴 영적 예배니라 너희는 이 세대를 본받지 말고 오직

마음을 새롭게 함으로 변화를 받아 하나님의 선하시고 기뻐하시고 온전하신 뜻이 무엇인지 분별하도록 하라 (롬 12:1-2)

이 구절 어디에도 바울은 개인적 헌신의 사적인 행위를 마음에 두고 있지 않다. 대신에 초점을 예배에서의 회중의 집단적인 자기-헌신에 맞춘다. 바울이 고린도 신자들에게 마케도냐 교회의 너그러운 연보를 예로 들 때도 같은 사상이 명백하게 드러난다. 예루살렘 교회의 가난한 신자를 위한 연보를 이행하는 것에 미적거리던 고린도 교인들과 달리, 열심있는 마케도냐 신자들은 "이 은혜와 성도 섬기는 일에 참여함에 대하여 우리에게 간절히 구하니 우리가 바라던 것뿐 아니라 그들이 먼저 자신을 주께 드리고 또 하나님의 뜻을 따라 우리에게 주었도다"(고후 8:4-5).

세 구절 모두 은사를 주시는 하나님에 의해 감동된 예배가 신자들로 하여금 세상에 나가 행동하도록 만든다고 한다. 이것을 분명히 이해할 수 있다. 그러나 실용주의로 기울어진 20세기의 우리 같은 대중들에게 은사에서 사역으로 가는 운동이 수평적인 것 이상임이 어떻게 증명되는지 살펴보겠다. 바울에 따르면, 그것은 언제나 수직적 차원도 보여준다. "저희 넘치는 기쁨과 극한 가난" 가운데서 마케도냐 신자들은 하나님의 특별한 은사를 체험했다(고후 8:2). 그러므로 그들은 즉시 응답했다—예루살렘 프로젝트를 위한 재정을 충당하기 위해 위원회를 소집한 것이 아니다. 그들이 첫째로 한 일은 예배였다. "저희가 먼저 자신을 주께 드렸다." 이것이 무엇을 뜻하는가? 바울은 우선순위를 아는 마케도냐 신자들의 태도를 진심으로 승인했기 때문에, 바울이 볼 때에 예배는 사회적 행동으로 가는 길에 우회로가 아니었다는 것이 분명하다. 바울은 하나님께서 무엇보다 은사를 신자들이 하나님과 밀접한 관계를 맺게 하고, 하나님의 주권에 대한 신뢰를 강화하기 위해 주신 것으로 생각하는 것 같다. 만일 바울이 옳다면, 하나님은 실제 몸을 드리는 바로 그 순간에 표현되는 개인적인 감사를 원하신다(롬 12:1). 여기에 다른 사람에 대한 봉사가 필연적으로 따른다.

요점은 아주 단순하다. 어떤 사람은 너무 경건하다고 말할지 모른다. 그래서 문제를 가볍게 다루려고 한다. 분명히 하나님은 다른 어떤 것보다 우리의 찬양을 받기 원하신다. 우리의 도덕적 행위가 하나님께 감사드리기에 충분하다고 말하는 것은 아니다. 하나님은 당신을 알아보는 응답을 원하신다. 그것은 선행은 물론, 말씀과 찬양, 기도를 요구한다. 게다가 하나님은 *자주* 이러한 것을 원하신다(살전 5:16, 빌 4:4, 엡 5:19-20). 바울이 우리 몸을 산제물로 드리라고 역설했을 때, 그는 분명히 전능자에게 주일 아침 고개를 끄덕이는 것보다 더 자주, 더 긴 어떤 것을 생각하고 있다. 이 희생제물(롬 12:2)에서 결과하는 새로워진 마음을 고린도후서 4:16의 표현인 "속사람"[14]의 갱신과 같은 것이라고 한다면, 그것은 "매일" 일어난다. 분명히 어떤 때는 하나님 앞에서 다른 때보다 더 집중적이고 길게 있는 때가 있다. 많은 초대교회 신자들에게 성만찬은 보다 뜻 깊은 순간의 하나였다. 왜냐하면 성만찬은 그리스도의 몸과 교통하며, 그것을 분별할 뿐만 아니라, 자기 검증을 요구하기 때문이다(고전 11:27-32).[15] 바울은 또한 남편과 아내가 "기도할 틈을 얻기 위하여" 성관계를 절제할 것을 제안한다(고전 7:5). 신자들이 자기 마음을 현실에 대한 평면적인 시야를 떠

---

14) 동일한 헬라어 어간인 anakain- 은 두 구절에서 모두 "새로워짐"이라는 뜻으로 사용되었고, 바울의 진정한 서신에서는 오직 한 곳에서만 나온다. 게다가 롬 7:22-25에서 "마음"과 "속사람"은 분명히 바꾸어 쓸 수 있다.

15) 바울을 따르는 케제만은 주의 만찬에서 신자들에 대한 주님의 영광스러운 심판을 강조한다. *Essays on the New Testament Themes*, pp. 124-127을 보라.

나 하늘로 향한다면, 그러한 시간을 많이 가질 수 있을 것이다(고전 2:9-12, 고후 4:18, 빌 3:19, 4:8, 살전 5:4-10). 바울은 분명히 신자들에게 이러한 때가 늘어나기를 원한다. 그는 고린도 교인들에게 "흐트러짐이 없이 주를 섬기게"(고전 7:35) 하기 위해 결혼과 독신의 상대적 장점에 대해 사도로서 충고한다. 바울은 이 전략과 세상에서의 도덕적 행동에 대한 끊임없는 강조 사이에는 어떠한 갈등도 없다고 본다.

따라서 예배는 하나님 은사에 대한 반응 안에서 반복적이고, 의지적인 복종을 의미한다. 감사함으로 받은 카리스마타는 하나님 백성이라는 우리 정체성을 새롭게 한다. 이것은 매우 중요한 것이다. 초대교회 신자들은 실제 상당한 시간을 하나님과 그리스도와 의식적인 감사의 교제 속에서 보냈다. 만약 우리가 그들의 행동을 색다르거나 비현실적이고, 우리에게는 불가능하다고 생각한다면, 우리가 얼마나 그들과 다른지 인식해야 한다.

예배에 대해 아직 말하지 못한 부분이 많다. 예배와 은사의 관계를 밀접하게 다루면서 그러한 예배가 공허한 시간에도 일어났음을 잊지 말아야 한다. 예수께서 겟세마네 동산에서 고통스럽게 기도하실 때(막 14:32과 병행구), 십자가에서 왜 나를 버리셨느냐고 외쳤을 때(막 15:34), 바울이 육체에서 가시를 없애달라고 기도했을 때(고후 12:8), 아시아의 감옥에서 절망의 신음을 할 때(고후 1:8-9), 그리고 성령 충만한 신자가 모든 피조물의 탄식과 함께 탄식할 때(롬 8:22-26)이다. 이 모든 것이 하나님의 임재 안에서 일어나기 때문에 참된 예배가 된다.

우리가 감정적으로, 또는 직업적으로 어디에 있든지, 하나님께 가까이 나아갈 수 있다. 만약 우리가 어떤 사역을 감당해야 할 필요를 강하게 느낀다면, 하나님께서 거기에 계신 것이다. 우리가 만약 은사와 사역 사이 어디에서 하나님이나, 은사와 사역에 대한 어떠한 의식도 없이 길을 잃었다면, 하나님은 도움을 청하는 우리의 외침에 응답하실 것이다. 하나님은 오직 한 가지만 요구하신다. 우리가 들을 준비를 하고, 그 응답에 순종해야 한다는 것이다(약 4:7-8). 바로 그것이 은사 충만하여 기쁨과 감사로 하나님께 나아가는 신자에게 요구되는 태도이다(롬 12:1 이하). 우리가 충만하든, 아니면 비어 있든, 영적이든 육적이든 상관없이 하나님은 항상 더 주기를 원하는 분으로 우리를 향해서 계신다. 이것이 바로 우리가 예배드리는 이유이다. 그리고 이것이 바로 "오늘날 우리에게 일용할 양식을 주옵소서"라고 예수께서 가르치신 기도가 지금까지 그리스도인의 간구의 원형으로 계속되는 이유이다.

너희는 풍성할 것이다

모든 신자는 하나님의 은사라는 일용할 양식이 필요하다. 하나님의 크신 기대 앞에 서 있다는 이유에서 그렇다. 신약성서가 말하는 그리스도 안에 있는 삶이 변함없고 안락한 피난처를 제공하지 않는다. 하나님의 은사가 매일 임하는 것이라면, 그것은 제자 되기를 원하는 모든 사람 앞에 엄청난 도전을 안긴다.

우리가 어떻게 우리 구원을 "이루어가야" 하는지 신약성서가 주는 말씀에 직면해보자. 신약성서는 신자들의 현재 믿음의 자세가 올바르다는 것을 인정하면서도 더 많은 것들을 요구한다. '인색하지 않게 더 많이 드리라' (고후 9:6-10, 막 4:24), '온전함으로 자라나라' (마 5:48), '성숙' (고전 3:6-9, 엡 4:13-15, 빌 3:15, 벧전 2:2), '그들 안에 있는 성령에 다시 불을 붙여라' (딤후 1:6), '더 좋은 은사를 사모하라' (고전

12:31, 14:1)고 말씀한다. 신자들은 흐트러짐이 없이 주를 섬겨야 하고(고전 7:35), 하나님의 나라를 구해야 하며(마 6:33, 골 3:1-2), 사랑을 추구하고(고전 14:1), 사랑이 점점 더 풍성해지면서도(빌 1:9, 살전 3:12), 의로운 행위를 더해야 한다(마 5:20, 고후 8:7, 9:8이하, 빌 1:11, 4:17, 골 1:10, 히 10:25). 신약성서는 신자에게 그리스도의 고난에 더 많이 참여할 것과(고후 1:5-7, 빌 3:10-15), 감사가 풍성해지고(고후 4:15, 9:12, 골 2:7), 지식과 총명이 늘어나고(빌 1:9, 골 1:9-10, 벧후 3:18), 그리스도의 몸을 더 효과적으로 세우며(고전 14:12, 엡 4:11-16), 그리고 믿음의 진보를 이루라(고후 10:15, 빌 1:25)고 말씀한다.

바울은 "항상 주의 일에 더욱 힘쓰는 자들이 되라"(고전 15:58)는 말씀으로 이 모든 내용을 요약한다. 이 목록을 읽는 것만으로도 굉장한 힘이 소모된다. 처음 이 말씀을 들었던 신자들이 어느 정도 그 목표를 이루었는지 알 수는 없다. 중요한 점은 그 말씀들이 우리의 안내자로 지금 성서에 있다는 것이다. 만약 우리가 신약성서를 풍성하게 주시는 하나님에 대한 책으로 읽는다면 이런 결론을 내려야 한다. 즉, 이런 수준 높은 권고가 우리의 여러 가지 결함에 대한 죄책감을 느끼게 하려는 것이 아니라, 오히려 우리가 지금보다 훨씬 더 낫게 될 수 있다는 희망으로 격려하기 위해서이다.

문제는 어떻게 그것이 가능한가 하는 것이다. 바울은 그에 대한 실제적인 대답을 준다. 그는 늘 신자들에게 그들이 *이미* 하나님의 자녀(롬 8:15 이하, 갈 4:4-7)이고, 하나님의 밭이며 집(고전 3:9, 6:19)이라고 상기시킨다. 이것은 신자들이 깨닫지 못할 때에도 하나님께서 현재 그들 안에서 일하신다는 것을 의미한다(빌 2:13). 결국 "오직 자라게 하시는 이는 하나님뿐"(고전 3:7)이시며, 하나님은 카리스마타를 통해 그 목표를 이루시기 위해 강력하게 일하신다. 이 신비한 은사 가운데 어떤 것은 신자들을 생각이나 행동에서 앞으로 나아가도록 이끈다. 이 은사를 깨닫고 행하면서 우리는 "위로 부르신"(빌 3:14) 하나님의 부르심에 "점점 더" 응답하게 된다.

> 우리가 세상의 영을 받지 아니하고 오직 하나님으로부터 온 영을 받았으니 이는 우리로 하여금 하나님께서 우리에게 은혜로 주신 것들을 알게 하려 하심이라 우리가 이것을 말하거니와 사람의 지혜가 가르친 말로 아니하고 오직 성령께서 가르치신 것으로 하니 영적인 일은 영적인 것으로 분별하느니라 (고전 2:12-13)[16]

여기에서 바울은 성령과 자신의 사역을 신자들에게 그들의 은사가 무엇을 의미하는지 가르치는 것으로 본다. 그는 로마서 12장 1절-8절에서 같은 것을 많이 이야기하는데, 마음을 새롭게 함으로 끊임없이 변화를 받아 자신이 받은 카리스마타가 교회 생활 속에서 어떤 역할을 해야 하는 것인지 깨달아 알 것을 권면한다. 고린도후서 3장 18절에 따르면, 이 변화는 성령의 사역이다. 이 맥락에서 고린도전서 2장의 구절은 자랑하는 고린도 교인들이 십자가의 은사를 배우게 되리라는 바울의 희망을 전한다(고전 1:18-2:5를 보라). 그러나 우리는 이 본문에서 똑같이 중요한 다른 메시지를 볼 수 있다. "더 깊이 알게 하려 하심이라"고 번역된 단어 에이도멘eidomen은 "이해하다," "인식하다,"

---

16) 여기서 *pneumatika*는 고전 12:1과 14:1에서와 같이 아마도 "영적 은사"를 의미한다. 비록 부정관사 중성 복수형태는 "영적인 진리들"(고전 9:11)을 의미할 수 있으나, 문맥상으로 볼 때 바울은 주어진(*ta charisthenta*, v. 12) 것들을 의미하고 있다. 어떤 면에서 전체 서신의 타이틀을 "영적 은사 설명"이라고 할 수 있었다; 고전 1:4-9은 바울의 아젠다를 셋팅하는 서론이 될 것이다. *ta charisthenta*는 아마도 부분적으로는 고전 2:9의 미래 은사를 말하지만 다시 문맥상으로 보면 그 주요 의미가 현재 주어진 은사이다(see vs. 13-16).

혹은 "경험하다"를 뜻한다.[17] 다른 말로 하면, 우리는 이미 카리스마타, 신령한 것(고전 2:13)을 받았으나, 아직 그것을 경험적인 방식으로는 알지 못한다. 신오순절주의 목사인 어윈 프랜지Erwin Prange가 그의 책 *은사는 이미 당신의 것이다The Gift is Already yours*에서 자신의 영적 갱신의 체험을 말할 때, 그런 사실을 발견했음에 틀림없다.[18] 이러한 교훈에다 성령께서 모든 신자들 안에 거하신다는 바울의 확신을 더할 때, 우리 시대를 향한 하나님 말씀을 분별할 수 있을 것이다. 만약 고린도전서 12장에서 14장까지 열거된 모든 은사들을 보여주었던 고린도교인들이 자신의 은사에 대해 더 배워야 할 필요가 있었다면, 자신의 카리스마타에 대해 전혀 개인적으로 정통하지 않은 우리는 성령으로부터 더 많은 자극을 기대할 수 있다. "더욱 큰 은사"를 사모하고(고전 12:31, 14:1), 성령을 소멸치 말라(살전 5:19)는 바울의 명령을 우리 상황에 아주 직접적으로 적용할 수 있다.

여기에서 분명히 해야 할 것은, 지금 제시된 해석을 현대 오순절주의나 신오순절주의 신학을 보증하는 것으로 생각하거나, 이런 교단에 가입시키려는 시도로 여겨서는 안 된다는 점이다.[19] 신약성서에서 방언은 더 큰 은사 즉, 예언이나 통역, 지혜의 은사에 이르기 위한 필수적인 통과의례가 아니다. 하나님은 기뻐하시는 방식으로, 그가 기뻐하

17) Walter Bauer, *A Greek-English Lexicon of the New Testament and Other Early Christian Literature,* tr. and adapted by William F. Arndt and F. Wilbur Gingrich (The University of Chicago Press, 1975), p. 559.

18) Erwin Prange, *The Gift is Alreay Yours* (Logos Intrnational, 1973), 특히 pp. 51-53을 보라.

19) 그러나 그것은 비난도 아니고 이미 가입된 사람들을 탈퇴하게 설득하려는 시도도 아니다. 나는 가까이 지내는 신오순절주의자들에게 많은 빚을 졌다. 신오순절주의자들의 체험에 대한 한 그룹의 해석과 그 체험 자체를 불법적이고, 병적이고, 악마적이라고 단언하는 것은 전혀 다른 차원의 문제다. 우리는 두 번째 판단을 하는 것이 아니다.

시는 어떤 은사이든지 부어주신다. 기록된 방식은 수없이 많다. 하나님의 말씀에 관한 대화와 반응, 자신이나 혹은 다른 사람을 위한 기도, 자신의 능력을 넘어서는 사랑의 행위, 교회에 위험한 상황, 혹은 공권력에 의한 신자들의 시련이 그런 것들이다. 마찬가지로 신약성서는 성령에 의해, 사랑 안에서 행하는 많은 방식과 예배에서 하나님께 자신을 드리는 여러 방법을 보여준다. 어떤 신학적 입장이나 공동체도 카리스마타를 독점하지 않는다.

우리가 알든 모르든, 또는 개발되지 않았다 해도 하나님께서 이미 우리에게 주신 은사들을 진지하게 대해야 한다. 바로 이 순간 우리의 자원에서 우리가 할 수 있는 것보다 엄청나게 더 많이 줄 수 있다. 우리가 상상하는 것보다 더 많은 하나님의 은사를 우리 안에 가지고 있기 때문이다. "우리 가운데서 역사하시는 능력대로 우리가 구하거나 생각하는 모든 것에 더 넘치도록"(엡 3:20) 능하게 하신다. "있는 자는 받을 것이요"(막 4:25, 마 13:12, 눅 8:18)라는 어려운 예수의 말씀이 여기에 적합하다. 이 말씀은 아마 하나님 앞에 감사와 순종으로 이미 받은 은사를 인정하는 신자들을 가리킬 것이다. 그 사람은 계속 성장할 것이다. 이 구절은 또한 받은 은사로 장사하는 신자들이 하나님의 칭찬과 함께 다른 사역을 받는다는 것을 의미할 수 있다. 그러한 것이 달란트 비유(마 25:14-30)와 므나의 비유(눅 19:22-27)에서 나오는 교훈이다. 바울은 고린도 교인들이 예루살렘 교회를 위한 연보를 이행하도록 하려고 하나님의 경제 원리를 자세하게 설명한다.

> 이것이 곧 적게 심는 자는 적게 거두고 많이 심는 자는 많이 거둔다 하는 말이로다 각각 그 마음에 정한 대로 할 것이요 인색함으로나 억지로 하지 말지니 하나님은 즐겨 내는 자를 사랑하시느니라 하나님이 능히 모든 은혜를 너희에게 넘치게 하시나니 이는 너희로

모든 일에 항상 모든 것이 넉넉하여 모든 착한 일을 넘치게 하게 하려 하심이라 기록된 바 그가 흩어 가난한 자들에게 주었으니 그의 의가 영원토록 있느니라 함과 같으니라 심는 자에게 씨와 먹을 양식을 주시는 이가 너희 심을 것을 주사 풍성하게 하시고 너희 의의 열매를 더하게 하시리니 (고후 9:6-10)

어떻게 풍성해지는가 하는 물음은 다르게 번역하면 '어떻게 우리가 우리 카리스마타를 구하고 발견하며 실천할 것인가' 이다. 그것은 우리에게 중요한 지침을 제공한다. 예를 들어, 카리스마타를 추구할 때, 반드시 조만간에 십자가를 만나게 됨을 배웠다. 은사를 발견할 때는 기쁘지만, 그로 인해 그리스도의 고난에 더 참여하게 된다는 사실 때문에 놀랄 필요는 없다. 바울은 그것을 믿음 안에서 자란 것이라고 할 것이다. 카리스마타는 화려하고 흥분되는 경험일 뿐만 아니라, 차분한 경험이기도 하다.[20] 우리는 성령께서 통제할 수 없이 사로잡을 것을 두려워하지 않으면서 그 은사들을 행할 수 있다.

다른 신약성서의 가르침도 비상한 능력으로 말씀한다. 그것은 특별히 성서의 명령과 현재 우리가 누구이며, 무엇을 해야 하는지를 은사를 통해 깨닫게 하시는 약속에 이끌림을 느끼면서도, 자신을 은사 받은 자라고 부르는 현대의 집단들에 대해 회의적인 사람들에게 말씀하신다. 우리가 말하는 가르침은 기독교 공동체에 대한 것이다. 우리는 4장에서 카리스마타가 거의 배타적으로 신자나 신자가 될 사람들이 집단으로 모였을 때에 나타났음을 보았다. 은사는 공동체적 인격을 창조할 뿐만 아니라, 요구하는 것 같다. 마찬가지로 한 가지 예외(딤

20) 예를 들면 Paul Minear는 주일예배에서 회중 앞에서의 죄의 고백을 잠재적인 은사로 본다.(To Heal and to Reveal, p. 160)

후 1:6)를 제외하고, 위에 인용한 수많은 권면들이 모두 회중을 향한 것이다. 신약성서는 신앙의 성장을 개인의 영적인 경향에 의해서가 아니라 −이것이 독특한 서구의 경향이다−, 교회 공동체와 그 공동체를 둘러싼 세계에서 일어나는 것을 검증함으로써 가늠할 것을 제안한다. 성서적으로 말하면, 회중에 의해서 영적 은사의 수와 질과 효과를 잴 수 있다.

그러나 우리 은사와 사역에 대해 하나님과 그리고 신자들 서로 이야기하는 것을 주된 목적으로 하는 공동체를 우리는 얼마나 많이 알고 있는가? 많은 교회에서 기독교인의 환대가 사라지고 있다. 너무 자주 우리는 오로지 기구를 유지하고, 현실의 어려움에서 둔감해지는 탈출을 위해서, 그리고 심지어 경쟁하기 위해 함께 만난다. 이런 모임의 도중에 누군가가 우리의 현재 관심을 주님께 복종시킬 때까지 한 동안 모든 행동을 멈출 것을 제안한다면 무슨 일이 일어날 것인가?

신약성서는 아주 단순하게 우리가 서로 은사의 신비를 말하라고 권면한다. 주일 아침 예배, 교회 임원회의, 소그룹 기도회, 사회 활동을 위한 사역팀, 성서 연구반, 또는 성도들이 저녁 식사를 위해 모인 자리이든 전혀 상관없다. 유일한 요구는 하나님께서 그 대화에 파트너가 되는 것이고, 대화에 참여한 사람 모두가 자신의 은사를 더 깊이 발견하고 실천하며 이해하도록 도움을 받는 것이다. 이런 모임이 은사적인지 아닌지 이름을 붙이는 것은 불필요하다. 우리가 이 연구에서 무엇인가를 배웠다면, 그것은 카리스마타에 대한 바울의 깊은 생각이 은사에 대한 우리의 좁은 정의를 흔들어 놓았기 때문이다. 여기에 그려본 공동체는 그리스도인들이 성령과 성서에 귀를 기울일 때, 늘 해왔던 것들 즉, 구하고, 나누고, 배우고, 사랑하고, 기도하고 일하는 것을 할 수 있는 "자리"이다.

아마 우리는 이런 "자유로운 공간"을 위해 엄격한 의무를 설정하는 것을 삼가야 할 것이다.[21] 그러나 우리는 어떤 구속의 사건이 일어나고 있다는 징조를 찾을 수 있다. 그리고 신약성서는 우리의 분별력을 높여주는 흥미로운 모델을 제시한다.

> 그들이 사도의 가르침을 받아 서로 교제하고 떡을 떼며 오로지 기도하기를 힘쓰니라 (행 2:42)

> 그러나 다 예언을 하면 믿지 아니하는 자들이나 알지 못하는 자들이 들어와서 모든 사람에게 책망을 들으며 모든 사람에게 판단을 받고 그 마음의 숨은 일들이 드러나게 되므로 엎드리어 하나님께 경배하며 하나님이 참으로 너희 가운데 계신다 전파하리라 (고전 14:24-25)

> 술 취하지 말라 이는 방탕한 것이니 오직 성령으로 충만함을 받으라 시와 찬송과 신령한 노래들로 서로 화답하며 너희의 마음으로 주께 노래하며 찬송하며 범사에 우리 주 예수 그리스도의 이름으로 항상 아버지 하나님께 감사하며 (엡 5:18-20)

> 무엇보다도 뜨겁게 서로 사랑할지니 사랑은 허다한 죄를 덮느니라 서로 대접하기를 원망 없이 하고 각각 은사를 받은 대로 하나님의 여러 가지 은혜를 맡은 선한 청지기 같이 서로 봉사하라 만일 누가 말하려면 하나님의 말씀을 하는 것 같이 하고 누가 봉사하려면 하나님이 공급하시는 힘으로 하는 것 같이 하라 이는 범사에 예수 그리스도로 말미암아 하나님이 영광을 받으시게 하려 함이니 그에게 영광과 권능이 세세에 무궁하도록 있느니라 (벧전 4:8-11)

---

21) 인용표 안에 있는 구절은 Henri Nouwen에게서 인용했다. See *The Wounded Healer*, passim.

은사와 사역과 은사를 주시는 분에 대한 우리의 논의에서 바울의 말씀으로 마무리하겠다. 로마의 신자들에게 하나님께 자신을 감사함으로 드릴 것을 권하고, 그렇게 함으로써 그들이 받은 다양한 카리스마타를 다른 사람을 위해 어떻게 행하는지 배우게 될 것이라고 권면한 후에 단순한 충고와 같이 보이는 것으로 곧바로 넘어간다.

> 사랑에는 거짓이 없나니 악을 미워하고 선에 속하라 형제를 사랑하여 서로 우애하고 존경하기를 서로 먼저 하며 부지런하여 게으르지 말고 열심을 품고 주를 섬기라 소망 중에 즐거워하며 환난 중에 참으며 기도에 항상 힘쓰며 성도들의 쓸 것을 공급하며 손 대접하기를 힘쓰라 너희를 박해하는 자를 축복하라 축복하고 저주하지 말라 즐거워하는 자들과 함께 즐거워하고 우는 자들과 함께 울라 서로 마음을 같이하며 높은 데 마음을 두지 말고 도리어 낮은 데 처하며 스스로 지혜 있는 체 하지 말라 아무에게도 악을 악으로 갚지 말고 모든 사람 앞에서 선한 일을 도모하라 할 수 있거든 너희로서는 모든 사람과 더불어 화목하라 (롬 12:9-18)

바울은 교회가 받은 은사를 하나님 앞에서 이웃을 위해서 신실하게 사용할 때에 실제 교회가 어떤 모습이 될 것인지 그리고 있는 것 같다. 만일 우리의 모임이 이런 "단순한 마음"의 덕목 하나를 실현한다면, 우리는 아마 측량할 수 없는 축복을 경험할 것이다.

7장

카리스마타와 **은사주의자**

7장

카리스마타와 은사주의자

9세기 전 켄터베리의 안셀름Anselm of Canterbury은 자신의 사변적인 신학 저서를 그 적합성에 의문을 제기하는 비판자들 앞에서 변증했다. 그는 기독교 신앙은 필연적으로 이해를 추구한다고 주장했다. 그것은 훌륭한 변증이었다. 하나님께서 우리에게 주신 것을 이해하도록 돕기 위해서 우리에게 성령을 주신다는 바울의 확신과 꼭 들어맞기 때문이다(고전 2:12). 교사처럼 성령은 성령 자신과 성령께서 나누어 주신 카리스마타를 해석한다(고전 2:13).

바울에 따르면 모든 신자들은 －은사를 충만하게 받은 고린도교인들을 포함해서－ 그 이해력이 꾸준히 성장할 필요가 있다. 어떤 면에서 이러한 필요는 은사 자체에 의해 충족되기 시작한다. 카리스마타는 그 은사를 받은 자 안에서 배우려는 열정을 만들어 내기 때문이다. 사람들은 자신의 카리스마타를 발견하고 그것을 활용하기 시작하지만, 언제나 시험적이고 서투르기 때문에, 그들은 늘 자신의 감성뿐만 아니라, 지성으로 그들에게 일어나는 일이 무엇인지 알기 원한다. 그들은 자신의 새 경험을 그들이 이제껏 삶에 대해 배웠던 것과 비교하여, 그 가운데 어떤 것은 진리로 다시 긍정하고, 어떤 것은 실수라고 버리고 싶어 한다. 그들은 하나님의 은혜에 대한 자신의 체험에 대해, 그것이 의미하는 바를 이해하는 것처럼 보이는 사람들과 그리고 이해하지는 못하지만 이해하고자 하는 사람들과 이야기를 나누기 원한다. 이 모든 것은 훈련된 사고를 요구한다. 그것만이 자신의 가장 깊은 체험을 일상의 언어로 번역할 수 있게 하기 때문이다. 우리는 고정된 자료 전체에 대한 지적인 통달을 말하는 것이 아니다. 우리의 카리스마타를 이해한다는 것은 초월적인 하나님 앞에서 우리가 누구이며, 우리의 은사로 무엇을 해야 하는지 새롭게 인식하는 것을 뜻한다(롬 12:1-8). 다른 말로 하면 은사를 발견한 사람은 그 과정의 출발점에 서 있는 것이다. 그것은 은사를 기쁨과 감사로 맛보는 것뿐만 아니라, 그것을 실천하고, 그 노력의 결과 무엇이 일어나는지 이해하려는 시도와 연관된 과정이다. 이러한 시도에서 더 구하고, 반복하여 복종의 행동을 하며, 새로운 카리스마타를 받고, 심지어 하나님의 신비에 대한 고통스러운 당혹이 뒤따라온다(고후 4:8). 그러나 바울은 이것 역시 "이해"의 한 형태라고 한다.

우리가 말하는 것은 우리가 이미 받은 카리스마타를 통해 하나님의 성령이 실재의 본성에 대한 새로운 결론으로 우리를 인도하신다는 것이다. 깨달은 은사는 행동을 요구하는데, 특히 지성의 활동도 요구한다.

여기에서 신약성서 자료에 대한 우리 연구는 현대의 오순절 신자들이나 신오순절 신자들의 가르침과 실천에 맞서 직면하게 한다. 이 충돌의 성질에 대해 가능한 한 분명히 하겠다. 긍정적인 면에서 본다면, 우리 연구의 상당 부분은 사실 오순절 신자들이 보고하는 경험들을 성서적이라고 확증한다. 신약성서의 주요 저자들이 자신의 독자들인 신자들 가운데 넓게 퍼진 은사 사건들을 전제한다는 것에 동의한다. 은사 개념은 성서 저자들의 감정과 사고 속에서 절대적으로 중심 역할을 한다. 또한 그들은 모든 신자들이 그들의 삶 속에서 성령의 새롭게 하시는 임재를 의식하며 즐거워 할 뿐만 아니라, 성령의 자극 안에 계시된 하나님의 뜻에 점점 더 자신의 의지를 맞추어가야 한다는 압력도 즐거워 할 것이라고 생각한다. 누가와 에베소서 저자는 하나님의 충만함, 또는 가까이 계심에 대한 고조된 (일시적이라면) 감각을 낳는 성령의 반복된 주입을 말한다. 바울 자신은 성령 충만을 명시적으로 권고하지는 않았지만, 그 체험을 환상이라고 비난하지도 않는다.[1)] 그와는 반대로 바울이 "우리에게 주신 성령으로 말미암아 하나님의 사랑이 우리 마음에 부은 바"(롬 5:5) 되었다는 것을 확언할 때, 로마 교인들에게 "열심을 품으라"(롬 12:11) 권면할 때, 하나님께서 "모든 기쁨과 평강을 믿음 안에서 너희에게 충만하게 하사 성령의 능력으로 소망이 넘치게 하시기를"(롬 15:13, 또한 고후 7:4와 빌 4:18f.

---

1) 고전 4:8(너희가 이미 배부르며 이미 풍성하며 우리 없이도 왕이 되었도다 우리가 너희와 함께 왕 노릇 하기 위하여 참으로 너희가 왕이 되기를 원하노라)에서 고린도 교인들에 대한 바울의 풍자적인 비난은 그들의 은사 충만에 대한 체험을 공격하려는 것이 아니라– 바울은 이것에 대해 고전 1:4-7에서 하나님께 감사드린다.–그것에 대한 그들의 해석과 실천을 공격하려는 것이다. 오순절 신학에 대한 브루너Bruner의 신중한 주석적 비판은 바울이 고린도 교인들과 함께 가지고 있던 공통된 경험적 근거를 주목하지 않는다. 브루너는 바울이 자신의 십자가 신학을 은사 충만에 대한 대체물로 권했다고 생각하는 것 같다. *A Theology of the Holy Spirit,* pp. 303-319를 보라. 실제로 사도 바울은 십자가 신학을 충만의 필수적인 부분으로 여긴다. 그는 그리스도의 약함과 고난과 죽으심에 참여함을 통한 드러남만큼 영적 능력의 숨겨짐을 강조하지 않는다(고전 2:1-5, 4:9-21, 고후 4:7-12, 12:9-10, 13:1-4, 빌 3:10). 또한 바울은 자신의 사역에 대한 확인으로 [은사] 표적에 대해 마지못해 말하지도 않는다 (Bruner, *A Theology of the Holy Spirit,* p. 315) 예를 들어, 고전 2:4f, 14:18, 고후 3:3, 5:13, 12:12f, 롬 15:18-19, 갈 3:1-5).

를 보라) 기도할 때, 그는 누가와 에베소서의 언어에 가까이 간다. 마지막으로, 우리 연구는 공식적으로 세대주의자들이dispensationalist 명확하게 표현한 관점에 반대하여, 오순절주의자와 신오순절주의자 편에 서게 한다. 세대주의자들은 하나님께서 전반적으로 초기 교회의 선교 확장을 위해 그러한 굉장한 사건들이 필요했던 1세기로 은사 현상을 제한하셨다고 한다. 신약 성서의 어떤 것도 교회가 정경을 결정하자마자, 카리스마타가 선포된 말씀이나 쓰인 말씀을 대체한다고 암시하지 않는다. 초대교회를 이상적인 은사 공동체로 묘사하면서, 누가는 아마도 1세기 말의 독자들 가운데 영적 은사의 실천을 각성시키고자 했을 것이다.[2] 그러므로 여러 관점에서 현대 오순절 신자들은 전통적인 교단에서 좋은 교육을 받은 신자들보다 더 나은 성서 해석자임을 보여준다.

그럼에도 은사 *경험*만으로 신약 성서가 선포하는 복음의 충실한 제정에 충분하지 않다. 카리스마타에 대한 주의 깊은 *성서적* 해석은 다음과 같아야 한다. 여기에서 우리는 위에서 언급한 충돌로 되돌아온다. 현대 오순절주의자들과 신오순절주의자들이 그들의 은사를 해석하는 데 소홀히 하는 실수를 저질렀다고 할 수는 없다. 그들의 개인적인 간증, 회의, 책자, 테잎은 많다. 그러나 우리 연구는 그들에게 주어진 은사에 대한 이해가 그들의 비이성적인 경험이 그렇게 보이는 만큼 신약 성서의 가르침에 충실한가 하는 물음을 제기한다. 앞장에서 도달한 결론은 현재 오순절주의와 신오순절주의의 어떤 사고 유형은 성령의 참된 역사에 대한 잘못된 해석으로 보아야 한다는 것이다. 이 문제로 돌아가 보자.

---

2) Paul Minear는 누가복음-사도행전에서 "도제 예언자와 도제 축사자의 훈련 이야기"를 본다.(To Heal and Reveal, pp.148f.)

오해의 위험

고난 가운데서 기쁨을 발견했던 바울과는 대조적으로, 오순절주의자와 신오순절주의자 가운데 인간의 다른 경험을 배제하고 행복만을 추구하는 사람들이 있다. 우리는 이러한 충동을 이해할 수 있다. 카리스마타를 처음 발견할 때, 그것은 보통 홍수 같은 긍정적인 감정을 가져온다. 신약성서 저자들은 확실히 이러한 고무된 순간들을 알고 있으며, 또한 긍정한다. 은사, 또는 하나님의 성령을 이러한 유쾌한 감정과 동일시할 때, 위험이 온다. 은사가 그에 대한 인간의 반응으로 바뀔 때, 그 은사는 더 이상 위로하거나 도전하기 위해 은사 받은 자에게 마주 서 있을 수 없다. 그보다 더 나쁜 것은 은사 받은 자가 자신의 감정적 골에서 하나님과 성령을 내쫓는 것이다. 극단적인 경우에 결국에 이런 말을 하게 된다. "만약 내가 성령 세례 받은 날에 느꼈던 방식대로 느끼지 못한다면, 하나님을 포함해서 모든 일들이 엉터리일 수 있다."[3] 또는 "내가 침체되어 있는 것을 보면, 하나님은 나를 떠나셨고 은사도 거두어 가신 것이 틀림없어. 내가 어떤 중한 죄를 지었나? 은사를 회복하기 위해 내가 무엇을 해야 할까?" 우리는 이런 종류의 생각을 카리스마타에 대한 "결핍 해석underinterpretation"이라 부를 수 있다. 그것은 고난의 한 가운데 임하시는 하나님의 은사를 깨닫지 못하고, 십자가의 은사를 거절한다. 천박한 행복을 따라가기 위해 깊은 기쁨을 포기한다. 경험이 많은 오순절주의자들은 이 문제를 의식하고 있음을 보여준다.[4] 우리는 그것이 때로 은사 경험의 더 심각한 "과잉

---

3) Sherrill, *They Speak with Other Tongues,* pp. 127f.

4) *Ibid.*, Larry Christenson, "Two Keys to Lordship: Descipleship and Headship", *Lutheran Charismatic Renewal Newsletter,* Vol. 1, No. 6 (May 1975), p. 3.

해석overinterpretation"으로 나아가지 않는 한, 그 문제에 매달릴 필요는 없다.

우리는 영적 성장의 단계를 틀에 짜 맞출 가능성을 언급했다. 더 높은 단계는 일반적으로 더 기쁜 감정들과 연관된다. 오순절주의와 신오순절주의 신학은 은사를 받은 개인의 삶에서 최초로 일어났던 극적인 반전에 너무 의도적으로 집중하기 때문에, 참된 신자가 더 영적이 되기를 원한다면 통과해야 하는 경험의 "규범적인" 순서를 만들어 내려고 한다. 첫째는 부활하신 그리스도에 의한 극적인 성령 세례이다(물세례와 구별되는 것으로, 성령의 역사를 지나 믿음에 이르는 것을 완성한다). 다음은 방언과 성령 충만한 삶이라 부르는 상태를 통해 그 세례가 확증된다. 나아가 성화는 종종 다른 카리스마타에 동반된다.

우리는 이 패턴에서, 특히 마지막 요소에서 어떤 진리를 발견했다. 그러나 또한 신약성서가 결코 그러한 사건들을 신자들 자신이 만족스럽게 성장하고 있는지 알아보기 위해 끊임없이 자신을 거기에 대고 재어보아야 하는 규범으로 고정시키지 않았다는 것을 발견했다. 더 나아가 우리는 신약성서에서 물세례와 별개인 성령 세례를 전형적인 것으로 여길 수 없다는 주장을 했다. 그러므로 우리는 오순절주의와 신오순절주의의 핵심 주장을 과잉해석으로 간주한다. 그러한 주장의 위험은 전통적인 교회 내에서 오순절 지향적인 신자들이 비오순절주의자들을 자신이 체험한 영적인 부요함을 나누기 위해 "초대"할 때 일어난다. 그 자체는 신약성서에 기록된 것처럼 좋은 관습이다(롬 1:11-12, 벧전 4:9-11). 그러나 종종 그런 초대에는 숨은 조항이 있다. 그것은 "당신 있는 모습 그대로 와서 내가 받은 보화를 즐겨라," 하는 것이 아니라, "오라, 그리고 나처럼 되라, 그럴 때에만 당신은 하나님의 더 높은 축복을 누리게 될 것이다." 다른 말로 하면, 현재의 나를 받아들이는 것이 아니라, 변화될 나를 받아들이는 것이다.[5] 카리스마타를 주시는 하나님의 주권과 모든 신자가 "각각 하나님께 받은 자기의 은사가 있으니 이 사람은 이러하고 저 사람은 저러하다"(고전 7:7)라는 바울의 확신에 비추어 볼 때, 그러한 접근은 정당화될 수 없다.

이런 맥락에서 오순절주의자와 신오순절주의자들이 "성령 충만"을 자신과 다른 신자들을 구별하기 위해 사용한다면, 우리는 그 용어에 이의를 제기해야 한다. 다른 사람들은 영적으로 텅 비어 있는가? 반쯤 충만한가? 신약성서 자료에 대한 우리 연구는 누가와 에베소서의 저자가 신자 개인을 반복적으로 성령 충만을 받는 존재로 생각하고 있음을 보여준다. 이 저자들은 신자들이 단지 특별한 경험을 했다는 이유로 성령 충만한 상태로 남아 있는 것은 아니라고 말한다. 신자는 성령 충만을 구체적인 경우에, 때로는 예배에서, 어떤 때는 위기상황에서 거듭해서 받아야 한다(엡 5:18 이하, 행 4:23-31, 6:5-10, 7:55). 간단히 말해서, 예수 외에는 누구도 성령 충만이 계속되는 상태에서 산다고 주장할 수 없다. 비오순절주의자들을 포함해서 모든 신자들은 때때로 이러한 충만을 누리기를 기대할 수 있다. 신약성서에서 *신령한 사람* *pneumaticos*은 특히 도덕적인 행동에서 성령의 인도를 따르는 사람이지, 긍정적으로 감정으로 들떠있는 사람이 아니다.

오순절주의자와 신오순절주의자들이 빠지기 쉬운 또 다른 경향은 불필요하게 부자연스러운 성서 문자주의Biblical literalism이다. 보다 이성적인 신자들이 "자연적인" 현상에 대한 소박한 1세기 언어 표현이라고 무시해버렸던 경험적인 실재를 발견한 사람들이 왜 성서를 실재주의적인 차원에서 읽으려는 경향을 갖는지 우리는 이해할 수 있다.

5) 내가 개인적으로 알고 있는 오순절주의자와 신오순절주의자들은 이런 숨겨진 요구를 하는 사람들이 아니라는 것을 밝혀둔다.

그러나 성서 실재주의Biblical realism를 성서 문자주의Biblical literalism와 동일시할 수는 없다. 실재주의는 성서의 여러 저자들이 예수를 그리스도로 고백했던 공통되고 조화로운 증거에서 발견된다. 그것은 예를 들어, 예수의 사역에 대한 공관복음서의 진술 사이에, 또는 종말론 문제에 대한 바울과 요한 사이에 존재하는 갈등 안에서 나타난다. 게다가 대체적으로 볼 때, 바울서신들이 어떤 주제에 대해 항상 일관된 것이 아니었음을 보여준다. 다른 역동적인 지도자들처럼, 그는 때로 자기 마음을 바꾸거나, 다른 지침과 충돌하는 지침을 주기도 했다. 왜냐하면 바울은 어느 때나, 어디에나 있는 것이라고 결코 생각하지 않았던 특정한 필요에 대해 서신을 썼기 때문이다. 그러므로 특정한 저자의 사상 안에 있는 발전과 긴장도 진리의 한 부분으로 여겨야 한다. 모든 주제에 대해 바울 자신의 진술 전부를 조화시키려는 노력이 있다면, 그는 분명히 어리석은 일이라고 할 것이다.

오순절주의에 경도된 신자들이 자신의 카리스마타 안에서 그들에게 주어진 지혜에서 이끌어내야 하는 것을 넘어서 주장하는 것으로 보이는 성서 해석의 두 영역을 검증해 보겠다. 하나는 남녀 관계에 대한 성서적 관점이다. 기독교인의 가정생활에 대한 대중적인 안내서를 쓴 어떤 신오순절주의자는 예를 들어, 가정에서 남자는 그리스도가 교회의 머리됨과 같이 "머리"로서 행동해야 한다는(엡 5:23-27) 분명하게 규정된 명령 계통을 주장한다.[6] 이런 입장을 취하는 주석가는 남편의 주권이 그리스도와 같이 사랑하고 희생하면서 실행되어야 하고, 부부가 어떤 문제에서는 서로 복종해야 한다는 것을 지적한다(엡 5:21, 25-33). 여전히 그들은 남자에게 여자가 복종하는 것을 강조하

6) Larry Christenson, *The Christian Family* (Bethany Fellowship, Inc., 1970), pp. 17-18, 32.

는 제2 바울서신의 본문을(엡 5:22-24, 골 3:18, 딤전 2:9-15, 딛 2:3-5) 선호한다.[7)] 신오순절주의자는 때로 여성이 남성에게 복종하는 것을 하나님께서 태초부터 의도하신 창조 질서라고 말하기도 한다(창 2:21-23). 또한 창세기 3장 16절에서 그 단서를 찾는데, 그것이 하와의 죄에서 결과한 저주라고 보는 것이다. 디모데전서의 저자는 그 두 관점을 모두 취한다.

> 여자가 가르치는 것과 남자를 주관하는 것을 허락하지 아니하노니 오직 조용할지니라 이는 아담이 먼저 지음을 받고 하와가 그 후며 아담이 속은 것이 아니고 여자가 속아 죄에 빠졌음이라 (딤전 2:12 이하).

이러한 추론을 문자적으로 받아들이는 신자들은 결혼관계에서 의사결정권을 나누기를 거부하며, 여성의 목사 안수를 반대한다. 현대 신오순절주의 공동체 안에서 공개적으로 인정된 지도자 위치에 여성이 거의 없다는 것은 결코 우연이 아니다.[8)]

---

7) *Ibid.*, pp. 32-54

8) Richard Quebedeaux가 오순절 운동의 탁월한 여성 지도자로 종종 인용하는 네 명(Josephine M. Ford, the late Kathryn Kuhlman, Catherine Marshall, and Jean Stone) 중 한 명은 목회지도자로 볼 수 없었다. 노틀담 대학교에서 신약을 가르치는 Ford 교수는 몇 년 전에 로만 카톨릭 은사 공동체와 관계를 끊었는데, 그 이유 중에는 남성 우월 문제도 있었다. 캘리포니아 애나하임에 있는 멜로디랜드 크리스천 센터는 개신교 신오순절주의 운동에 있어서 주도적인 교회이고 대학원생 훈련 센터도 있는데, "여성은 안수를 받을 수도 없고 이사회의 회원이 되는 것도 허용하지 않는다." See *The New Charismatics*, p. 110 and notes 16-17. 교회 안에서 여성의 지위에 관한 이슈에 있어서 전통적 오순절주의 신자들은 젊은 사람들보다는 좀 더 융통성이 있다. 미국에서 가장 큰 오순절 교단인 하나님의 성회는 1918년부터 여성 안수를 인정했다. 1920년에 이르러서는 목사 안수 받은 자의 거의 삼분의 일이 여성이었다! Vinson Synan에 따르면, "1950년대에 오순절주의자들은 아마도 기독교의 다른 어느 교단보다도 많은 여성 설교자들을 가졌다." See *The Holiness-Pentecostal Movement in the United States*, p. 188. 반면에 주요 오순절 교단인 'the largely black Church of God in Christ' 는 현재 여성 안수를 불허한다.

진정한 바울서신은 초대교회 안에서 여성의 지위에 대해 현대 보수적인 은사주의(혹은 복음주의) 신자들이 신봉하는 것보다 훨씬 더 복합적인 관점을 보여준다. 바울이 고린도전서 7장 4절 첫 부분에서 “아내는 자기 몸을 주장하지 못하고 오직 그 남편이 하며” 라고 말한 것은 당시 헬레니즘 사회의 관습적인 지혜를 반영한다. 그러나 그가 계속해서 4절 후반부에서 “남편도 이와 같이 자기 몸을 주장하지 못하고 오직 그 아내가 하나니” 라고 주장했을 때, 그는 종속주의를 넘어 상호성으로 나아간 것이며, 그 말은 당시 많은 신자들에게 급진적인 평등주의로 들렸을 것이다.[9] “주 안에서” 여성은 남성과 새로운 상호의존을 누린다. 그것은 창세기 2장과 3장(고전 11:11-12를 보라)에서 여성에게 주어진 열등한 지위와 완전히 다르다. 고린도전서 11장 5절을 보면, 여성은 공적인 교회 예배에서 분명히 남성과 똑같은 은사의 권위로 기도와 예언을 했다. 그리고 갈라디아서 3장 28절에서 바울은 담대히 선포한다. “너희는 유대인이나 헬라인이나 종이나 자유인이나 남자나 여자나 다 그리스도 예수 안에서 하나이니라.” 크리스터 스텐달Krister Stendahl은 이 본문을 바울 사상의 “획기적인 발전” 이라고 불렀는데,[10] 거기에서 사도 바울은 그리스도의 가시적인 재림 이전에도 타락한 창조 질서에 도전하는 혁명적인 새창조에 주목한다(고후 5:17, 갈 6:15). 그러나 그와 동시에 계급 없는 사회라는 주장에 걸려 넘어질 수 있는 잠재적 회심자에게 문을 열어놓기 위해서, 바울은 교인들에게 남자와 여자 사이에 완전한 평등을 실천하는 것은 허락하지 않았다. 여자는 예언할 때에 머리를 가려야 하고(고전 11:2-16),

---

9) Robin Scroggs, “Paul and the Eschatological Woman”, *Journal of the American Academy of Religion*, Vol. XL(Sep., 1972), pp. 294ff.

10) Krister Stendahl, *The Bible and the Role of Women,* tr. by Emilie T. Sander (Fortress Press, 1966). pp. 32ff.

만약 고린도전서 14장 33절-36절이 사도 바울이 직접 쓴 것이라면 아내들은 "교회에서 잠잠해야 한다."[11] 여기에서 우리는 바울 사상에서 해결되지 않은 긴장을 보게 된다. 우리가 그것을 어떻게 대하는가 하는 것은 성서해석의 원리에 달려 있다. 정직한 신자들은 의견이 다를 수 있다.[12] 중요한 점은 은사주의자의 가정이나 공동체가 제2 바울서신을 남녀 사이의 관계를 규정하는 유일한 모델로 사용해야 한다는 것을 주석적으로 따르지 않는다는 것이다. 은사 경험 자체가 이 문제에 대한 특권적인 통찰을 주지 않는다. 만약 신자들이 달리 주장하지 않는다면, 그들은 자신의 은사를 과잉해석 하는 것이다.

오순절주의자나 신오순절주의자가 자신의 은사 경험 때문에 성서자료를 왜곡할 수 있는 두 번째 영역은 문자적으로 "마지막에 대한 교리"를 의미하는 종말론이다. 오순절 운동은 그 시작부터 하늘에서 재림하시는 그리스도에 대한 열망을 보여주었다. 새롭게 부어주시는 성령을 경험한 오순절 신자들은 요엘 선지자의 말씀을 통해 오순절의 축복을 해석하는 누가의 베드로를 쉽게 동일시한다.

하나님이 말씀하시기를 말세에 내가 내 영을 모든 육체에 부어 주

---

11) 스크록스Scroggs는 고전 11:2-6을 취소하는 것처럼 보이고, 맥락에 어긋나지 않게 쉽게 뺄 수 있는 고전 14:33-36이 1세기말의 편집자에 의해 고린도전서와 딤전 2:12 이하를 조화시키려는 목적으로 삽입된 것으로 간주해야 한다고 주장한다. "*Paul and the Eschatological Woman*", p. 284를 보라. 반면에 만약 바울이 그 본문의 저자라면, 그는 아마도 교회를 지켜보는 유대인과 이방인들에게 불필요한 공격을 받을 소지가 있는 곳에, 즉 사회에서 대부분 남편들에게 종속되었다고 여기는 여자들의 시끄러운 소리에 의해 공적 예배가 "혼란"하게 되는 것에 조절판을 두고자 했을 것이다.

12) 필자의 생각에는 우리가 디모데전서와 디도서에서 보는 바울 제자들의 퇴행적이고, 옛 창조의 정신보다는 바울의 긴장에 찬 사고에 우선권을 주어야 한다고 생각한다. 바울은 적어도 시대의 전환이 사회의 근본적인 구조에 영향을 끼치기 시작했다는 사실과 씨름했다(고전 7:25-35을 보라).

리니 너희의 자녀들은 예언할 것이요 (행 2:17)[13)]

이 강렬한 희망 속에서 신오순절주의자는 일반적으로 그들의 사촌격인 정통주의를 따른다. 그러나 동시에 정확하게 언제 어떻게 재림이 일어날 것인가에 관해서는 신자들 어느 집단에서도 의견의 일치가 없는 것으로 보인다. 오순절주의자의 재림에 대한 기대를 종말론적인 열광, 말하자면 여호와 증인과 같은 것으로 보아서는 안 된다. 내가 아는 바로는 현대 오순절주의자들 가운데 자기 소유를 다 팔아 재림을 기다리면서 산에 앉아있는 사람은 아무도 없다. 반면에 특별히 1960년대 후반부터 카리스마적인 은사가 전통교회에서 자주 분출하기 시작했을 때, 신오순절주의 주석가는 특히 그들의 경험을 하나님의 우주적인 계획의 일부로 이해하려고 했다. 멜로디랜드 크리스천 센터Melodyland Christian Center의 관리자이자 장로교 목사이며 학자인 윌리엄스J. Rodman Williams는 오늘날 성령의 사역을 "영적인 것과 자연적인 것이 상호침투"하는 특징이 있는 "새로운 세계"라고 불렀다. 이러한 "성령의 시대"에서 우리는 "형제들 가운데 깊이 있고 지속적인 일치가 시작됨"을 느낄 수 있다. 윌리엄스는 현대 은사운동으로 인해 종말론을 이야기할 수밖에 없게 되었다고 말한다.

왜냐하면 하나님의 성령이 부어졌을 때, 창조의 끝이 가까워지기 때문이다. "마지막 때"가 왔다! [여기서 윌리엄스는 사도행전 2장 17절을 인용한다.] 오랫동안 부패에 매어있던 모든 피조물이 그리스도 안에서의 하나님 구원행위로 해방되어, 하나님 임재와 능력으로 가

---

13) 누가가 "말세"라는 말을 덧붙인 것 같다. 그 말은 욜 2:28-32에는 나오지 않기 때문이다. 아마 누가는 그 말세를 복음이 온 세상 구석구석에 들어가게 되는 동안에 연장된 시간－적어도 수십년－으로 생각했던 것 같다.

득하다. 하나님의 목적은 피조물이 그 본래의 온전함을 회복하는 구원으로 끝나는 것이 아니라, 하나님께서 구원하신 세계를 차지하고 소유하시기 위해, 충만하여 고루 미치기 위해, 채우고 성취하시기 위해 오시는 완성을 향해 나아가신다. 악과 타락의 비극적인 황폐함이 제거되고, 이 새로운 실재 위에, 그 안에 오시는 하나님, 만물을 그 자신과 하나 되게 하시는 하나님을 위해 길이 준비된다.

그 안에 하나님과 세계, 하나님과 사람의 신비가 온전하게 드러난다. 그럼으로써 하나님은 그의 창조 안에 전적으로 내재하신다. 여전히 초월의 하나님으로 계시면서, 성령의 운동으로 인해 피조물의 높이와 깊이를 자신의 소유로 주장하기 때문이다. 이것은 세계의 신성화도 아니고, 다른 종류의 실재로 변형되는 것도 아니다. 그것은 오히려 하나님 영광을 피조물에 채우는 것이고, 하나님 자신의 형상으로 만물을 변화시키기 시작하는 것이다.[14)]

이 환상적인 선언의 문제점 가운데 하나는 그 시간표가 여전히 불분명하다는 것이다. 만물의 마지막이 곧 아마 수년 내에, 아니면 세기말에 올 것인가? 우리는 지금 어느 정도까지 이러한 우주적 변화를 분별하고 참여할 수 있는가? 자연의 대재앙과 박해가 그 극점에 앞서 있을 것인가(고전 7:26-31, 살후 2:1-12, 막 13장/마 24장/눅 21장, 그리고 요한계시록과 같이)? 아니면 인간 역사의 국면에 상대적인 평화가 펼쳐질 것인가? 다른 정보가 더 없다면, 윌리엄스는 두 번째 시나리오에 기울어진 것으로 보아야 할 것이다.

비슷하지만 성서적으로 보다 정교한 낙관주의가 신오순절 감독교회

---

14) Rodman Williams, *The Eea of the Spirit: Barth, Brunner, Tillich and Bultmann on the Holy Spirit* (Logos International, 1971), pp. 58-59. 윌리엄스의 나중에 나온 책에서 약간 덜 열광주의적인 진술들을 비교해보라, *The Pentecostal Reality* (Logos International, 1972), pp. 29, 52-54.

의 목사이고 러트거스Rutgers 대학 종교학 교수인 제임스 존스James W. Jones가 쓴 *성령과 세계The Spirit and the World*에 나타난다. 존스는 신자들의 은사 공동체와 하나님 나라를 조심스럽게 구별한다. 그는 하나님 나라를 세 개의 동심원으로 생각한다.

> 밖의 원은 온 우주를 포함하는 창조와 섭리 안에 계신 하나님 아버지의 통치이다. 중간 원은 그리스도의 통치이다. 그것은 하나님의 창조와 섭리의 더 큰 맥락 안에서 일어난다. "만물이 그 발아래 복종"하는 마지막 때까지는 창조와 같은 공간을 차지하지 않는다. 이 원 안에 있는 세 번째이며 가장 작은 원은 성령의 사역을 표현한다. —하나님 아버지 주 되심과 예수 그리스도의 주 되심을 인정하는 성령 충만한 공동체를 나타낸다. ... 하나님 나라의 도래는 모든 만물이 그리스도께 복종하고 성령으로 충만해 질 때까지 안의 원이 바깥 원을 향해 나아가는 것으로 볼 수 있다.[15]

존스에 따르면, 현재 은사의 나타남은 "사람들에게 도래하는 하나님 나라를 희미하게 보게 할 뿐 아니라, 성령 사역의 범위가 확장되면서 그 도래를 앞당긴다."[16] 그러므로 은사공동체가 할 일은 평범한 것이든 특별한 것이든 그들의 은사를 모아 세상을 치유하고, 하나님 나라의 강림을 선포하는 것이다. 그러한 공동체는,

> 교육, 도회지의 황폐함, 또는 정신적 질병 같은 방대한 문제를 해결하려는 것이 아니라, 학교, 도시, 병원이 공동체가 되는 때를 향해 있다. 은사 운동과 교회 안에서 의사, 간호사, 교사, 사회사업가, 사

15) James W. Jones, *The Spirit and the World* (Hawthorn Books, Inc., 1975), pp. 71-72.

16) *Ibid.*, p. 76.

> 업가, 트럭 운전사와 같은 노동자들이 성령께서 그들을 통해 공동체를 만들 수 있도록 그들의 삶을 정리하며, 그들의 노동에 성령의 생명을 일으키려고 시도하고 있다. 성령의 역사에 대한 순종의 경계가 확장될수록, 점점 더 많은 존재가 성령으로 채워져, 물이 바다를 덮음같이 하나님 영광으로 온 땅이 가득할 그 날이 올 것이다.[17)]

윌리엄스의 책에서와 같이 희망은 세상 안에서 성령의 활동이 궁극적인 완전을 향해 발전적으로 움직인다는 것으로 보인다. 존스는 이 과정이 현재의 사회/경제/정치 문제의 점진적인 해결과 일치하지 않을 것이라는 단서를 단다. 그러나 윌리엄스와 같이 존스는 마지막 날을 세계 질서의 타락으로 그리는 것을 삼간다. 우리는 이들에게서 성령의 역사가 큰 반대를 일으키지 않고, 점진적으로 조용하게 펼쳐질 것이라는 견해를 간파할 수 있다.

이러한 관점의 반대편에는 하나님의 성회의 데이비드 윌커슨David Wilkerson목사가 있다. 그는 *십자가와 칼The Cross and Switchblade*이라는 베스트셀러로 유명한데, 이 책에서 그는 뉴욕시의 강도와 일어났던 일을 소개한다. 1973년 8월에 윌커슨이 성령을 주제로 하는 (신오순절주의) 국제 루터교회 회의에 연사로 강연장에 올라섰을 때, 그는 하나님께서 자신에게 미국에 임박한 파멸에 대한 환상을 보여주셨다고 발표함으로써 청중들을 놀라게 했다. 그가 예언한 재앙은 경제적 대혼란, 자연 재해, 교회 내에 만연한 성적인 부도덕, "성령 충만한 신자"에 대한 박해, 그리고 진실한 신자들이 타락한 전통 교회에서 절망한 나머지 이탈하는 현상이다.[18)] 그 회의의 신오순절주의 지도자와 윌커슨

---

17) *Ibid.*, 77.

18) Jorstad, *Bold in the Spirit: Lutheran Charismatic Renewal in America Today*, p. 84.

의 오순절파 동료 가운데 적어도 한 명이 그 환상을 하나님의 진정한 메시지로 받아들이는데 조심해야 한다고 경고했다.[19)]

분명히 오늘날 오순절주의 신자들 중에서도 그 정확성에 대해 어떠한 의견의 일치가 없다. 윌커슨은 이어서 *환상The Vision*이란 책을 통해 자신의 메시지를 확장했다. 1976년에는 그 주제에 대한 다른 책, *심판을 향해 달려감Racing Toward Judgement*이 후속편으로 나왔다. 두 번째 책에서 윌커슨은 자신의 환상의 내용을 미래에 대한 특권적인 초자연적인 지식에 호소하지 않고 성서적으로 정립하려고 시도했다. 윌커슨은 예언자란 타이틀을 거절하고, 대신에 자신을 단순히 "파수꾼"이라고 불러주기를 바란다. 다음은 *심판을 향해서 달려감*의 서론 일부이다.

나는 운명에 대한 감각이 없다. 그리고 꿈이나 인상에 의해 움직이는 사람도 아니다. 나는 성서 연구에 몇 달을 보내면서, 하나님을 잊어버린 사회나 국가를 하나님께서 어떻게 다루시는지를 배웠다. 미래를 바라보도록 내 시선을 자극했던 것은 역사적 예언을 되돌아보는 것이었다. 하나님의 심판 방법은 세대마다 다를 수 있지만, 하나님의 정의는 결코 변하지 않는다. 이제 나는 "내가 이것을 예언한다"라고 말할 수 없다. 나는 확신을 갖고 말할 수 있다. "이것이 하나님 말씀의 기록에 근거해 볼 때, 하나님께서 하시려는 것이다."[20)]

윌커슨이 본문을 전개하면서 주로 사용한 성서 본문은 예언서 중에서도 특히 예레미야서였다. 그는 요한계시록과 그리스도의 재림에 앞서 일어나게 될 사건의 순서를 다루는 살전 4장, 살후 2장, 고전 7장,

---

19) *Ibid.*, p. 85.

20) David Wilkerson, *Racing Toward Judgement* (Fleming H. Revell Company, 1976), p. 8.

15장, 막 13장, 마 24장, 눅 21장과 같은 신약성서의 다른 묵시론적인 구절에 대한 언급은 의도적으로 피했던 것 같다.[21] 윌커슨의 방법은 독자들이 미국에 임박했다는 심판과 세상의 종말을 혼돈하지 말기를 바라는 것이다. 그리고 다음과 같이 그 양자의 차이를 설명한다.

> [대지진의] 돌무더기에서 찬양하는 남은 자가 나올 것이다. 그들은 안전하게 인도될 것 것이다. 그리스도의 오심이 지연되어야 한다면, 이전의 날들과 부분적으로 비슷해지기 전에 수년이 될 것이다.[22]

그러나 이 구절은 모호하다. 왜냐하면 비록 그리스도의 재림이 연기되더라도, 우리는 심판의 때에 그리스도의 재림이 있을 것을 뜻한다고 해석할 수 있기 때문이다. 윌커슨은 이 모호함에 다음의 내용을 덧붙인다.

> 하나님은 이 세상을 종말의 때까지 끌고 오셨다. "사람이 많음이여, 심판의 골짜기에 사람이 많음이여, 심판의 골짜기에 여호와의 날이 가까움이로다"(욜 3:14) .... 다시 한 번 성령은 하나님의 백성들을 마지막으로 행동하게 하기 위해 부르신다. *우리는 그 날이 가까움을 안다.*[23]

성서 해석 연구서로서 평가해보면, 윌커슨의 책에는 많은 결함이 있다. 결정적인 점에서 그는 신약성서의 심판에 대한 본문을 다루는데 소홀히 했다. 후에 그는 다시 지구 재앙 순서에 대해 아주 명확한

---

21) 요한계시록을 두 번 인용했다.(Rev. 3:17 on p. 21 and Rev. 18:7 on p. 90).
22) Wilkerson, *Racing Toward Judgement,* p. 70.
23) *Ibid.*, 115-116.

예언을 했다. 1930년대보다 훨씬 더 악화된 미국 황진지대에서 시작해서 캐나다와 호주 밀농작의 운명, 뉴욕시의 종말을 둘러싼 사건들, 그리고 스위스 은행 시스템의 붕괴 등이다. 그러나 분명한 성서 본문을 인용하지 않는다.[24)] 결국 그의 개인적인 예언에 불과한 것이 아닌가 하는 생각을 갖게 만든다.

이런 주석적이고 해석학적인 어려움은 별도로 하고, 우리는 윌리엄스와 존스가 제시한 그림들과 윌커슨의 미래에 대한 그림을 비교해 보았을 때에 생길 혼란도 생각해야 한다. 어떤 사람은 두 종류의 예언이 전혀 상충되지 않는다고 여기는가 하면, 이 둘을 조화시키기 위해서는 상당한 자생적인 노력이 필요하다는 생각을 하는 사람도 있다. 은사체험은 비록 그것이 참된 것이라 해도, 가까운 장래에 대한 하나님의 계획을 명확히 보게 될 것이라는 어떠한 보장도 하지 않는다고 단순히 말하는 것이 더 나을 것이다. 다음과 같은 글을 쓴 사람이 바로 위대한 은사주의자이다.

> 우리는 부분적으로 알고 부분적으로 예언하니 .... 우리가 지금은 거울로 보는 것 같이 희미하나 그 때에는 얼굴과 얼굴을 대하여 볼 것이요 지금은 내가 부분적으로 아나 그 때에는 주께서 나를 아신 것 같이 내가 온전히 알리라 (고전 13:9, 12)

예언의 불완전에 대한 바울의 판단은 미래에 대한 자신의 환상에 적용된다. 그의 사역 가운데 어떤 시기에 그는 솔직히 예수께서 하늘에서 돌아오시기 전까지는 자신이 죽음에서 보존되리라고 기대했다(살전 4:13-18, 고전 15:51-53). 바울은 "보라 내가 너희에게 비밀을 말하

---

24) See *Ibid.*, pp. 67, 70f, 76f, 81.

노니"(고전 15:51) 이런 엄숙한 말로 이 두 번째 예언에 위엄을 더하는데, 그것은 아마도 그가 말하려는 것이 자신에게만 주어진 계시로 여긴다는 의미일 것이다.[25] 솔직히 말하면 하나님의 계획안에 있는 자신의 운명에 대한 이 해석은 잘못된 것이었다.

우리 목적은 은사를 받은 신자가(사도들을 포함해서!) 성서 전통과 대화하면서 자신의 경험을 이해하려고 애쓸 때 빠질 수 있는 어려움을 지적하는 것이었다. 우리가 이런 노력을 비웃는다는 어떤 인상도 남기지 말아야 한다. 사실 그것이 위험스럽기는 하지만, 옳은 것이고 필요하다고 여겨야 한다(고전 2:12). 오순절주의자와 신오순절주의자가 자신의 은사와 성서를 가끔 잘못 해석하고, 그들의 해석이 서로 불일치하기 때문에, 전체 은사 운동을 속임수와 기만이라고 해도 괜찮다는 생각을 해서는 안 된다. 오히려 반대로, 우리는 은사 경험과 은사 경험에 대한 은사주의자의 설명을 별개의 문제로 생각해야 한다는 점을 보여주려고 했다. 카리스마타는 하나님께서 은사를 부어주시는 사람보다 훨씬 초월하는 방식으로 그 도전하는 힘을 드러낸다. 귀 있는 자는 성령이 교회들에게 하시는 말씀을 들을지어다(계 3:6).

하나님의 백성을 위한 명령과 약속

오늘날 성령이 교회들에게 주시는 메시지는 무엇인가? 특히 우리 주위에, 그리고 우리 가운데 있는 다양한 은사 운동에 혼란을 느끼는 전통적인 교파의 교인인 우리에게 주시는 메시지는 무엇인가? 어떻게 우리는 기록된 말씀뿐만 아니라, 이 세상 안에서의 하나님 음성과 우

---

25) Barrett, *The First Epistle to the Corinthians,* p. 380.

리 자신 마음 안에 있는 성령의 증거를 주의 깊게 들을 수 있을까? 어떻게 우리가 오늘 우리 시대를 위해 주시는 하나님의 진리를 분별할 수 있는가? 우리 연구가 이러한 물음들에 아주 명쾌한 대답을 주었다고 주장한다면 과장하는 죄를 짓게 될 것이다. 그럼에도 어떤 결론은 우리가 지나칠 수 없는 충격으로 드러났다. 그것들을 살펴보도록 하겠다.

1. 신약성서의 모든 저자들이 예수 그리스도의 죽음과 부활에 의해 시작된 때의 충만함을 이해하려고 시도할 때, 그들의 사고와 감정에는 깊은 은사 의식이 가득 차 있다.

2. 바울과 그 뒤를 이어 베드로전서의 저자는 하나님의 종말론적 은사를 카라스마타로 구분한다. 이것은 성령을 통해 교회에 분배된, 개인들을 위한 인격화한 축복이다. 어떤 카리스마타는 그 현현과 활용(예를 들면, 예언, 치유, 기적, 방언 등)에서 아주 특별하게 나타난다. 다른 은사들은 우리가 재능, 또는 성향(예를 들면, 행정, 가르침, 후한 연보, 독신 등)이라고 부를 수 있는 것의 경계에 있다. 신약의 은사 목록에 있는 것이 전부라고 할 수 없다. 바울은 자신의 사역을 진행해가면서 새로운 은사들도 발견하기를 기대했다.

3. 신약성서의 주요 저자들(특히 바울, 요한, 누가)은 신자들이 카리스마적인 은사charismatic gifts를 받고 실천하는 것에 익숙하다는 것을 전제한다. 누가는 자신이 보기에 자기 은사를 소홀히 여기며, 따라서 초대교회의 은사 충만함에서 격려를 받고, 그 은사들을 다시 사용해야 하는 그리스도인들에게 글을 쓰고 있다.

4. 어떠한 신약성서 저자도 물세례와 구별된 성령세례를 규범적이나 전형적으로 보지 않으며, 그에 대한 증거를 방언하는 능력으로 보지도 않는다. 반면에 바울과 누가는 신자들이 일반적으로 물세례와 연관하여 성령을 받는다고 가정한다. 물세례의 결과로 성령께서 각각의

신자에게 적어도 하나의 특별한 카리스마를 주실 것이다(고전 7:7).

5. 신자들이 때로 성령으로 충만한 동안에 카리스마타를 받고 실천한다. 이 충만은 반복적으로 일어나며, 오순절주의자나 신오순절주의자가 성령 세례라고 부르는 것과 반드시 동일시할 수 없다. 어떠한 신약성서 저자도 신자들이 자신의 은사를 인식하고 활용하기 위해서 반드시 성령 충만한 감정을 느껴야만 한다고 주장하지 않는다. 예를 들면, 방언은 공허함의 느낌(절망은 아니지만)을 표현하는 것일 수 있다.

6. 신자들은 이미 그들에게 주어진 카리스마타에 대한 지식 안에서 체험적으로, 지적으로, 실천적으로 자라나야 한다(고전 2:12). 바울은 특히 특별한 은사를 받은 신자에게 은사에 따른 사역을 충실히 감당할 것을 강조한다. 사도 바울에게 영성은 도덕성, 특히 사랑 안에서 자신의 참됨을 증명해야 한다.

7. 은사를 둘러싼 기쁨으로 그리스도의 고난에 더 크게 참여하게 된다. 즉 십자가의 은사가 있다.

8. 바울은 가장 은사를 많이 받은 신자들에게도 예언과 같은 "더 높은 은사"를 추구할 것을 권고한다. 그들이 영적 사다리를 올라감으로 자기 이웃들과 경쟁하기 위한 것이 아니라, 더 은혜롭고 효과적으로 서로를 섬기기 위해서이다. 그리스도인의 삶은 불가피하게 주님의 일로 "많은 것abounding"을 의미한다.

9. 모든 카리스마타의 시작과 끝은 예배이다. 하나님의 신비로운 목적 앞에 자신의 전부를 의지적으로 드리는 것이다.

신약성서를 신학화 하는 이 기반에서 얼마나 많은 것을 경험적으로 확인할 수 있는가? 오순절주의자와 신오순절주의자는 오늘날에도 카리스마타의 실천이 가능하다는 것을 우리에게 가르쳐 주었다. 1세기부터 바울은 이미 우리의 것인 카리스마타에 익숙해지도록 권면한다. 이것은 무엇을 의미하는가? 성령은 십자가 불꽃 속에서 우리를 붙잡으신 것으로 나타난다. 우리는 오순절주의나 신오순절주의 공동체에 가입할 필요는 없다. 그럼에도 우리가 그리스도를 통해 하나님과 친밀함을 주장하는 한, 그리고 우리가 바울, 누가, 요한의 용어에서 그 친밀함을 이해하기를 원하는 한, 우리 자신을 은사 받은 자로 동일시하고, 흥미를 자아내는 자아와 함께 그리스도인의 순례를 계속하는 수밖에 없다.

어떤 독자는 이러한 결론을 불안하게 느낄 수도 있다. 아마도 그것은 우리 대부분이 우리의 가장 좋은 내적인 자원을 방치하는 데서 느끼는 불안과 같다. 엘리자베스 오코너Elizabeth O' connor는 이렇게 말한다.

> 우리 삶 속에서 어려움을 느끼는 한 가지 이유는 다른 사람이 우리 안에 분명하거나, 그들이 보고 싶어 하는 것이 있다고 확증해주기 때문이다. 그들을 기쁘게 하기 위해, 혹은 출세하기 위해, 돈을 더 벌기 위해, 우리는 그 은사들을 개발했다. 반면에 명확하지 않거나, 다른 사람들이 가치 있게 여기지 않는 것들은 옆으로 치워버리거나 잊어버린다. 만약 우리가 사용하지 않는 은사에 그 자체의 어떤 힘이나 능력이 있다면, 인정해달라고, 이름을 달라고 소리 지를 것이다. 그 아우성들이 잠을 이루지 못하게 할 뿐 아니라, 매일 불안하게 만든다.[26)]

우리 삶의 자리가 어디이든지, 하나님은 우리에게 당신의 은사를 구하라고 하신다. 사실 하나님은 아마 우리가 그렇게 할 때까지 우리 영혼을 괴롭히실 것이다. 하나님의 셈에는 카리스마타를 꽃피우는 경험을 하기에 누구도 너무 어리거나 너무 늙지 않다. 하나님께서 우리

---

26) O' Connor, *Eighth Day of Creation*, p. 31.

에게 요구하는 단 한 가지는 하나님께서 이미 주신 것을 우리가 소망하는 것이다. 쇠렌 키에르케고르Søren Kierkegaard가 아주 분명하게 보았듯이, 그것조차 카리스마라고 여길 수 있을 것이다.

> [성령을 위한] 필요 그 자체가 하나님이 주신 선하시고 완전한 은사이다. 그에 대한 기도는 하나님을 통해서 주시는 선하시고 완전한 은사이다. 성령의 교제는 위에서 오는 선하시고 완전한 은사이며, 그것은 빛의 아버지로부터 내려온다. 그 분은 변함이 없으시고 회전하는 그림자도 없으시다.[27)]

하나님께서 그의 백성(즉, 위급한 때 하나님을 부르는 모든 자들)에게 하신 약속은 그의 은사가 풍성하시다는 것이다. 그렇다면, 우리도 그럴 수 있다.

---

27) *Edifying Discourses*, Vol. II, tr. by D. F. And L. M. Swenson (Augsburg Publishing House, 1950), p. 44.

Charismata : God's gifts for God's People.

This Korean edition was Published by arrangement with Koenig, John T
through Shinwon, Seoul

교회를 세우는 은사

2007. 10. 15 초판 제 1쇄 인쇄
2007. 10. 20 초판 제 1쇄 발행

지은이 • 존·쾨니히

옮긴이 • 고 종 혁

펴낸이 • 이 승 하

펴낸 곳 : 성광문화사
121-011 서울 마포구 아현동 710-1
☏ (02)312-2926, 312-8110, 363-1435
FAX • (02)312-3323
E-mail • Sk1435@chollian.net
http://www.skpublishing.co.kr

출판등록번호/제 10-45호
출판등록일/1975. 7. 2
책 번호/860

파본은 교환해 드립니다.

값 10,000원

ISBN 978-89-7252-435-9 93230
Printed in Korea